Gesellschaftskritik in viktorianischen Kunstmärchen

Ruskin, Kingsley, MacDonald und Wilde

von

Simone Holzschuh

Tectum Verlag
Marburg 2004

Holzschuh, Simone:
Gesellschaftskritik in viktorianischen Kunstmärchen.
Ruskin, Kingsley, MacDonald und Wilde.
/ von Simone Holzschuh
- Marburg : Tectum Verlag, 2004
Zugl.: Tübingen, Univ. Diss. 2003
ISBN 978-3-8288-8629-2

© Tectum Verlag

Tectum Verlag
Marburg 2004

Inhaltsverzeichnis

1. Einleitung   7

2. Das Kunstmärchen als literarische Gattung   15
2.1. Verschiedene Ansätze zur Definition von Kunstmärchen......................... 17
2.2. Die Entwicklung des Kunstmärchens in Großbritannien......................... 27
    2.2.1. Kinder- und Jugendliteratur in Großbritannien im 18. und 19. Jahrhundert...... 27
    2.2.2. Charles Dickens und die Entwicklung des Kunstmärchens in Großbritannien.. 38

3. Nationale Identität und das Verständnis von Gesellschaft im Vereinigten Königreich im 19. Jahrhundert   47
3.1. Die Begriffe Nation und nationale Identität..................................... 48
3.2 Das Vereinigte Königreich im 19. Jahrhundert: Auf der Suche nach einer neuen Gesellschaft... 52
    3.2.1. Der gesellschaftliche Diskurs im 19. Jahrhundert: Mill, Carlyle, Arnold......... 55
3.3. Gesellschaftskritik und Literatur... 65

4. John Ruskin: The King of the Golden River   68
4.1. John Ruskin und die Entstehung von *The King of the Golden River*......... 68
4.2. Der Inhalt von The King of the Golden River................................... 73
4.3 Ruskins Verhältnis zu Märchen.. 75
4.4. Moralische Werte in The King of the Golden River............................ 76
4.5. Erziehung als Grundlage für eine ideale Gesellschaft........................... 80
4.6. Eine wichtige Fähigkeit: Sehen... 81
4.7. Gesellschaftskritik in *The King of the Golden River*........................... 83

5. Charles Kingsley: *The Water - Babies*   88
5.1. Charles Kingsley: ein biographischer Überblick................................ 88
5.2. The Water - Babies... 91
    5.2.1. Die Entstehung von *The Water - Babies*................................... 91
    5.2.2. Der Inhalt von *The Water - Babies*.. 92
    5.2.3. Die Haltung des Erzählers in *The Water - Babies*........................ 96
5.3. Themen in The Water - Babies.. 97
    5.3.1. Sauberes Wasser... 98
    5.3.2. Soziale Missstände und der Gegensatz zwischen Stadt und Land........... 99
    5.3.3. Erziehung und das Verhalten gegenüber Kindern.......................... 101
    5.3.4. Naturwissenschaften und Gesellschaft..................................... 105
    5.3.5. Das Ideal des englischen Gentleman....................................... 109
    5.3.6. Angemessenes Verhalten in der Gesellschaft.............................. 111
    5.3.7. Fortschrittsglaube... 113
    5.3.8. Kingsleys Demokratieverständnis... 113
5.4. Gesellschaftskritik in *The Water - Babies*..................................... 115

6. George MacDonald: At the Back of the North Wind   118
6.1. George MacDonald.. 118
6.2. George MacDonalds Kraft der Imagination.................................... 120

6.3. Der Inhalt von At the Back of the North Wind 123
6.4. Themen in At the Back of the North Wind 127
   6.4.1. Diamond: Ein Engel auf Erden 127
   6.4.2. Nordwind 131
   6.4.3. Moralisches Wertesystem: der ideale Gentleman im Gegensatz zum selbstgefälligen Unternehmer 134
   6.4.4. Die Lebensumstände der ärmeren Bevölkerung 136
6.5. Gesellschaftskritik in *At the Back of the North Wind* 138

7. Oscar Wilde: The Happy Prince und The Young King   142
7.1. Oscar Wilde 142
   7.1.1. Biographie Wildes 142
   7.1.2. Ästhetizismus: das Verhältnis von Kunst und Wirklichkeit 144
7.2. Die Märchensammlungen Wildes 148
7.3. Themen in *The Happy Prince* 151
   7.3.1. Der Prinz und die Schwalbe 151
   7.3.2. Armut in *The Happy Prince* 152
   7.3.3. Kunst und Nützlichkeit 154
   7.3.4. Moral in *The Happy Prince* 156
7.4. Themen in The Young King 157
   7.4.1. Die Träume des jungen Königs 157
   7.4.2. Reaktionen auf das Verhalten des jungen Königs 159
7.5. Wildes Gesellschaftskritik 161

8. Von Ruskin zu Wilde: ein Vergleich der Autoren   166
8.1. Die Gesellschaftsentwürfe der Autoren 166
8.2. Unterschiedliche Märchenkonzepte bei Ruskin, Kingsley, MacDonald und Wilde 171
8.3. Lesepublikum und Wirkung der Kunstmärchen 176

9. Konklusion   182

10. Bibliographie   189

1. Einleitung

> The Victorian novels and the folk tales are not mere transcripts of life - they are interpretations of life, and they are interpretations of life in a hopeful spirit. In the folk tale the plain man comforted himself in his difficulties by showing that the weak things of the earth can confound the strong; that nothing is impossible to the courageous and single - hearted; that the unfittest in the worldly sense can survive if he is the fittest in more important respects. They are a glorification of the soul of man, an epic of the resurgence of the divine in human nature. They make the world a happier place because they show it interpenetrated by hope and opportunity.[1]

Zu diesem Schluss kommt John Buchan (1875 - 1940) am Ende seiner Rede vor der *English Association*, die den Titel *The Novel and the Fairy Tale* trägt. John Buchan war schottischer Staatsmann, Historiker, Generalgouverneur in Kanada (1935 - 1940) und Schriftsteller.[2] Darüber hinaus war er ein Bewunderer der großen viktorianischen Romanautoren wie Dickens, Thackeray oder Eliot. Die Faszination, die die viktorianischen Romane auf Buchan ausübten, bestand darin, dass sie in ähnlicher Weise wie Märchen, Grunderfahrungen und -probleme des menschlichen Daseins behandelten. In diesem Sinne stellen die Romane der viktorianischen Zeit Interpretationen des menschlichen Lebens dar. Dies trifft nach Buchans Ansicht in gleicher Weise für Märchen zu. Außerdem schätzt Buchan die positive Aussagen des viktorianischen Romans, bzw. der Märchen: Die ideelle, geistige Seite des Menschen steht im Vordergrund und die Geschichten zeichnen sich durch eine optimistische, hoffnungsvolle Haltung aus.

Buchan vertritt die Ansicht, dass die viktorianischen Romane, ebenso wie die Märchen, sich dadurch auszeichnen, dass sie nur eine beschränkte Anzahl von Motiven in immer wieder neuen Formen darlegen (Buchan, 1931, S.7-10). Außerdem orientiert sich die Figurendarstellung an den einfachen Menschen und benennt eindeutig ihre moralischen Eigenschaften. Buchan sagt darüber folgendes:

> The characters are human beings, and represent humanity in its central region, and not in its suburbs. The old story - teller was not interested in freaks. He understood a great villain and a great hero, but above all things he understood ordinary men, and he makes them reveal their

---

1 John Buchan, *The Novel and the Fairy Tale* (The English Association Pamphlets N°79, Oxford: University Press, 1931) S.14.
2 Buchan verfasste u.a. *The Thiry-Nine Steps* (1915) und *Greenmantle* (1916).

character in their deeds, and does not make any pother about describing it. (...)
Another point. The makers of the folk tales were not afraid to pass judgement upon their characters. A man was brave or he was not; he was kind or he was cruel; he was foolish or he was wise. (Buchan, 1931, S.10-11)

Die Figuren werden eindeutig in gute und schlechte Figuren eingeteilt, deren Charakter vor allem durch ihre Taten entwickelt wird und nicht durch Beschreibungen. Darüber hinaus wählt der Romanautor wie der Märchenerzähler nach Buchans Ansicht einfache Menschen als Modelle für seine Figuren aus. Dadurch wird es möglich, dass sich weite Teile der Bevölkerung mit den Hauptfiguren identifizieren können und dies ist zweifellos ein Grund für den Erfolg des viktorianischen Romans wie der Märchen.

Für Buchan ist die Darstellungsweise menschlicher Probleme in dieser klaren, einfachen Art eine Besonderheit der viktorianischen Literatur, die auch noch für nachfolgende Generationen von Interesse ist. Während des gesamten 19. Jahrhunderts wird in Großbritannien über politische, gesellschaftliche und kulturelle Veränderungen und die damit auftretenden gesellschaftlichen Probleme in schriftlicher Form diskutiert. Intellektuelle, Wissenschaftler, Philosophen und Schriftsteller formulieren ihre Ansichten und Lösungsvorschläge zu drängenden Fragen der Zeit in Zeitungsartikeln, Essays, Romanen, Erzählungen und auch in Kunstmärchen. An dieser öffentlichen Diskussion und Meinungsbildung können aufgrund der gesellschaftlichen und technischen Veränderungen immer mehr Menschen teilnehmen. Die viktorianische Epoche ist die Epoche des Bürgertums: Hier entsteht eine stetig wachsende Leserschicht, die sich für Fragen der zeitgenössischen Gesellschaft interessiert.

Für diese Arbeit wurden vier Autoren ausgewählt, die alle Einfluss auf die gesellschaftlichen und intellektuellen Entwicklungen im 19. Jahrhundert ausübten. John Ruskin war vor allem Kunst- und Gesellschaftskritiker. Das von ihm verfasste Kunstmärchen *The King of the Golden River* ist seine einzige literarische Arbeit. Charles Kingsleys Anliegen war es, den christlichen Glauben als zentralen Bezugspunkt für den Menschen mit den Entwicklungen in den Naturwissenschaften in Einklang zu bringen. Er wollte traditionelle Werte an die sich verändernde Gesellschaft anpassen. Sein Kunstmärchen *The Water - Babies* war nicht die einzige Erzählung, die er für Kinder veröffentlicht hatte. George MacDonald war wie Kingsley daran interessiert, den Glauben an Gott als zentralen Bestandteil des menschlichen Lebens zu vermitteln. Allerdings fand er in der Imaginationsfähigkeit des Menschen eine Eigenschaft, die den Menschen Gott näher bringt. Daher hat MacDonald mehrere Kunstmärchen und fantastische Erzählungen verfasst. Oscar Wilde bildet mit zwei seiner Kunstmärchen den Abschluss der Arbeit. Er steht für das ausgehende 19. Jahrhundert und sein Gesellschaftsbild verweist zwar noch auf traditionelle Werte, an denen sich vor allem das Bürgertum im 19. Jahrhundert orientierte, aber in einer ironisch distanzierten Art und Weise.

Der Schwerpunkt der Arbeit liegt auf den Kunstmärchen in ihrem historischen und literatursoziologischen Umfeld. Obwohl es sich um Kunstmärchen handelt, gehe ich davon aus, dass die ausgewählten Texte als Beitrag zu der Diskussion über gesellschaftliche Fragen in der viktorianischen Epoche gelesen werden können. Ich möchte den Inhalt der Kunstmärchen, ihre Verfasser und weitere Texte dieser Autoren, die die in den Kunstmärchen formulierten Kritikpunkte ebenfalls behandeln oder weiter ausführen, näher beleuchten. Es soll herausgearbeitet werden, wo Ruskin, Kingsley, MacDonald und Wilde die Schwachstellen ihrer zeitgenössischen Gesellschaft sahen und welche Alternativen und Verbesserungsansätze sie für die Probleme ihrer Zeit entwickelten.

Es wird hier eine literarische Gattung in den Fokus des Interesses gestellt, die sich in ganz Europa im 19. Jahrhundert einer wachsenden Beliebtheit erfreute. In Großbritannien hatte die Entwicklung des Kunstmärchens ihren Höhepunkt in der zweiten Hälfte des 19. Jahrhunderts. John Ruskin mit seinem 1841 geschriebenen und 1850 erschienen Kunstmärchen *The King of the Golden River* stand am Anfang einer englischsprachigen Tradition dieser Gattung. Oscar Wilde bildete den Abschluss der Blütezeit des britischen Kunstmärchens gegen Ende des 19. Jahrhunderts. Sowohl die historische Entwicklung dieser literarischen Gattung und ihre spezielle Entwicklung in Großbritannien, als auch die Frage nach einer literaturtheoretischen Definition der Gattung Kunstmärchen sollen dargestellt werden. Daher beginnt das zweite Kapitel zunächst mit einer Darstellung der Werke der Märchen- und Kunstmärchenforschung des 20. Jahrhunderts, die sich mit der Definitionsfrage der literarischen Gattung und dem Kunstmärchen in Großbritannien auseinandersetzen.

Das größte Problem hierbei ist, zu einer abschließenden Definition der Gattung Kunstmärchen zu kommen. Den Ausgangspunkt für eine Annäherung an das Kunstmärchen als literarische Gattung bildet die Märchen- und Folkloreforschung, die während des 19. Jahrhunderts ihre Anfänge hat. In Deutschland denkt man hier unweigerlich an die Gebrüder Grimm, die mit ihrer Märchensammlung in ganz Europa großen Erfolg hatten. Auch in Großbritannien wurde versucht, Märchen, hier verstanden als mündlich tradiertes Kulturgut, festzuhalten. Allerdings wurden gerade einheimische Märchen erst gegen Ende des 19. Jahrhunderts von volkskundlich ausgerichteten Forschern in einem stärkeren Maße beachtet. Einheimische Erzählungen, Märchen, Balladen und Sagen überlebten aber in den so genannten Chapbooks, die bereits im 18. Jahrhundert Verbreitung fanden und wir werden sehen, dass gerade in Großbritannien so genannte "märchenhafte" Elemente auch in anderen literarischen Gattungen, wie z.B., dem Roman, immer wieder auftauchten.

Für die Entwicklung des Kunstmärchens in Großbritannien waren drei Aspekte von entscheidender Bedeutung. Erstens muss man hier die Entwicklung der Kinder- und Jugendliteratur im 18. und 19. Jahrhundert berücksichtigen. Die Entstehung und Verbreitung dieser Literaturart hatte zur Folge, dass im Laufe des 19. Jahrhunderts Märchen allgemein, und damit auch Kunstmärchen, als literarische Gattung immer mehr Anerkennung fanden.

Zweitens spielte der Erfolg von Romanautoren wie Dickens als Wegbereiter für das Kunstmärchen eine Rolle. Buchan hat bereits auf die Ähnlichkeiten von Romanen des 19. Jahrhunderts und Märchen verwiesen. Die Erfolge von Dickens oder Thackeray, die immer wieder märchenhafte Elemente in ihre Romane einarbeiteten, bereiteten das Lesepublikum auf die Kunstmärchen vor.

Und drittens war sowohl bei der Entwicklung der Kinder- und Jugendliteratur, als auch bei der Entwicklung des Kunstmärchens in Großbritannien der Einfluss anderer europäischer Länder von Bedeutung. Die Ideen Jean - Jacques Rousseaus über Erziehung und Bildung fanden auch in Großbritannien Beachtung. Hinsichtlich der Produktion von englischsprachigen Kunstmärchen waren die Sammlungen französischer Märchen, die Märchen der Gebrüder Grimm, die Kunstmärchen der deutschen Romantiker und von Hans Christian Andersen von Bedeutung. All diese Märchensammlungen erschienen in verschiedenen Übersetzungen und Auflagen und fanden in Großbritannien ein breites Publikum.

Nach dieser Betrachtung des Kunstmärchens als literarische Gattung, der Entwicklung der Kinder- und Jugendliteratur, sowie der Darstellung der Entwicklung des Kunstmärchens in Großbritannien, widmet sich das dritte Kapitel dem historischen und politischen Verständnis von Nation, nationaler Identität und Gesellschaft. Dieses Kapitel soll den theoretischen Hintergrund für die Diskussion gesellschaftlicher Fragen während des 19. Jahrhunderts bilden. Es wird davon ausgegangen, dass eine Gesellschaft, die sich als Gemeinschaft versteht, die Grundlage für eine Nation bildet. Großbritannien bestand im 19. Jahrhundert aus vier Kulturen: der englischen, der walisischen, der schottischen und der irischen. Wie jede Nation musste auch Großbritannien für sich die Möglichkeit einer nationalen und damit auch kulturellen Identität schaffen. Im 19. Jahrhundert verursachten die Revolutionen auf dem Kontinent, die fortschreitenden Erkenntnisse in den Wissenschaften und die damit einhergehende Infragestellung der Bibel eine zunehmende Unsicherheit in der britischen Gesellschaft. Die gesellschaftlichen Strukturen brachen auf, die technischen Entwicklungen veränderten nicht nur die Produktionsmethoden, sondern auch das Leben der Menschen. Immer mehr Menschen wurden immer mehr Informationen zugänglich. Die etablierten Eliten bestehend aus König, Adel und anglikanischer Kirche verloren ihre führende Rolle in der Gesellschaft. Besonders die im Entstehen begriffenen Mittelschichten suchten neue Orientierungspunkte. Der Gedankenaustausch über diese gesellschaftlichen Probleme erfolgte im 19. Jahrhundert in den Printmedien.

In seiner Einleitung zu einer Aufsatzsammlung über das Thema der nationalen und kulturellen Identität beschreibt Bernhard Giesen die neueren Ansätze der vergleichenden Nationenforschung wie folgt:

> Sie [die vergleichende Nationenforschung] hält die Nation für eine zwar geschichtsmächtige, aber keineswegs unausweichliche Form der kollektiven Identität, die nicht naturgegeben ist, sondern als Ergebnis unterschiedlicher geschichtlicher Bedingungen und unter unterschiedlichen kulturellen Bezügen *sozial konstruiert* wird.[3]

Geschichtliche, kulturelle, politische und gesellschaftliche Entwicklungen bedingen das Selbstverständnis einer Nation. Im dritten Kapitel dieser Arbeit "Nationale Identität und das Verständnis von Gesellschaft im Vereinigten Königreich des 19. Jahrhunderts" werden verschiedene Konzepte vorgestellt, die sich um eine Definition des Begriffes *Nation* bemühen. Dabei wird natürlich auch die Entwicklung in Großbritannien berücksichtigt. Um die Diskussion über nationale Identität und den Zustand der Gesellschaft in Großbritannien während des 19. Jahrhunderts noch zu verdeutlichen, wurden drei Schriftsteller ausgewählt: Thomas Carlyle, John Stuart Mill und Matthew Arnold. Diese drei Autoren beteiligten sich an diesem gesellschaftlichen Diskurs und übten alle in unterschiedlichen Bereichen nachhaltig Einfluss aus.

Es soll deutlich werden, dass, wie oben im Zitat beschrieben, die nationale Identität, die eine Gesellschaft zu einem bestimmten geschichtlichen Zeitpunkt besitzt oder anstrebt, eine Konstruktion eben dieser Gesellschaft ist. So ist es einerseits von Interesse, welche Ideale und Werte eine Gesellschaft zu einem bestimmten Zeitpunkt vertritt oder anstrebt. Andererseits ist es auch von Bedeutung, welche Teile der Gesellschaft Entwicklung und Repräsentation der

---

3   Bernhard Giesen (Hrsg.), Nationale und kulturelle Identität: Studien zur Entwicklung des kollektiven Bewußtseins in der Neuzeit. (2.Aufl. Frankfurt a.M.; Suhrkamp Taschenbuch, 1991) S.11-12.

nationalen Identität bestimmen. Bernhard Giesen formuliert dies folgendermaßen:

> Damit richtet sich der Blick auf die sozialen Gruppen, die die Imagination einer nationalen Gesellschaft vorantreiben und zum historischen Träger des Nationalbewusstseins werden. Es waren dies vor allem die aufsteigenden und mobilisierten Stände und Schichten, insbesondere die verschiedenen Fraktionen des Bürgertums, die - in Verbindung mit Intellektuellen und Literaten - die Vorstellung nationaler Eigenart und Gemeinsamkeit ausarbeiten.
> (Giesen, 1991, S.14)

Die Gesellschaften im Europa des 19. Jahrhunderts unterlagen umfassenden Veränderungen. In der Einleitung zu seinem Buch *Culture and Society* benennt Raymond Williams[4] fünf zentrale Begriffe, die in der englischen Sprache am Ende des 18. Jahrhunderts und zu Beginn des 19. Jahrhunderts in den allgemeinen Sprachgebrauch eingingen, bzw. neue Bedeutungen bekamen: *industry, democracy, class, art* und *culture* (Williams, 1958, S.xiii). Die industrielle Revolution brachte neue Produktionsweisen und neue Arbeitstechniken mit sich. Es entstand die neue Schicht der Arbeiter, die zunehmend in den Städten unter hygienischen und sozialen Missständen zu leiden hat. Handel und Geldwirtschaft, angetrieben durch die fortschreitende Kolonialisierungspolitik Großbritanniens, begünstigten den Aufstieg der Mittelschichten. Aus diesen Mittelschichten kamen die meisten Diskussionsbeiträge zu gesellschaftlichen und politischen Frage der Zeit. Auch die in der vorliegenden Arbeit betrachteten Autoren stammten aus diesen Mittelschichten. Hier entstand der Druck auf die Politik und zahlreiche Reformen weiteten das politische Mitspracherecht dieser Mittelschichten immer mehr aus. Somit erhalten die Begriffe *industry, democracy* und *class* im 19. Jahrhundert neue Bedeutungen.

Ebenso unterlagen die Konzepte, die mit Kunst und Kultur in Verbindung gebracht wurden, einem Wandel. In der Kunst wurde erstmals zwischen *artist* und *artisan* unterschieden. Das Wort *aesthetics* kam neu in die englische Sprache und bezeichnete das Urteil über Kunst. *The arts* umfassten nun Literatur, Musik, Malerei, Bildhauerei und Theater und wurden von anderen Tätigkeiten des Menschen in diesem Begriff zusammengefasst und unterschieden (Williams, 1958, S. xv-xvi). In ähnlicher Weise bekam auch der Begriff *culture* immer neue Denotationen. Williams Ansicht nach bezeichnete *culture* zunächst "a general state or habit of the mind". Danach bezog sich der Begriff auf "the general state of intellectual development of society as a whole". *Cul-*

---

[4] Raymond Williams, Culture and Society 1780 - 1950. (New York: Columbia University Press, 1958).

ture umfasste ganz allgemein die Künste und gegen Ende des 19. Jahrhunderts weitete sich der Begriff weiter aus zu "a whole way of life, material, intellectual and spiritual" (Williams, 1958, S.xvi). Williams zeigt mit der Beschreibung der Veränderung der ausgesuchten Schlüsselworte für das 19. Jahrhundert an, wo die entscheidenden Umwälzungen in der britischen Gesellschaft und Kultur stattfanden.

Dies alles bildet den Hintergrund für die Interpretation der einzelnen Kunstmärchen. Die Veränderungen im 19. Jahrhundert betrafen die äußeren Bedingungen des menschlichen Lebens, vor allem in den Städten. Aber auch das Selbstverständnis des Einzelnen in der Gesellschaft und seine Haltung zu religiösen und moralischen Fragen mussten den neuen Bedingungen angepasst werden. Ruskins Kunstmärchen wurde ausgewählt, weil es den Beginn der englischsprachigen Kunstmärchenproduktion darstellt. Darüber hinaus fügt sich Ruskin als Kunst- und Gesellschaftskritiker in den Rahmen dieser Arbeit, da seine kritischen Werke im 19. Jahrhundert viel Beachtung fanden. Ruskins Einfluss war sehr vielfältiger Natur. Am Anfang seiner Karriere widmete er sich vor allem Fragen der Kunst und Architektur, sowie deren Funktionen in der Gesellschaft. Er prägte damit ein neues Verständnis von Kunst und ihres gesellschaftlichen Stellenwertes. Dieser Denkansatz beeinflusste u.a. Oscar Wilde.

Oscar Wilde ist ein Teil dieser Arbeit, da er die Blütezeit der englischsprachigen Kunstmärchenproduktion gegen Ende des 19. Jahrhunderts beschließt. Wilde ist bekannt für seinen Roman *The Picture of Dorian Gray* und seine Gesellschafts-komödien. Für Wilde ist die Kunst als Teil des menschlichen Lebens noch wichtiger als bei Ruskin. Wilde lenkt den Blick vor allem auf die charakterlichen Schwächen des Menschen. Er enttarnt die Fassade der bürgerlichen Gesellschaft und spart nicht an Ironie und Kritik. Zwei seiner Kunstmärchen, *The Young King* und *The Happy Prince*, wurden ausgewählt, um diesen Aspekt Wildes darzulegen.

Zwischen Ruskin und Wilde befinden sich die beiden Kunstmärchen von Kingsley und MacDonald. Kingsley und MacDonald waren beide Geistliche und legten auf die Vermittlung religiöser Inhalte großen Wert. Die ausgewählten Kunstmärchen der beiden sind vom Umfang und Aufbau ähnlich. Sie sind länger als die Kunstmärchen von Ruskin und Wilde und enthalten eine sehr deutlich formulierte Moralvorstellung, die sich an christlichen Werten orientiert. Dieser Aspekt der Kunstmärchen spiegelt einen Trend in der Kinder- und Jugendliteratur wider, der den Großteil dieser Literaturrichtung bestimmte: Man gelangte immer mehr zu der Überzeugung, dass durch die richtige Lektüre die Bildung des Charakters positiv beeinflusst werden können.

Vor allem Kirchen und christliche Vereinigungen veröffentlichten daher im Laufe des 19. Jahrhunderts Schriften und Erzählungen, um so einen in ihrem Sinne positiven Einfluss auszuüben.

Am Ende der Arbeit wird ein Vergleich der Autoren erfolgen. Jeder der Autoren entwickelt in seinem Kunstmärchen durch die darin geäußerte Kritik einen Gesellschaftsentwurf. Diese Gesellschaftsentwürfe mit ihren unterschiedlichen Wertvorstellungen und Schwerpunkten sollen dargestellt werden. Danach werden die unterschiedlichen Märchenkonzepte der Autoren miteinander verglichen. Des Weiteren soll die Wirkung der Kunstmärchen in der viktorianischen Gesellschaft untersucht werden. Dabei wird deutlich werden, wie sich die Perspektive der Autoren und die Bewertung der traditionellen bürgerlichen Werte und Moralvorstellung während des ausgewählten Betrachtungszeitraumes verändern.

2. Das Kunstmärchen als literarische Gattung

Zunächst ist es meiner Ansicht nach sinnvoll, sich dem Kunstmärchen als literarische Gattung zu nähern. Es gibt, vor allem in der germanistischen Literaturwissenschaft, mehrere Ansätze und Versuche, die Gattung Kunstmärchen zu definieren. Dabei trifft jeder Literaturwissenschaftler auf zwei grundlegende Probleme: einerseits die Nähe des Kunstmärchens zum Volksmärchen, mit dem es hinsichtlich der Figuren und des Handlungsaufbaus große Ähnlichkeiten aufweisen kann. Andererseits die Schwierigkeiten, die auftreten, wenn man das Kunstmärchen von anderen literarischen Gattungen, die ebenfalls irreale Handlungen oder Figuren beinhalten, abgrenzen möchte. So werden Untersuchungen, die sich mit dem Kunstmärchen als europäischem Phänomen[5] oder speziell mit Kunstmärchen in Großbritannien[6] beschäftigen, vor die Frage gestellt, welche Merkmale Kunstmärchen aufweisen, um als solche zu gelten und wie sich Kunstmärchen von anderen Gattungen der fantastischen Literatur abgrenzen lassen.

Im Laufe des 19. Jahrhunderts entstehen in vielen europäischen Ländern Sammlungen mündlich tradierter Volkserzählungen. Hierzu zählen Märchen, Sagen und Legenden. Die Schriftsteller der Romantik lenken den Blick auf die eigene Vergangenheit und finden in den Volkserzählungen ihrer Länder Anregungen für ihre Werke. Gleichzeitig entsteht auch eine neue Wissenschaft, die Folkloreforschung, die sich mit der Entstehung und Verbreitung solcher Erzählungen auseinandersetzt.[7] So werden Ende des 19. Jahrhunderts und Anfang des 20. Jahrhunderts Märchen Gegenstand wissenschaftlicher Untersuchungen.

Ein Blick auf die Forschungsliteratur zeigt, dass bis Anfang der siebziger Jahre des 20. Jahrhunderts die Untersuchungen über Märchen, womit in diesem Fall die Volksmärchen gemeint sind, im Vordergrund stehen. Felix Karlinger stellt in *Wege der Märchenforschung*[8] Auszüge und Artikel von Forschern in historischer Abfolge dar und zeigt damit die Haupttendenzen der Märchenfor-

---

5   Volker Klotz, Das europäische Kunstmärchen (Stuttgart: Metzler Verlag, 1985).

6   Dieter Petzold, Das englische Kunstmärchen im 19. Jahrhundert (Tübingen: Max Niemeyer Verlag, 1981).

7   Für die Entwicklung in Großbritannien siehe: Richard Dorson, The British Folklorist: A History (London: Routledge & Kegan Paul, 1968).

8   Felix Karlinger (Hrsg.), Wege der Märchenforschung (Darmstadt: Wissenschaftliche Buchgesellschaft, 1973).

schung auf. Karlinger beginnt seinen Überblick mit den ersten Arbeiten des 20. Jahrhunderts über die Entstehung, den Ursprung und die Verbreitung von Märchen. Es werden hier Beiträge von Karl Reuschel, Friedrich von der Leyen und Antii Aarne angeführt. Ausgehend von deren Forschungsergebnissen widmen sich die nachfolgenden Wissenschaftler immer mehr dem Inhalt der Volksmärchen, der Abgrenzung der Volksmärchen gegenüber anderen mündlich tradierten Gattungen, der Struktur der Erzählungen und ihren Motiven. Hier sind die Werke von Stith Thompson[9], Max Lüthi[10] und Vladimir Propp[11] von Bedeutung. Ende der siebziger Jahre wendet sich die Forschung der Gattung der Kunstmärchen zu. Es geht vor allem um die Frage, wie man ein Kunstmärchen definiert, wie sich die Gattung in der europäischen Literatur entwickelt hat und wie man das Kunstmärchen vom Volksmärchen abgrenzen kann. Zu diesen Themenbereichen sind die Arbeiten von Dieter Petzold, Paul - Wolfgang Wührl, Friedmar Apel und Hans - Heino Ewers von Interesse, die ich im Folgenden genauer erläutern werde.

Anschließend werden wir die Entwicklung des Kunstmärchens in Großbritannien näher betrachten. Da sich Kunstmärchen auch an Kinder als Leser wenden, wird die Entwicklung der Kinder- und Jugendliteratur in Großbritannien dargestellt. Im Anschluss wird dann unter Berücksichtigung der entscheidenden Bedeutung von Charles Dickens die Entwicklung des Kunstmärchens in Großbritannien im Vordergrund stehen. Charles Dickens wurde ausgewählt, da seine Romane zu den erfolgreichsten des 19. Jahrhunderts gehörten. In seinen Romanen verbindet er soziale Probleme der zeitgenössischen Gesellschaft mit Fiktion. Bei der Ausgestaltung seiner Figuren und seiner Handlungsstränge finden sich auch immer wieder Anleihen bei Märchen. So bereitet Dickens durch die Einarbeitung märchenhafter Elemente in seine Romane und den Erfolg seiner Weihnachtsgeschichten, die ebenfalls märchenhafte Elemente enthalten und sehr erfolgreich waren, den Weg für den Erfolg von Kunstmärchen englischsprachiger Autoren in der zweiten Hälfte des 19. Jahrhunderts.

---

9   Stith Thompson, The Folktale (1946, Reprint: Los Angeles: University of California Press, 1977).

10 Max Lüthi, Das europäische Volksmärchen (1945; 8.Aufl. Tübingen: Francke Verlag, 1985).
    Max Lüthi, Märchen (1962; 5.Aufl. Stuttgart: Metzler Verlag, 1974).
    Max Lüthi, Das Volksmärchen als Dichtung: Aesthetik und Anthropologie (1975; 2.Aufl. Göttingen: Vandenhoeck und Ruprecht, 1990).

11 Vladimir Propp, Die Morphologie des Märchens (1928; Ed. München: Hanser, 1972).

2.1. Verschiedene Ansätze zur Definition von Kunstmärchen

In der Germanistik haben sich die Ausdrücke Kunstmärchen und Volksmärchen fest etabliert. Im Englischen dagegen existieren bereits für den deutschen Begriff "Märchen" eine Fülle von Bezeichnungen: "fairy tale", "fireside story", "folktale", "household tale", "Märchen", "nursery tale", "popular tale" oder "wonder tale".[12] Am häufigsten begegnet man der Bezeichnung "fairy tale", die allerdings auch für Kunstmärchen verwendet wird. Dies belegen Titel von Anthologien englischer Kunstmärchen neueren Datums.[13] Dies zeigt, dass im Bewusstsein der Leser kein Unterschied zwischen Kunst- und Volksmärchen besteht. Auch im deutschen Sprachgebrauch begegnet man außerhalb literaturwissenschaftlicher Arbeiten häufig der Bezeichnung "Märchen", wobei sowohl die Märchen der Gebrüder Grimm, als auch Kunstmärchen der deutschen Romantiker gemeint sein können. Man kann also festhalten, dass der Begriff "Märchen", bzw. "fairy tale" ein Oberbegriff für märchenhafte Erzählungen ist, die sich dann in zwei Gattungen einteilen lassen: das "Volksmärchen", bzw. "folk tale" und das "Kunstmärchen", bzw. "literary fairy tale".

Die englischen Begriffe sind der Einleitung von Jack Zipes Untersuchung über das englische Kunstmärchen entnommen.[14] Für ihn ist die Differenzierung zwischen mündlicher Tradition und schriftlicher Existenz einer Erzählung der Hauptunterschied. Zipes betrachtet das Kunstmärchen ("literary fairy tale") auch in seiner literatursoziologischen Funktion. Er sieht das Kunstmärchen als ein Produkt für die herrschende Klasse im 19. Jahrhundert, das zu deren Unterhaltung und Erziehung dienen soll:

> No matter where the literary fairy tale took root and established itself - France, Germany, England - it was written in a standard "high" language that the folk could not read, and it was written as a form of entertainment and education for members of the ruling classes.(...) In short, by institutionalizing the literary fairy tale, writers and publishers violated the forms and concerns of nonliterate, essentially peasant communities and set new standards of taste, production, and reception through the discourse of the fairy tale. (Zipes, 1994, S.13)

---

12 Karlheinz Hellwig, Englische Volksmärchen: Literarisch, kulturhistorisch, soziologisch (Bonn: Bouvier Verlag Herbert Grundmann, 1971) S.1.

13 Michael Patrick Hearn (Hrsg.), The Victorian Fairy Tale Book (Edinburgh: Canongate, 1990) und Jack Zipes (Hrsg.), Victorian Fairy Tales: The Revolt of the Fairies and Elves (New York und London: Methuen, 1987).

14 Jack Zipes, Fairy Tale as Myth, Myth as Fairy Tale (Kentucky: University Press, 1994) S.12.

Das Kunstmärchen, besonders in der zweiten Hälfte des 19. Jahrhunderts in Großbritannien, und damit die hier ausgewählten Texte, wurden von Mitgliedern der Mittelschichten für ihresgleichen verfasst. Die in den Kunstmärchen enthaltene Gesellschaftskritik berücksichtigte die Situation der unteren Schichten im 19. Jahrhundert, wandte sich aber nicht primär an diese als Zielpublikum. Die Belange der analphabetischen, vor allem ländlichen Bevölkerung wurden von den Autoren der Kunstmärchen wenig berücksichtigt. Das Leben auf dem Land dient in den Kunstmärchen als idealisiertes Gegenbild zu den Problemen der städtischen Bevölkerung. Wir werden dies noch genauer bei der Analyse der einzelnen Kunstmärchen sehen.[15]

Betrachten wir zuerst die Nähe des Kunstmärchens zum Volksmärchen. Jack Zipes benennt das elementarste Kriterium zur Unterscheidung von Kunstmärchen und Volksmärchen: Der Verfasser eines Kunstmärchens ist namentlich bekannt und die Erzählung existiert, im Gegensatz zum Volksmärchen, das der mündlichen Erzähltradition entstammt, von Anfang an in einer schriftlichen Form.[16] Dies ist zweifellos ein wichtiges Unterscheidungsmerkmal, genügt aber nicht für eine ausreichende Abgrenzung der beiden Gattungen. Ein Blick auf die Beurteilung der Grimmschen Märchen durch die Forschung bestätigt dies. Die Intention der Gebrüder Grimm war es, die mündlich erzählten Volksmärchen zu sammeln, aufzuschreiben und so als Kulturgut zu erhalten. Die neuere Forschung zu den Märchen der Gebrüder Grimm, allen voran die Erkenntnisse von Heinz Rölleke, zeigt, dass die schriftlich fixierten und veröffentlichten Varianten der einzelnen Märchen von den ersten Aufzeichnungen und damit auch von deren mündlichen Formen erheblich abweichen.[17]

---

15 Es sei hier bereits kurz darauf verwiesen, dass die Kunstmärchen von Oscar Wilde hier die Ausnahme bilden. In The Happy Prince wird der Armut in der Stadt kein ländliches Idyll gegenübergestellt und in The Young King wird vor allem das Verhältnis zwischen den verschiedenen Gesellschaftsschichten in einem typisch märchenhaften Kontext thematisiert.

16 Siehe außerdem: Manfred Grätz, "Kunstmärchen" in: Kurt Ranke (Hrsg.), Enzyklopädie des Märchens (Berlin und New York: Walter de Gruyter, 1976 ff) S.612-613.
Klaus Doderer, "Märchen" in: Klaus Doderer (Hrsg.), Lexikon der Kinder- und Jugendliteratur (2.Aufl. Weinheim und Basel: Beltz Verlag, 1977) Bd.2, S.422.

17 Manfred Grätz, Das Märchen in der deutschen Aufklärung: vom Feenmärchen bis zum Volksmärchen. (Stuttgart: Metzler Verlag, 1988) S.14.

Es handelte sich bei den "Lieferanten" der Märchen nicht um Menschen aus den unteren Schichten, sondern meistens um junge Damen aus dem Bürgertum.[18] Die Gebrüder Grimm wurden durch Clemens Brentano[19] zu ihrer Sammlung angeregt und dieser empfahl den Gebrüder Grimm zwei plattdeutsche Märchenaufzeichnungen von Philipp Otto Runge[20], *Märchen von dem Machandelboom* und *Der Fischer un syner Frau* als Modell zu nehmen (Rölleke, 2000, S.42). Nach Röllekes Erkenntnissen durchliefen die Volksmärchen daraufhin folgenden Filterungsprozess: Zunächst nahmen die Gebrüder Grimm Runges Märchen als Modell und waren so von Anfang an nur an gut erzählten, von "Zoten und Klassenhass freien Texten" interessiert (Rölleke, 2000, S.42). Deshalb gerieten sie an gebildete und mit der französischen Märchentradition vertraute Damen aus dem Bürgertum als Beiträger. Diese Beiträger gaben an die Grimms nur Texte weiter, die sie gemäß der genannten Kriterien für geeignet hielten. Darüber hinaus darf angenommen werden, dass die Dienstboten, Fuhrleute, usw., die den Grimmschen Beiträgern ihre Texte anvertrauten, ihren Herrschaften ebenfalls nur bereits "bereinigte" Geschichten weitererzählt haben (Rölleke, 2000, S.42).

All dies widerspricht nun der Annahme, dass die Grimmschen Märchen originäre Volksmärchen wiedergeben. Man versucht mit der Bezeichnung "Buchmärchen" diesem Zustand Rechnung zu tragen. Ein Buchmärchen bezeichnet die Form eines Volksmärchens, die es durch eine schriftliche Fixierung und die damit verbundenen stilistischen Umformungen erhalten hat.[21] Die Trennung von Buchmärchen und Volksmärchen ist demgemäß nach dem Grad der stilistischen Umformung durch die Niederschrift einer Volkserzählung zu bestimmen. Welche Kriterien lassen sich aber finden, um das Kunstmärchen von diesen Volksmärchen, bzw. Buchmärchen zu unterscheiden?

Wie bereits erwähnt wurde, entstanden zuerst Untersuchungen über Märchen im Allgemeinen. Viele Merkmale, die für Volksmärchen festgestellt wurden, treffen auch auf Kunstmärchen zu. Max Lüthi stellt hinsichtlich der Handlungsstruktur, des Erzählstils und der Weltdarstellung Gemeinsamkeiten fest,

---

18 Heinz Rölleke, Die Märchen der Gebrüder Grimm - Quellen und Studien. Gesammelte Aufsätze. (Trier: Wissenschaftlicher Verlag Trier, 2000) S.28-29.

19 Clemens Bretano (1778-1842): deutscher Dichter der Romantik; zusammen mit Achim von Arnim erstellt er die Volksliedsammlung Des Knaben Wunderhorn (1806-08).

20 Philipp Otto Runge (1777 - 1810): deutscher Maler der Romantik.

21 Max Lüthi, Das europäische Volksmärchen, S.100.

die Märchen über nationale Grenzen hinweg aufweisen. Der Handlungsverlauf in den meisten Märchen ist durch die Bewältigung von Schwierigkeiten gekennzeichnet. Die Ausgangslage ist durch einen Mangel oder eine Notsituation bestimmt. Die Märchenhandlung gliedert sich häufig in zwei oder drei Stufen zur Bewältigung des Problems oder der Aufgabe. Die Benennung von Personen und Dingen im Märchen sind allgemein gehalten. Entweder werden einfache Namen, wie z.b. Hans, verwendet oder die Figuren werden lediglich durch ihre Funktion bezeichnet, wie z.b. König, Prinz, Hexe. Alle Figuren werden strikt in gute und böse Figuren getrennt und somit unterscheidet das im Märchen vermittelte Weltbild klar zwischen Gut und Böse.[22]

Diese Kriterien, die Lüthi für Märchen feststellt, findet Dieter Petzold auch in Kunstmärchen wieder. Nach Petzolds Ansicht sind die Figuren in Kunstmärchen vor allem Handlungsträger, die nur knapp charakterisiert werden. Alle Figuren, ob menschliche oder übernatürliche, lassen sich im Hinblick auf den Held oder die Heldin in zwei Gruppen einteilen: Helfer oder Gegenspieler (Petzold, 1981, S.16). So ist das Weltbild der Kunstmärchen klar in Gut und Böse getrennt. Petzold erweitert diesen Aspekt noch, da er das Weltbild in Kunstmärchen generell als religiös gefärbt betrachtet: "Es herrscht eine Macht, die zwar nicht näher spezifiziert wird, die aber jener Vorsehung entspricht, die als Ordnungsmacht der Welt in fast allen Religionen eine prominente Rolle spielt." (Petzold, 1981, S.18).

Da all diese formalen Kriterien in Volksmärchen und Kunstmärchen auftreten, tragen sie nicht zur Unterscheidung der beiden Gattungen bei. Petzold wendet sich deshalb inhaltlichen Kriterien zu, um das Kunstmärchen als eigenständige literarische Gattung einzugrenzen. Dabei schreibt er dem Wunderbaren in den Kunstmärchen die entscheidende Rolle zu. Petzold ist sich bewusst, dass es auch noch andere Gattungen gibt, in denen das Wunderbare, bzw. das Übernatürliche, eine entscheidende Rolle spielt, wie z.B. im Schauerroman oder Sciencefictionroman (Petzold, 1981, S.26-27).

Seiner Meinung nach lassen sich die Art und Wirkung des Übernatürlichen in den verschiedenen Gattungen unterscheiden. Im Schauerroman ist der Ausgangspunkt die natürliche Ordnung der Dinge, die durch etwas Übernatürliches gestört wird und damit den Leser verunsichert. Entweder wird das Übernatürliche am Ende der Erzählung einer realistischen Erklärung zugeführt[23] oder aber wird der Leser gezwungen, das Übernatürliche als solches zu ak-

---

22 Max Lüthi, Märchen, S.28-29.
23 Petzold nennt hier als Beispiel Ann Radcliffe, The Mysteries of Udolpho (Petzold, 1981, S.29).

zeptieren.[24] Diese zweite Möglichkeit, dass eine übernatürliche Macht in einer Welt agiert, die sich nicht wesentlich von der des Lesers unterscheidet, kann ebenfalls im Kunstmärchen auftreten.[25] Der Unterschied besteht darin, dass im Schauerroman das Übernatürliche als etwas Fremdes, Unheimliches erscheint, im Kunstmärchen jedoch nicht, da es in die Erfahrungswelt des Lesers eingearbeitet wird. Im Sciencefictionroman dagegen wird das Unglaubliche oder Übernatürliche als solches empfunden, aber nicht für prinzipiell unmöglich gehalten (Petzold, 1981, S.30-31).

Neben der Wirkung, die das Übernatürliche in den verschiedenen Gattungen nach Petzolds Ansicht hat, unterscheidet er noch drei Arten des Wunderbaren, die in der fantastischen Literatur auftreten können. Erstens den allegorischen Modus, bei dem die fiktive Welt als Analogiebild zur Realität entworfen wird. Zweitens den utopischen Modus, bei dem die fiktive Welt ein Gegenbild zur Realität darstellt. Und drittens den symbolischen Modus, der die fiktive Welt als Urbild der Realität versteht (Petzold, 1981, S.31-33). Werden in einem Text nun diese verschiedenen Modi des Wunderbaren vermischt und mit den formalen Konventionen des Märchens verbunden, kann man von einem Kunstmärchen sprechen (Petzold, 1981, S.36). Für Petzold sind damit die entscheidenden Merkmale eines Kunstmärchens das Wunderbare, dessen Beschaffenheit und der Effekt, den das Übernatürliche in einer Erzählung erzielt, um so die Kunstmärchen als eine eigenständige literarische Gattung von anderen Gattungen der fantastischen Literatur zu unterscheiden.

Zu ähnlichen Ergebnissen kommt auch Paul - Wolfgang Wührl, der seine Untersuchung zum deutschen Kunstmärchen folgendermaßen beginnt:

> Das Kunstmärchen gibt es nicht. - Es gibt phantastische Novellen, Legendenmärchen, Phantasiestücke, Nachtstücke, Novellenmärchen, Märchennovellen, Märchenromane, Märchendramen, Märchenkomödien, Capricci, Versmärchen, Märchenscherze, Parabelmärchen, Märchen-Parodien, auch Märchen-Satiren, Wahnsinnsmärchen, Natur-Märchen, Wirklichkeitsmärchen, Anti-Märchen,...[26]

---

24   Petzolds Beispiel ist Horace Walpole, The Castle of Otranto (Petzold, 1981, S.29).

25   Petzold verweist hier auf George MacDonald, At the Back of the North Wind (Petzold, 1981, S.30).

26   Paul - Wolfgang Wührl, Das deutsche Kunstmärchen: Geschichte, Botschaft und Erzählstruktur (UTB für Wissenschaft. Heidelberg: Quelle & Meyer:, 1984) S.15.

Diese provokante Feststellung zeigt, dass die Erzählungen, die zu der Gattung Kunstmärchen gerechnet werden können, recht vielfältiger Natur sind und durchaus Überschneidungen mit anderen Gattungen vorkommen können. Auch Wührl stellt sich die Frage nach den Gemeinsamkeiten, die alle Kunstmärchen besitzen und die so zum Charakteristikum einer Gattung werden.

Wührl führt mehrere Punkte an, die ein Kunstmärchen als solches ausweisen: Literaturhistorisch betrachtet sieht Wührl das Kunstmärchen als eine "produktiv-artistische Weiterentwicklung" des Volksmärchens, die sich durch eine "Psychologisierung der Figurenzeichnung und Literarisierung des Erzählstils" auszeichnet (Wührl, 1984, S.16). Darüber hinaus verschlüsselt nach Wührls Ansicht das Kunstmärchen seine Botschaft. Wie im obigen Zitat bereits angedeutet wurde, überschreitet das Kunstmärchen verschiedene Gattungsgrenzen. Dies fordert die Rezeptionsfähigkeit des Lesers heraus und stellt für Wührl somit ein weiteres Merkmal von Kunstmärchen dar. Für Wührl ersetzt das Kunstmärchen die naive Moral des Volksmärchens durch eine skeptische Wirklichkeitssicht und kann so soziologische, psychologische und anthropologische Einsichten gewähren (Wührl, 1984, S.16-17). Sein letzter Punkt, der auch die Grundlage für seine Untersuchung bildet, ist, dass die "narrative Behandlung des Wunderbaren" eine formprägende Wirkung im Kunstmärchen hat (Wührl, 1984, S.17).

Nach Wührls Ansicht zeigt eine Analyse der Realisation des Wunderbaren Traditionszusammenhänge der Kunstmärchen, die bisher wenig beachtet wurden. Das Wunderbare wird so zum Träger der Märchenbotschaft. Wührl unterscheidet insgesamt sechs Arten des Wunderbaren. Im dritten Teil seiner Arbeit widmet er jeder Art ein Kapitel. Das Wunderbare kann als Belustigung der Einbildungskraft (Wührl, 1984, S.43-60), als symbolisches Traumbild (Wührl, 1984, S.61-102), als eine Allegorie mit philosophischer Botschaft (Wührl, 1984, S.103-139), als Verfremdung des Alltags im Wirklichkeitsmärchen (Wührl, 1984, S.104-234), als feindliches Prinzip im Nachtstück (Wührl, 1984, S.238-282) oder als Travestie des Wunderbaren in Kunstmärchen auftreten (Wührl, 1984 S.283-290). So sieht Wührl ganz ähnlich wie Petzold, dass formale Kriterien allein nicht ausreichen, um ein Kunstmärchen von einem Volksmärchen oder auch von anderen Gattungen der fantastischen Literatur zu unterscheiden. Beide versuchen über die Analyse der Funktion des Wunderbaren in Kunstmärchen ein Kriterium zu finden, welches zur Bestimmung der literarischen Gattung Kunstmärchen beiträgt.

Friedmar Apel wählt einen anderen Ausgangspunkt, um die Gattung Kunstmärchen zu definieren. Er betrachtet diese Thematik aus einer literaturhistorischen und ideengeschichtlichen Perspektive. Sein Standpunkt ist, dass ein

Vergleich der beiden Gattungen wenig zur Abgrenzung des Kunstmärchens vom Volksmärchen beiträgt.[27] Für ihn ist das Kunstmärchen eine Form des Fantastischen, da es eine klare Trennung des Realen und des Irrealen voraussetzt. Die Grundlage hierfür besteht seit der französischen Aufklärung. Während der Aufklärung wird der Mensch als ein von der Vernunft bestimmtes Wesen betrachtet. In gleicher Weise werden die Einflüsse der Umwelt auf den Menschen und das Verhältnis der Menschen untereinander unter rationalen Gesichtspunkten dargestellt. Als Gegenpol dazu entwickelt sich eine Geisteshaltung der Menschen, die irrationale Phänomene in den Blickpunkt des Interesses stellt. Dies hat dann auch Auswirkung in der Literatur.

Unter diesen Voraussetzungen kann das Kunstmärchen als eigenständige Gattung entstehen, "da sich eine abgegrenzte, märchenproduzierende Phantasie erst in der Auseinandersetzung mit dem rationalistischen Weltbild entwickeln kann" (Apel, 1978, S.25). Für Apel bedeutet dies, dass mit dem Beginn der Produktion von Kunstmärchen die Volksmärchen aussterben. Das Aufschreiben der Volksmärchen sieht er als einen Übergang zu den Kunstmärchen an (Apel, 1978, S.27-28). Das Verhältnis der beiden Gattungen wäre somit ein rein historisches, das durch die ideengeschichtliche Entwicklung, die durch die Aufklärung ausgelöst wurde, mitbestimmt wurde: Das Kunstmärchen löste das Volksmärchen zu dem Zeitpunkt ab, als die Menschen sich mit der durch die französische Aufklärung propagierten Rationalität auseinandersetzten und dadurch Raum für die Entstehung einer Fantasie geschaffen wurde, die im Kunstmärchen ihren Ausdruck fand.

Petzold und Wührl ziehen inhaltliche Kriterien heran, um das Kunstmärchen zu definieren. Apel findet in literaturgeschichtlichen und ideengeschichtlichen Entwicklungen die Grundlage für das Entstehen der literarischen Gattung Kunstmärchen. Hans - Heino Ewers verbindet in dem Nachwort zu seiner Anthologie deutscher Kunstmärchen die geschichtliche Entwicklung des Kunstmärchens in Europa mit inhaltlichen Kriterien, die seiner Meinung nach die Gattung der Kunstmärchen auszeichnen.[28]

Wenden wir uns zuerst dem kurzen geschichtlichen Abriss Ewers zu. Für Ewers ist das Frankreich des ausgehenden 17. Jahrhunderts die Wiege des Kunstmärchens in Europa (Ewers, 1987, S.645). Während der zweiten Hälfte des 18. Jahrhunderts tritt dann eine deutschsprachige Kunstmärchendichtung

---

27 Friedmar Apel, Die Zaubergärten der Phantasie: Zur Theorie und Geschichte des Kunstmärchens (Heidelberg: Carl Winter Verlag, 1978) S.12.

28 Hans - Heino Ewers (Hrsg.), Zauberei im Herbste: Deutsche Kunstmärchen von Wieland bis Hofmannsthal (Stuttgart: Reclam, 1987) S.645 - 678.

der französischen an die Seite (Ewers, 1987, S.646). In den dreißiger Jahren des 19. Jahrhunderts verlässt das Kunstmärchen den deutschen Raum. Die innovativen Impulse für die Gattung kommen aus Frankreich. Ewers verweist hier auf Charles Nodier und Gérard de Nerval. Ebenso trägt Hans Christian Andersen aus Dänemark mit dem Erfolg seiner Kunstmärchen, die sich in ganz Europa verbreiten, zu dieser Entwicklung bei. In der zweiten Hälfte des 19. Jahrhunderts wird diese Erzählgattung nach Ewers Ansicht in der englischsprachigen Literatur weiterentwickelt. Ewers verweist hier auf William Makepeace Thackeray, Lewis Carroll, George MacDonald, Edith Nesbit, Oscar Wilde, u.a. Erst gegen Ende des 19. Jahrhunderts finden sich auch in der deutschsprachigen Literatur wieder Kunstmärchen (Ewers, 1987, S.646).

Nach diesem kurzen geschichtlichen Überblick, fordert Ewers von der Kunstmärchenforschung, das Gattungsverständnis neu zu formulieren und sich von einigen Grundannahmen loszusagen. Eine dieser Grundannahmen besteht darin, dass es sich beim Kunstmärchen primär um eine Märchendichtung handele, die dem Volksmärchen als "kunstpoetische, bzw. individualliterarische" Nachbildung an die Seite zu stellen sei (Ewers, 1987, S.654). Nach Ewers Ansicht ist das Kunstmärchen jedoch vielmehr eine moderne Erzählgattung, die dem Roman, der Novelle oder der Beispielerzählung näher steht als dem Volksmärchen (Ewers, 1987, S.655). Daraus folgt, dass man das Kunstmärchen nicht vom Volksmärchen abgrenzen muss, sondern nach dem Unterschied zu anderen modernen Erzählgattungen zu fragen sei. Dieser Unterschied, so Ewers, besteht darin, dass das Kunstmärchen eine besondere Klasse von Elementen verarbeitet:

> Es handelt sich um Elemente, die dem Volksmärchen, teils auch der Volkssage, entnommen sind. Die Art und Weise der Verarbeitung dieser Elemente bestimmt das Kunstmärchen nach seinen eigenen literarischen Erfordernissen (Ewers, 1987, S.655).

Motive, Geschichten oder Handlungsschemata werden aus dem Bereich des Volksmärchens oder der Volkssage aufgegriffen und verarbeitet. Das Kunstmärchen hebt sich so aufgrund der in ihm verarbeiteten Elemente als eigenständige, moderne Erzählgattung ab (Ewers, 1987, S.656-657).

Die wichtigsten Erkenntnisse, die wir aus den oben angeführten Untersuchungen gewinnen können, sind einerseits, dass formale Kriterien keine Unterscheidung von Volksmärchen und Kunstmärchen ermöglichen. Das einzig formale Kriterium, dass nämlich der Autor eines Kunstmärchens namentlich bekannt ist, reicht für eine Definition der literarischen Gattung Kunstmärchen nicht aus. Die charakteristischen Elemente, die Wissenschaftler wie Max Lüthi für Märchen allgemein erarbeitet haben, finden sich auch in Kunstmärchen wieder. Desgleichen trägt das Unterscheidungsmerkmal der Mündlichkeit für die Volksmärchen und der Betonung der rein schriftlichen Existenz von Kunstmärchen nur bedingt zu einer Annäherung an die Definitionsfrage von Kunstmärchen als literarische Gattung bei, wie der Verweis auf die Arbeiten von Heinz Rölleke zu den Märchen der Gebrüder Grimm gezeigt hat. Die Verwendung des Wunderbaren, so wie sie Petzold für englische Kunstmärchen und Wührl für die deutschen Kunstmärchen, vornehmen, ist sicherlich ein herausragendes Merkmal dieser Gattung. Sowohl die Unterscheidungen, die Petzold zu anderen Gattungen der fantastischen Literatur trifft, wie auch die verschiedenen Arten des Wunderbaren, gesehen als Träger der Märchenbotschaft, die Wührl entwirft, helfen, das Kunstmärchen einzugrenzen.

Das Hauptproblem bei der Definition von Kunstmärchen ist zweifellos, dass der Verfasser eines Kunstmärchens einen großen Gestaltungsfreiraum besitzt und daher sehr unterschiedliche Kunstmärchen existieren. Auch bei den hier in dieser Arbeit ausgewählten Kunstmärchen werden wir sehen, dass sie sich in Länge und Handlungsaufbau durchaus unterscheiden. Ihnen gemeinsam jedoch sind die für Märchen oben aufgeführten Merkmale: wenig differenzierte Figuren mit einfachen Namen oder reiner Funktionsbezeichnung, bei Ruskin und Wilde eine typische Dreiteilung der Handlung oder eine einfache Sprache und Syntax, ausgenommen Kingsley, wie wir später sehen werden.

Wir wollen uns hier aber nicht mit der Frage beschäftigen, ob und warum die hier ausgewählten Erzählungen zu der Gattung der Kunstmärchen zu rechnen sind oder nicht.[29] Das Ziel dieses Überblickes besteht darin, die wichtigsten Forschungen, die sich mit Märchen, Kunstmärchen und deren besonderen Merkmalen auseinandersetzen, vorzustellen, um so die Besonderheiten von Kunstmärchen herauszuarbeiten. In diesem Zusammenhang möchte ich auch noch auf die Arbeit von Joachim Frenk verweisen, der sich mit den Formen und Funktionen des Fantastischen im englischen Sozialmärchen beschäftigt hat.[30] In seiner Untersuchung finden sich auch die Kunstmärchen von Ruskin und Kingsley. Frenk versteht unter einem Sozialmärchen Texte, die soziale Probleme in Märchenstrukturen verarbeiten und so eine Untergattung des Kunstmärchens bilden (Frenk, 1998, S.14-15). Ähnlich wie Petzold oder

---

29 Dieser Themenbereich wird von Dieter Petzold, Das englische Kunstmärchen im 19. Jahrhundert und Volker Klotz, Das europäische Kunstmärchen behandelt.

30 Joachim Frenk, Myriads of the Fantastic: Formen und Funktionen des Phantastischen im englischen Sozialmärchen des 19. Jahrhunderts (Frankfurt a.M.: Peter Lang Verlag, 1998).

Wührl untersucht Frenk, welche Formen und Funktionen das Fantastische, Petzold und Wührl nennen es das Wunderbare, in den Kunstmärchen hat und wie dies in Bezug zu der Alltagsrealität mit ihren sozialen Problemen zu setzen sei. Der Terminus "Sozialmärchen" verweist auf diese enge Verbindung von Märchenelementen und gesellschaftlichen Problemen, die typisch für die Literatur des 19. Jahrhunderts ist. Außer in Kunstmärchen finden wir diese Verbindung vor allem im Roman, wie z.B. bei Dickens. Für die Zielsetzung dieser Arbeit ziehe ich den Begriff "Kunstmärchen" vor, da es hier um keine Bestimmung oder Abgrenzung der literarischen Gattungen, bzw. um eine Unterteilung der Gattung Kunstmärchen geht. Auch halte ich es angesichts der Unstimmigkeiten, die bei den verschiedenen Literaturwissenschaftlern hinsichtlich der Definition von Kunstmärchen und der damit zusammenhängenden Terminologie existieren, nicht für zwingend notwendig, weitere Begriffe einzuführen.

Eine einfache Definition des Begriffes Kunstmärchen, die sich auf oben dargestellte Erkenntnisse stützt, könnte folgendermaßen lauten:

> Ein Kunstmärchen ist eine moderne Erzählgattung, in der die Verwendung des Wunderbaren und Übernatürlichen ein konstitutives Element ist und die ihre Motive, Figuren und Handlungsstrukturen vor allem aus dem Volksmärchen und ähnlichen Gattungen bezieht. Neben Sciencefictionromanen, Schauerromanen u.a. zählt das Kunstmärchen zur fantastischen Literatur.

Meiner Meinung nach ist dies eine Zusammenfassung der entscheidenden Aussagen der oben zitierten Wissenschaftler, die es ermöglicht, eine Abgrenzung des Kunstmärchens innerhalb der fantastischen Erzählgattungen vorzunehmen, die dieser Arbeit als Definition zugrunde liegen soll. Dabei soll keinesfalls unerwähnt bleiben, dass durch die Fülle an Volksmärchen, -sagen, usw., aus denen ein Autor schöpfen kann, sowie durch seine eigene Kreativität dem Kunstmärchen wenige Grenzen gesetzt sind. Ruskin benennt die Gebrüder Grimm und Dickens als Vorbilder für sein Kunstmärchen. Kingsley lässt seiner Fantasie freien Lauf und verknüpft seine wunderbare Erzählung mit Naturwissenschaft. MacDonald kennt und schätzt die Werke Novalis und bezieht weitere Anregungen aus der schottischen Literatur. Wilde "zitiert" die Kunstmärchen von Hans Christian Andersen. Dies zeigt aus welcher Vielfalt ein Autor schöpfen kann, wenn er ein Kunstmärchen schreiben möchte. Der literarische Hintergrund und die Intention des Autors beeinflussen in nachhaltiger Weise die Ausgestaltung seines Kunstmärchens. Dies wird die Analyse der einzelnen Kunstmärchen zeigen.

2.2. Die Entwicklung des Kunstmärchens in Großbritannien

Nachdem wir die Gattung Kunstmärchen näher definiert haben und uns die verschiedenen Möglichkeiten der Bezeichnung dieser Erzählgattung verdeutlicht haben, möchte ich die Entwicklung von Kunstmärchen in Großbritannien genauer betrachten. Hans - Heino Ewers hat in oben zitiertem Nachwort zu seiner Anthologie bereits einen kurzen Überblick über die Entwicklung von Kunstmärchen in Europa gegeben. Demnach sieht er in der zweiten Hälfte des 19. Jahrhunderts den Höhepunkt dieser Gattung in Großbritannien. Die Entwicklung des Kunstmärchens ist eng mit der Entwicklung der Kinder - und Jugendliteratur verbunden, weshalb ich zunächst die wichtigsten Etappen der Entwicklung der Kinder - und Jugendliteratur darstellen werde. Danach wird dann die Entwicklung des Kunstmärchens in Großbritannien erläutert, wobei der Einfluss von Charles Dickens auf diese Entwicklung näher dargelegt wird.

2.2.1. Kinder- und Jugendliteratur in Großbritannien im 18. und 19. Jahrhundert

> Let children that would fear the lord
> Hear what their teachers say;
> With reverence meet their parents' word,
> And with delight obey.[31]

Dieses kurze Gedicht stammt aus der Feder von Dr. Isaac Watts (1674 - 1748): Ein Kirchenliedschreiber und nonkonformistischer Geistlicher, der Anfang des 18. Jahrhunderts kurze Gedichte in einfacher Sprache verfasste mit dem Ziel, Kindern religiöse Werte und Moral zu vermitteln. Seine Absicht zeigte sich bereits im Titel seines Buches: *Divine Songs, attempted in easy language for the Use of Children.* Dieses 1715 veröffentlichte Buch, das auch im 19. Jahrhundert

noch verlegt wurde, verweist auf einen zentralen Aspekt der Entwicklung der Kinder- und Jugendliteratur im 18. und 19. Jahrhundert: Die Wahrnehmung von Kindern durch die Erwachsenenwelt veränderte sich. Man erkannte, dass eine speziell für Kinder gestaltete Literatur benötigt wurde, die sich vor allem in sprachlicher Hinsicht von der Literatur für Erwachsene unterschied. Die Intention von Watts als Geistlichem war hauptsächlich die Vermittlung von religiösen Inhalten. Aber er erkannte, dass eine einfache Sprache mit Reimen dem Kind den Inhalt der Gedichte zugänglicher machen kann (Thwaite, 1972, S.55). Diese starke christliche Prägung der Literatur für Kinder, die sich in

---

31 Mary F. Thwaite, From Primer to Pleasure in Reading (1963; Boston: The Horn Book, 1972) S.55.

Zeitschriften, Lehrbüchern und auch Romanen und Märchen abzeichnete, bestimmte den Großteil der für Kinder geschriebenen Literatur des 18. und 19. Jahrhunderts.

In gleicher Weise erkannte John Locke die Bedeutung von Lektüre für die geistige Entwicklung eines Kindes. 1693 wurde seine Schrift *Some Thoughts Concerning Education* veröffentlicht. Grundlage dieser Abhandlung war ein Briefwechsel zwischen Locke und einem Freund, Edward Clarke, der den Philosophen um Ratschläge zur Erziehung seines Sohnes gebeten hatte. John Locke sprach sich für eine Erziehung mit moralischen Werten aus, deren Ziele ein tugendhaftes Verhalten und die Kontrolle von Leidenschaften und Wünschen sein sollten.[32] Die Literatur, die Locke für Kinder als geeignet betrachtete, waren Aesops Fabeln und die Bibel. Seiner Ansicht nach hatten Kinder bei der Lektüre dieser Bücher Spaß und konnten dabei etwas lernen (Locke, (1693) 1989, S.212-213). Balladen, Volksmärchen oder Geister-geschichten dagegen hielt er für die intellektuelle Entwicklung der Kinder schädlich. Er formulierte dies folgendermaßen: "(...) that I think it inconvenient, that their yet tender Minds should receive early Impressions of *Goblins*, *Spectres*, and *Apparitions* (...)" (Locke, (1693) 1989, S.246).

Lockes Ansichten hatten weitreichende Auswirkungen auf die Entwicklung von Kinderbüchern und Erziehungsidealen im 18. und 19. Jahrhundert. Die größte Veränderung lag in der Erkenntnis, dass die Beobachtung und die Erfahrung der das Kind umgebenden Welt berücksichtigt werden sollten. Das Interesse des Kindes sollte geweckt werden und neue Spielmethoden wurden entworfen. Locke sprach sich gegen harte Bestrafung und für eine Belohnung als Anreiz für richtiges Verhalten aus. Tugend und Charakter waren wichtigere Bildungsideale als der Erwerb von Wissen (Thwaite, 1972, S.34). Locke und Watts erkannten, dass über eine für Kinder geeignete Literatur Einfluss auf die Bildung des Charakters genommen werden kann. Dies war eine wichtige Voraussetzung für das Entstehen von Kinder- und Jugendliteratur.

Betrachten wir zunächst das 18. Jahrhundert. Philosophisch wurde Großbritannien in diesem Jahrhundert durch Männer wie John Locke, George Berkley und David Hume geprägt. Literaturhistorisch gesehen begann im 18. Jahrhundert die Erfolgsgeschichte des Romans, da die ersten großen Romanschriftsteller, wie beispielsweise Henry Fielding oder Samuel Richardson, mit ihren bis heute viel beachteten Klassikern das literarische Bild immer mehr bestimmten. Die ersten moralischen Wochenzeitschriften wie der *Tatler* oder der

---

32   John Locke, Some Thoughts Concerning Education (1693; Ed. Oxford: Clarendon Press, 1989) S.20-21.

Spectator fanden ein immer größer werdendes Publikum. Aber Bücher blieben noch relativ teuer und konnten nur von den oberen Mittelschichten und der Oberschicht angeschafft werden. Die anderen Schichten hatten neben den Zeitschriften noch Chapbooks zu ihrer Unterhaltung und Information zur Verfügung. In den Chapbooks wurde auf billigem Papier mit einfachem Druck und Illustrationen dem einfachen Leser eine Mischung aus Balladen, Märchen und kürzeren Erzählungen angeboten. Diese Chapbooks waren auch Bestandteil der Lektüre von Kindern.[33]

Für die Veränderungen hinsichtlich der Betrachtung und Behandlung von Kindern, waren auch die Ideen Jean – Jacques Rousseaus (1712 – 1778) in Großbritannien von Bedeutung. Seine Ideen hinsichtlich der Erziehung und Bildung für Kinder fanden auch in Großbritannien Beachtung. Rousseaus 1762 veröffentlichter Bildungsroman *Émile* enthält die Beschreibung der Erziehung und des Heranreifens des jungen Émile. Darin werden zwei Ansatzpunkte für die Veränderungen in der Haltung gegenüber Kindern deutlich, die für Rousseau eine entscheidende Bedeutung haben. Erstens wird davon ausgegangen, dass jeder Mensch von Natur aus gut ist. Erst spätere zivilisatorische Einflüsse können negative Auswirkungen auf den Charakter haben. Zweitens wird der menschliche Geist als ein unbeschriebenes Blatt betrachtet, das durch die äußeren Eindrücke beeinflusst werden kann. Es ist somit wichtig, die Eindrücke, die ein Kind sammelt, zu kontrollieren, damit das Kind zu einem *citoyen* heranreift, der dann die Normen für Rousseaus Idealgesellschaft erfüllen kann, so wie dies im *Contrat social* (1762) beschrieben wird. Diese Kontrolle schließt natürlich auch die Lektüre eines Kindes mit ein. Hier sehen wir deutliche Parallelen zu John Locke.

Rousseau unterscheidet drei Formen der Erziehung, die in sukzessiver Abfolge die Entwicklung eines Kindes charakterisieren:

> Tout ce que nous n'avons pas à notre naissance et dont nous avons besoin étant grands, nous est donné par l'éducation.
> Cette éducation nous vient de la nature, ou des hommes, ou des choses.[34]

---

33 Einen Überblick über Inhalt, Produktion, Verbreitung und Lesepublikum der Chapbooks gibt Rainer Schwörling, Chapbooks. Zur Literaturgeschichte des einfachen Lesers. Englische Konsumliteratur 1680-1840 (Frankfurt a.M.: Peter Lang Verlag, 1980). Eine anschauliche Zusammenstellung der Sammlung von Chapbooks, die von Samuel Pepys (1633-1703) gemacht wurde, findet man in Roger Thompson (Hrsg.), Samuel Pepys' Penny Merriments (London: Constable, 1976).

34 Jean-Jacques Rousseau, Émile, ou de l'éducation (1762, Ed. Paris: Flammarion, 1966) S.37.

Die Erziehung muss dem Kind das geben, was es bei seiner Geburt noch nicht besitzt. Natur, Menschen und Dinge sind dafür gleichermaßen von Bedeutung. Rousseau befürwortet eine naturverbundene Erziehung, in deren Verlauf moralische Komponenten und zivilisatorische Einflüsse erst spät zum Tragen kommen sollten.[35] Entscheidend ist, dass Rousseau genaue Unterscheidungen zwischen den verschiedenen Phasen des Heranwachsens trifft und auch zwischen Kindheit und Jugend differenziert. Obwohl für ihn Moral und Lektüre nicht die Anfänge der Erziehung bilden, sieht er ein entscheidendes Bildungsziel in der Bekämpfung der Schwächen des Menschen, bzw. in dem Herausbilden eines starken Charakters. Das dritte Kapitel des *Émile* widmet sich unter anderem diesem Themenbereich. Rousseau schreibt:

> D'où vient la faiblesse de l'homme? De l'inégalité qui se trouve entre sa force et ses désirs. Ce sont nos passions qui nous rendent faibles, parce qu'il faudrait pour les contenter plus des forces que ne nous en donna la nature. Diminuez donc les désirs, c'est comme si vous augmentiez les forces (...). Voilà le troisième état de l'enfance, et celui dont j'ai maintenant à parler. Je continue à l'appeler enfance, faute de terme propre à l'exprimer; car cet âge approche de l'adolescence, sans être encore celui de la puberté. (Rousseau, (1762) 1966 *Émile*, S.211).

Neben der deutlichen Differenzierung von Kindheit, Pubertät und Jugend, wird hier ein Ausgleich zwischen den Stärken und den Wünschen des Heranwachsenden gefordert. Nur indem er nicht all seinen Wünschen nachgibt, kann der Mensch seine Stärken entwickeln. Auch hier werden wir wieder an Locke erinnert, der die Unterdrückung von Leidenschaften fordert.

Rousseaus Bildungsroman *Émile* hatte in ganz Europa großen Erfolg und fand viel Beachtung. Am deutlichsten war der Einfluss Rousseaus im Bereich der englischsprachigen Kinderliteratur bei Schriftstellern wie Thomas Day[36] und Maria Edgeworth[37].[38] Schriftsteller dieser Richtung versuchten ihre Erzählun-

---

35   Für eine detaillierte Darstellung von Rousseaus Bildungs- und Erziehungsidealen siehe: Dieter Sturma, Jean - Jacques Rousseau (München: Beck Verlag, 2001) Kapitel VII. Bildung und Erziehung, S.117-137.

36   Thomas Day (1748-1789): verfasste mehrere Bücher für Kinder und zum Thema Erziehung, u.a. The History of Sandford and Merton (erschien in drei Bänden von 1783-1789). Day versuchte in verschiedenen Erziehungsprojekten einzelner Kinder, später auch als Farmer und in seiner schriftstellerischen Tätigkeit seine von Rousseau inspirierte Philosophie (u.a. ein asketisches Leben, Abhärtung in der Natur) zu verwirklichen.

37   Maria Edgeworth (1767-1849): Tochter von Richard Lovell Edgeworth, der mit Thomas Day befreundet war. Sie wurde durch ihren Vater und Day mit

gen für Kinder realitätsnah zu gestalten und eine deutliche Moral zu vermitteln. Entscheidend für die Entwicklung der Kinder- und Jugendliteratur war vor allem, dass Überlegungen wie die Rousseaus oder John Lockes die Haltung gegenüber Kindern veränderten. Kinder wurden nicht länger als kleine Erwachsene betrachtet, sondern als Kinder, die auch hinsichtlich des Lese- und Unterhaltungsbedürfnisses andere Ansprüche haben als Erwachsene. Darüber hinaus wurde erkannt, dass Lektüre als Erziehungshilfe dienen kann, um moralische Werte zu vermitteln. Das Ziel war die Formung des Heranwachsenden für die Gesellschaft. Die Werte und das Bildungsideal variierten natürlich je nach Autor und Epoche.

Einen entscheidenden Beitrag zur Entwicklung der Kinder- und Jugendliteratur leistete John Newberry, der in den vierziger Jahren des 18. Jahrhunderts begann, Kinderbücher herauszugeben (Darton, (1932) 1982, Kap. VIII, S.120-139). 1744 erschien sein *A Little Pretty Pocket Book*, das Bilder mit spielenden Kindern und Kinderreime enthielt (Darton, (1932) 1982, S.2). Auch gab Newberry *The Liliputian Magazine* heraus, das Erzählungen, Fabeln und parodiehafte Adaptationen von Romanen, z.B. von Richardson, beinhaltete. Newberry betonte in dem Vorwort zur ersten Ausgabe dieses Magazins, dass es sich um Erzählungen handele, die der Idee einer neuen Erziehungsmethode folgen und eigens für den kindlichen Leser konzipiert wurden:

> (...) The Authors concerned in this little Book have planned out a Method of Education very different from what has hitherto been offered to the Public: and more agreeable and better adopted to the tender Capacities of Children.[39]

Newberry erkannte die Notwendigkeit, für Kinder andere Erzählungen zu schaffen als für Erwachsene. Der Unterschied zu Autoren wie Watts bestand darin, dass er nicht die christlichen Moralvorstellungen in den Vordergrund stellte. Newberry wollte die Kinder auch unterhalten, nicht nur belehren. Darüber hinaus darf man nicht vergessen, dass vor der Mitte des 18. Jahrhunderts für Kinder vor allem Lesefibeln und rein religiöse Verse oder Erzählungen, wie die oben erwähnten Verse von Dr. Isaac Watts, verfasst wurden. Ansons-

---

Rousseaus Ideen vertraut. Sie war eine erfolgreiche Schriftstellerin, die Geschichten für Kinder, Romane für Erwachsene und mit ihrem Vater zusammen ein Buch über Erziehung schrieb (Practical Education, 1798).

38   Siehe hierzu ausführlicher: F.J. Harvey Darton, Children's Books in England (1932; Ed. Cambridge: University Press, 1982) Kap. IX, S.140-155.

39   Florence Valentine Barry, A Century of Children's Books (1923, Ed. Michigan: U·M·I Out-of Print Books on Demand, 1990) Appendix A / III, S.229.

ten lasen die Kinder Bücher oder Chapbooks, die nicht speziell für sie geschrieben wurden. So gehörten natürlich auch einige der erfolgreichen Romane des 18. Jahrhunderts damals zu der unter Kindern und Heranwachsenden beliebten Lektüre. Man denke etwa an Daniel Defoes *Robinson Crusoe* (1719) oder Jonathan Swifts *Gulliver's Travels* (1726).[40]

Daniel Defoes *Robinson Crusoe* wurde für eine eigene thematische Richtung innerhalb der Kinder- und Jugendliteratur zum Modell und Motivlieferanten: die Abenteuergeschichte.[41] Ebenso hatte ein weiteres für Erwachsene verfasstes Buch für die von starken religiösen Wertvorstellungen und Bildungszielen geprägte Richtung innerhalb der Kinder- und Jugendliteratur eine enorme Bedeutung: John Bunyans *The Pilgrim's Progress* (1678). Diese Allegorie erzählt von den Abenteuern, Prüfungen und Begegnungen die der Pilger Christian auf seinem Weg zur Erlösung bestehen muss. Bunyans Buch erfuhr zahlreiche Auflagen im 18. und 19. Jahrhundert und hat bis heute einen einzigartigen Platz in der englischsprachigen Literaturgeschichte. N.H. Keeble beginnt die Einleitung zu einer neueren Ausgabe von *The Pilgrim's Progress* wie folgt: "No other seventeenth-century text save the King James Bible, nothing from the pen of a writer of Bunyan's social class in any period, and no other puritan, or, indeed, committed Christian work of any persuasion, has enjoyed such an extensive readership.".[42] Dieses Zitat verdeutlicht die enorme Bedeutung und Verbreitung, die Bunyans Allegorie seit ihrer Veröffentlichung hatte.[43]

Bunyan, ein engagierter Prediger, der seine persönliche Erleuchtung in seiner geistigen Autobiographie *Grace Abounding to the Chief of Sinners* (1666) niederlegte, gelang es, in *The Pilgrim's Progress* in einer einfachen Sprache den christlichen Weg zur Erlösung nachzuzeichnen. Die Figuren, denen Christian während seiner Pilgerschaft begegnet, verkörpern meist eine Eigen-

---

40 John Rowe Townsed, "British Children's Literature: A Overview in: Peter Hunt (Hrsg.), International Companion Encyclopedia of Children's Literature, S.678.

41 J.S. Bratton, The Impact of Victorian Children's Fiction (London: Croom Helm, 1981) S. 69.

42 N.H.Keeble, Introduction, S.ix, zu John Bunyan, The Pilgirm's Progress (1678, Ed. Oxford: University Press, 1984.

43 Die Bedeutung, die Bunyans Allegorie seit ihrer Veröffentlichung bis ins 20. Jahrhunderts hat, belegen die zusammengestellten Kommentare, die sich in Roger Sharrocks Bunyan: The Pilgrim's Progress. A Casebook (London und Basingstoke: Macmillan, 1976) finden lassen.

schaft, nach der sie auch benannt sind. Die Struktur, die einfache Erzählweise, die einfach aufgebauten Figuren und Handlung und die klare Trennung von Gut und Böse erinnern uns einerseits an die oben beschriebenen Merkmale von Märchen (Volks- und Kunstmärchen) und sind andererseits sicherlich auch ein Grund für den enormen Erfolg dieser Allegorie. Durch diese einfach gehaltenen Figuren und Handlungen entsprach *The Pilgrim's Progress* den Bedürfnissen und Fähigkeiten eines wenig gebildeten und nicht belesenen Publikums.

Man muss sich in Erinnerung rufen, dass im England des 18. Jahrhunderts puritanisches Gedankengut weite Teile der Gesellschaft dominierte. Vor allem im Bereich der Bildung bestimmten religiöse Inhalte und Wertvorstellungen das System. Die Oberschicht verfügte über ihr Bildungssystem, das in der Hand der anglikanischen Kirche lag und die Führungspersönlichkeiten, die für den Staat und die Kirche benötigt wurden, hervorbrachte. Für die Mehrheit der Bevölkerung, ob auf dem Land oder in den Städten, gab es kein einheitliches Bildungssystem. Einen entscheidenden Impuls für die religiöse Bildung der unteren Schichten gab zweifellos John Wesley[44] mit den von ihm angeregten Sonntagsschulen. Hier bestand die Möglichkeit für Kinder, mit Hilfe der Bibel und anderer religiöser Schriften, Lesen zu lernen.[45]

Im 18. Jahrhundert verfügten Kinder, wenn sie überhaupt lesen konnten, über religiöse Literatur, wie die Bibel oder Bunyans *The Pilgrim's Progress*, Romane, die eigentlich nicht für Kinder konzipiert worden waren, wie *Robinson Crusoe*, und über die ersten Kinderbücher, wie sie von Newberry auf den Markt gebracht wurden. Günstige Alternativen zu den noch relativ teuren Büchern waren Chapbooks oder auch die ersten Wochenzeitschriften, die ebenfalls zur Lektüre von Kindern gehörten. Der englische Dichter William Wordsworth (1770 - 1850) beschrieb in *The Prelude*, wie er zusammen mit einem anderen Jungen Geld sparte, um eben solche Chapbooks zu kaufen (Barry, (1923) 1990, S.49):

> A precious treasure I had long possessed,
> A little yellow, canvas - covered book,

---

44   John Wesley (1703 - 1791): englischer Prediger und Begründer des Methodismus.

45   Eine Darstellung der Entwicklung der Bildungssysteme im 19. Jahrhundert in ganz Europa findet man in: Ravi P. Sharma und S.R. Vashist (Hrsg.), History of Education in the Nineteenth Century (New Delhi: Radha Publications, 1997).

A slender abstract of the Arabian tales;[46]

Die von Wordsworth erwähnten "Arabian tales" fanden ihren Weg in die englische Literatur als Übersetzungen aus dem Französischen. Ende des 17. Jahrhunderts und Anfang des 18. Jahrhunderts kamen aus Frankreich die ersten Märchensammlungen von Madame d'Aulnoy, Charles Perrault und die Übersetzungen von *Tausendundeiner Nacht* (Barry, (1923) 1990, S.41 ff).

Diese Entwicklungen des 18. Jahrhunderts setzten sich im 19. Jahrhundert fort. Anfang des 19. Jahrhunderts entdeckten zunehmend christliche Vereinigungen, die gegen Ende des 18. Jahrhunderts gegründet worden waren, die Möglichkeit, durch speziell für Kinder geschriebene Erzählungen ihre christlichen Werte zu vermitteln. Zum Beispiel die *Society for the Propagation of Christian Knowledge*, die eine große Anzahl von Bibeln und Gebetbüchern herausgab, aber auch Lesefibeln und Katechismen veröffentlichte. Hinzu kamen dann Kindererzählungen, die vor allem von Autorinnen stammten und ebenfalls die Vermittlung christlicher Werte zum Ziel hatten (Bratton, 1981, S.46 ff). Die literarische Qualität dieser Erzählungen litt häufig, da vor allem der belehrende Anspruch im Vordergrund der Intention der Autoren stand.

In John Ruskins Autobiographie *Praeterita* finden wir eine Zusammenfassung über seine Lektüre als Kind. Da Ruskins Mutter eine tief religiöse Frau war, legte sie Wert auf die entsprechende Lektüre. John Ruskin steht hier als Beispiel für die Erziehung der stark religiös geprägten Mittelschichten Anfang des 19. Jahrhunderts. Ruskin beginnt seine Autobiographie folgendermaßen:

> I had Walter Scott's novels and the *Iliad* (Pope's translation), for constant reading when I was a child, on week-days: on Sunday their effect was tempered by *Robinson Crusoe* and *The Pilgrim's Progress*; my mother having it deeply in her heart to make an evangelical clergyman of me.[47]

Die Mittelschichten, deren Wertvorstellungen stark durch christliche Normen bestimmt waren, hielten außer der Bibel und Büchern wie *The Pilgrim's Progress* auch bestimmte Romane geeignet für ihre Kinder. *Robinson Crusoe* oder die Romane von Sir Walter Scott wurden von diesen Schichten nicht primär als Unterhaltungsliteratur gesehen. Sie dienten auch dem Wissensgewinn über fremde Länder, bzw. über heimische Regionen. Deren Lektüre wurde also nicht als rein nutzlose Zeitverschwendung betrachtet. Zu dieser Gruppe zählten natürlich auch Romane von Charles Kingsley oder Charles Dickens. J.S.

---

46 William Wordsworth, The Prelude (Ed. London und New York, Norton & Company, 1979) S.177.

47 John Ruskin. Praeterita. (1886) Library Edition Bd.35, S.13.

Bratton verweist darauf, dass Werke wie *Robinson Crusoe* und die anderen erwähnten Romane zu Modellen für Kinderbücher wurden, die sich hinsichtlich ihrer Motivwahl, Struktur und moralischen Wertvorstellungen an diesen Romanen orientierten. Es entstanden so im Laufe des 19. Jahrhunderts Bücher, die speziell für Jungen geschrieben wurden (Bratton, 1981, Kap. 4) und Bücher, die rein für Mädchen konzipiert wurden (Bratton, 1981, Kap. 5). Für die im Rahmen dieser Arbeit ausgewählten Kunstmärchen werden wir sehen, dass die Hauptfiguren allesamt männlich sind. Besonders Kingsleys Kunstmärchen erinnert an eine Abenteuergeschichte. Trotzdem gehören die hier behandelten Kunstmärchen nicht zu einer geschlechtsspezifisch ausgeprägten Literatur. Die Autoren, der hier ausgewählten Kunstmärchen, schrieben für alle Kinder und auch für erwachsene Leser.

Die Zunahme der Publikationen von Kinder- und Jugendliteratur während des gesamten 19. Jahrhunderts hatte ihren Grund nicht nur in der wachsenden Leserschicht. Darüber hinaus bedingten technische Entwicklungen, dass die Herstellung und Produktion von Büchern im Laufe des 19. Jahrhunderts immer billiger wurde.[48] Nicht nur die Romanproduktion stieg im 19. Jahrhundert an, auch die Anzahl der Zeitschriften nahm stetig zu. Hinzu kamen immer mehr Zeitschriften, die speziell für Kinder verfasst wurden. Sheila A. Egoff hat die meisten Kinder- und Jugendzeitschriften des 19. Jahrhunderts bibliographiert.[49] Sie sieht zwei parallele Strömungen von Zeitschriften, die sich durch das ganze 19. Jahrhundert ziehen: einerseits die Zeitschriften der Sonntagsschulen und etwas später dann Zeitschriften, die sich mit Abenteuergeschichten vor allem an Jungen wenden (Egoff, 1951, S.3).

Diese Kinder- und Jugendzeitschriften wurden so zum Spiegel der Tendenzen in der Kindererziehung. Einerseits enthielten sie vor allem religiös motivierte Inhalte, um die geistige Erziehung der Kinder zu beeinflussen. Andererseits wurde versucht, mit Geschichten und Erzählungen, die zwar auch eine christliche Moral enthielten, aber trotzdem spannend waren und auch der Unterhaltung des Kindes dienten, den Bedürfnissen der Kinder gerecht zu werden. Auch zwei der in dieser Arbeit behandelten Kunstmärchen erschienen zunächst in Zeitschriften: Kingsleys *The Water - Babies* im *Macmillan's Magazine*, das allerdings keine reine Kinderzeitschrift war, und George MacDo-

---

48   John Feather, A History of British Publishing (London, New York, Sidney: Croom Helm, 1988) S.129 - 131.

49   Sheila A. Egoff, Children's Periodicals of the Nineteenth Century (London: The Library Association, 1951).

nalds *At the Back of the North Wind*, das in der Kinder- und Jugendzeitschrift *Good Words for the Young* erschien, bevor es in Buchform publiziert wurde.

Die Lektüre von Kindern im 19. Jahrhundert konnte also aus Zeitschriften und Romanen bestehen, die entweder für Erwachsene geschrieben wurden oder reine Kinder- und Jugendliteratur waren. Daneben gab es noch eine Fülle von religiös motivierten Lesefibeln, Sonntagsschulzeitschriften und Erzählungen. Dabei darf man natürlich nicht vergessen, dass sich die Situation vor allem der Kinder der unteren Schichten erst gegen Ende des 19. Jahrhunderts soweit verbesserte, dass es für sie möglich wurde, Roman und Zeitschriften zu lesen.

Claudia Nelson gibt in ihrem Beitrag zu *A Companion to Victorian Literature & Culture* eine kurze Zusammenfassung über die Situation von Kindern im 19. Jahrhundert.[50] Zunächst unterscheidet sie zwischen den privilegierten und den armen Kindern. Erstere wurden in der Regel von einem Kindermädchen umsorgt, später dann durch eine Hauslehrerin, einen Hauslehrer oder die Eltern unterrichtet. Jungen stand ab dem siebten Lebensjahr die Möglichkeit offen, eine Public School zu besuchen. 1828 wurde Thomas Arnold (1795 - 1842) Direktor der Public School in Rugby und trug entscheidend zur Reform und dem Ausbau des englischen Schulwesens bei. Vor allem ab 1870 gab es zahlreiche Neugründungen von Schulen, worunter sich auch immer mehr Schulen für Mädchen befanden (Tucker, 1999, S.70-71).[51]

Für Kinder der unteren Schichten dagegen bestand das Leben zunächst aus Arbeit. Die Arbeitszeiten für Kinder wurden während des gesamten 19. Jahrhunderts schrittweise verringert, aber eine allgemeine Schulpflicht wurde erst 1870 eingeführt. 1881 arbeiteten in den Minen in England und Wales zwar nur halb so viele Kinder wie noch 1841, aber in demselben Zeitraum verdoppelte sich fast die Zahl der Kinder, die als Hausangestellte arbeiteten (Tucker, 1999, S.72).

Wie viel Bildung und Erziehung ein Kind erhalten konnte, hing also stark von seiner persönlichen Situation und seinem Wohnort ab. Bratton konstruiert in der Einleitung zu seiner Monographie über die viktorianische Kinderliteratur zwei Beispiele von der Lesefähigkeit von Kindern um die Jahrhundertmitte.

---

50   Claudia Nelson, "Growing Up: Childhood" in: Herbert F. Tucker (Hrsg.), A Companion to Victorian Literature & Culture (Oxford: Blackwell Publishers, 1999) S.69-81).

51   Weitere Informationen über den Ausbau, die Reformen und Schularten in England siehe: Ravi P. Sharma und S.R. Vashist (Hrsg.), History of Education in Nineteenth Century, Kap.6: National Organization in England, S.127-159.

Ein Mädchen in einem Dorf könnte im Alter von sechs bis dreizehn eine von der Kirche kontrollierte nationale Schule besucht haben. Ihre Schulzeit könnte durch längere Pausen unterbrochen worden sein, in denen sie ihrer Mutter half, sich um jüngere Geschwister kümmerte oder bei der Ernte helfen musste. In der Schule verbrachte sie die Zeit in einer Klasse aller Altersgruppen und las aus alten Fibeln oder der Bibel. Dabei erledigte sie Näharbeiten für die Gutsherrin. Sie ging wahrscheinlich zur Sonntagsschule, auch später noch, wenn sie als Hausangestellte arbeitete. Während ihrer Schulzeit könnte sie zwei oder drei kleinere Bücher, die von der *Society for the Propagation of Christian Knowledge* herausgegeben wurden, erhalten haben. Aber da ihre Schulzeit von hohen Fehlzeiten geprägt war, hatte sie wahrscheinlich nur eine Bibel. Ein Junge, der zu derselben Zeit in Stockport lebte, arbeitete vermutlich ab neun in einer Fabrik und konnte nur die Sonntagsschule besuchen. Dort lernte er mit Hilfe der Bibel lesen und man lehrte ihn Rechnen. Er konnte auch, wenn er etwas älter war, selbst als Lehrer für kleinere Kinder fungieren (Bratton, 1981, S.12). Diese Schilderungen zeigen, dass Kinder aus unteren Schichten erst nach der Mitte des 19. Jahrhunderts in der Lage waren, Zeitschriften und Bücher zu lesen. Das geschriebene Wort wurde zwar immer mehr Kindern zugänglich, manchmal sicherlich auch durch das Vorlesen durch Erwachsene, aber der größte Zuwachs der Leserschicht, auch unter den Heranwachsenden, erfolgte in den Mittelschichten.

Vor allem im 19. Jahrhundert nahmen die Publikationen für Kinder ständig zu. Die Vielfalt der Veröffentlichungen blieb erhalten: Bilderbücher, Romane, Chapbooks und Zeitschriften, die sowohl für Erwachsene und Kinder, aber auch ausschließlich für Kinder produziert wurden, Erzählungen, die vor allem eine moralische Botschaft hatten, Fabeln und Märchensammlungen aus dem Ausland. Auch sollte man nicht außer Acht lassen, dass die Illustration von Kinderbüchern und Romanen während des 19. Jahrhunderts große Fortschritte in ihrer Qualität machte. Die bereits mehrfach erwähnten Chapbooks enthielten einfache Holzschnittillustrationen. Oft wurde auch ein und dieselbe Illustration für mehrere Geschichten benützt.[52] Im 19. Jahrhundert wurde nicht nur die Qualität der Illustrationen durch technische Entwicklungen immer besser, sondern die Illustratoren versuchten, ihre Bilder dem Inhalt der Geschichten oder den Versen anzupassen. Dies trug sicherlich auch zu dem Erfolg der Übersetzung der Grimmschen Märchen bei, die 1823 unter dem Titel *German Popular Stories* mit Zeichnungen von George Cruikshank erschien. Ruskins Kunstmärchen wurde von Richard Doyle illustriert, der für das Satiremagazin *Punch* arbeitete und ebenfalls drei von Charles Dickens Weihnachtserzählun-

---

52   Janet Adam Smith, Children's Illustrated Books (London: Collins, 1948) S.9.

gen illustrierte. Arthur Hughes gab mehreren Erzählungen von George MacDonald, darunter auch *At the Back of the North Wind*, die passenden Bilder (Smith, 1948, S.24-26). Gerade für Kinder, die mit Bilderbüchern und Lesefibeln ihre ersten Erfahrungen machten, waren auch in längeren Erzählungen Bilder eine willkommene Ergänzung zu der Lektüre.[53] Auch in diesem Bereich wird deutlich, wie sich im Laufe des 19. Jahrhundert die Herstellung von Kinder- und Jugendliteratur zunehmend an ihrem Zielpublikum orientierte.

Die Entwicklung der Kinder- und Jugendliteratur im 18. und 19. Jahrhundert zeigte, wie sich die Gesellschaft immer mehr den Bedürfnissen der Kinder annahm und Erziehung und Bildung als einen entscheidenden Aspekt des Heranwachsens begriff, der gemäß bestimmter Moralvorstellungen kontrolliert werden sollte. Es wurde gezeigt, dass bis Mitte des 18. Jahrhunderts keine speziell für Kinder verfasste Literatur existierte, mit Ausnahme von Lesefibeln und Katechismen. Erst die Veröffentlichungen von John Locke und die Rezeption von Jean - Jacques Rousseau bewirkten, dass sich die Menschen mit Fragen der Bildung, Erziehung und Kindheit auseinandersetzten. Einen entscheidenden Beitrag leisteten hier die Kirchen, die Kindern der unteren Schichten mit Sonntagsschulen die erste Möglichkeit boten, eine Grundausbildung im Lesen und Rechnen zu erhalten. Es wurde auch darauf hingewiesen, dass die religiös motivierten Publikationen für Kinder und Jugendliche noch im 19. Jahrhundert einen beträchtlichen Teil der Gesamtpublikationen darstellten. Doch begann mit John Newberry in der Mitte des 18. Jahrhunderts die Entstehung kinderspezifischer Literatur, die auch den Aspekt der Unterhaltung des Kindes berücksichtigt hatte. Ein weiteres wichtiges Ergebnis der Analyse ist, dass eine eindeutige Trennung von Kinder- und Erwachsenenliteratur nicht immer möglich ist. Dies trifft auch für Kunstmärchen und die Romane von Charles Dickens zu, deren Entwicklung nun genauer betrachtet werden soll.

2.2.2. Charles Dickens und die Entwicklung des Kunstmärchens in Großbritannien

Wie wir bereits gehört haben, entstanden die ersten Sammlungen von Kunstmärchen in Frankreich und wurden bereits im 18. Jahrhundert ins Englische übersetzt (Darton, (1932) 1982, Kap. VI, S.85-105). Hierauf folgte die oben

---

53 Einen Überblick über die Illustrationen von Kinderbüchern, auch für Amerika, gibt: Louise P. Latimer, Bertha E. Mahony und Beulah Polmsbee (Hrsg.), Illustrations of Children's Books 1744 - 1945 (Boston: The Horn Book, 1961). Für das 19. Jahrhundert in England: Jacqueline Overton: "Illustrators of the Nineteenth Century in England" (S.25-86).

bereits angesprochene Übersetzung der Grimmschen Märchen 1823, die ebenfalls von Anfang an einen großen Erfolg in Großbritannien hatte (Darton, (1932) 1982, S.215-217). Desgleichen erzielten die Kunstmärchen von Hans Christian Andersen, die 1846 unter dem Titel *Wonderful Stories for Children* erschienen, beim englischen Publikum einen großen Erfolg (Zipes, 1987, S.xviii). Doch gab es zu dieser Zeit in Großbritannien keine Kunstmärchen englischsprachiger Autoren. Erst John Ruskins *The King of the Golden River*, das er 1841 schrieb und 1850 veröffentlichte, bildete den Anfang der englischen Kunstmärchentradition, die ihren Höhepunkt in den sechziger und siebziger Jahren des 19. Jahrhunderts hatte.

Jack Zipes erklärt diesen Umstand damit, dass seiner Meinung nach der Calvinismus seit der Revolution von 1688 das geistige Klima in Großbritannien dominierte und so ein rationales Denken vorherrschte, das jeglicher Form von Imagination stark misstraute (Zipes, 1987, S.xiii). Einheimische Märchen und Volkserzählungen, wie etwa die Legenden von Robin Hood, wurden von den Schriftstellern wenig beachtet. Lediglich in den Chapbooks fanden sich immer wieder Märchen und Volkserzählungen.[54] Jedoch existierten nach Ansicht von Zipes (Zipes, 1987, S.xiv) und Apel (Apel, 1978, S.218-219) märchenhafte Elemente in den Romanen von Richardson, Fielding und Dickens. Apel sieht den maßgeblichen Unterschied zwischen der deutschen Romantik und der Entwicklung in England darin, dass man in England nicht versucht hat, "die aufklärerische Apperzeption der Wirklichkeit rückgängig zu machen" (Apel, 1978, S.221). Dies führte dazu, dass Schriftsteller wie Dickens ihre stark an der Realität ausgerichteten Romanhandlungen immer wieder mit märchenhaften Elementen durchsetzten. Die Realität mit ihren Tatsachen wurde akzeptiert. Die Fantasie wurde hierzu nicht als Widerspruch aufgefasst, sondern mit dieser Realität verbunden.

Großbritannien war bis Mitte des 19. Jahrhunderts das Land in Europa, das bei der Industrialisierung und dem technischen Fortschritt führend war. Die Weltausstellung von 1851 demonstrierte dies in eindrucksvoller Weise. Intellektuell wurde England Anfang des 19. Jahrhunderts einerseits von romantischen Dichtern und Schriftstellern beeinflusst, aber auch von Denkern wie Jeremy Bentham,[55] die utilitaristische Gedanken populär machten. Vor allem Thomas

---

54 Karlheinz Hellwig, Englische Volksmärchen: Literarisch, kulturhistorisch, soziologisch (Bonn: Bouvier Verlag Herbert Grundmann, 1971) S.201.

55 Jeremy Bentham (1748-1832): englischer Philosoph und Jurist; befreundet mit James Mill, dem Vater von John Stuart Mill; Begründer des Utilitarismus;

Carlyle mit seinem großen Interesse an Schriftstellern der deutschen Romantik und seinen Übersetzungen deutscher Kunstmärchen verbreitete in Großbritannien die Gedanken der deutschen Romantik. Allerdings wurden Carlyles Übersetzungen von Kunstmärchen von Tieck, Hoffmann u.a. 1827 unter dem Titel *German Romance* im Vergleich zu der Sammlung von Grimm nur zögerlich aufgenommen (Apel, 1978, S.222).

Desgleichen beschäftigte sich Sir Walter Scott mit deutscher Literatur, u.a. mit Novalis, und hatte brieflich Kontakt zu Jakob Grimm, dem er zur Zeit der Kontinentalsperre behilflich war, englische Bücher zu bekommen.[56] Das Werk der Gebrüder Grimm bestand nicht nur aus der Märchensammlung, sondern auch aus einem Wörterbuch und einer Grammatik. Das Interesse der Grimms lag darin, eine deutsche Sprachnorm zu fixieren und traditionelles Erzählgut zu bewahren. Carlyle und Scott versuchten in ihren Werken, sicherlich durch die Kenntnis dieser deutschen Schriftsteller beeinflusst, den Blick auf die eigene Vergangenheit anzuregen als Kontrapunkt zu der ständig fortschreitenden Industrialisierung und den damit verbundenen gesellschaftlichen Problemen.

Aber es dauerte noch bis Ende des 19. Jahrhunderts bis auch in Großbritannien Sammlungen englischer und keltischer Märchen entstanden. Joseph Jacobs veröffentlichte zwei Bände englischer und zwei Bände keltischer Märchen. In seinem Vorwort zu dem zweiten Band keltischer Märchen (1894) benennt er die Gebrüder Grimm als seine Vorbilder und drückt sein Bedauern aus, dass das Sammeln der Märchen erst zu einem relativ späten Zeitpunkt geschah:

> For the 'English' folk-lore district I have attempted to do what the brothers Grimm did for Germany, so far as that was possible at this late day. But for the Celtic area I can claim no such high function; here the materials are so rich that it would tax the resources of a whole clan of Grimms to exhaust the field, (...)[57]

Die gesellschaftlichen und intellektuellen Entwicklungen in Großbritannien verzögerten so die Wahrnehmung der Schriftsteller von bestimmten, der mündlichen Erzähltradition nahe stehenden Gattungen. Auch wenn, wie oben

---

Hauptwerke: A Fragment on Government (1776) und An Introduction to the Principles of Morals and Legislation (1789).

56   Edvard V.K. Brill, "The Correspondence between Jacob Grimm and Walter Scott" in: Ludwig Dennecke und Ina-Maria Grevius (Hrsg.), Brüder Grimm Gedenken. Bd.1 (Magdeburg: N.G. Elwert Verlag, 1963) S.489-509.

57   Joseph Jacobs, Celtic Fairy Tales (1894, Ed. London: The Bodley Hedd, 1975) S.154

beschrieben, die Produktion von Kinderbüchern ständig anstieg, dauerte es doch bis fast zur Mitte des 19. Jahrhunderts, bis ihren Verfassern größere Anerkennung zuteil wurde. Wie ebenfalls bereits erwähnt, waren die Erzählungen für Kinder vor allem zu Beginn des 19. Jahrhunderts stark moralisierend und wiesen zwar gute Absichten hinsichtlich der christlichen Ideale auf, die den Kindern vermittelt werden sollten, ließen aber in literarischer Hinsicht an Qualität zu wünschen übrig.[58]

Der Schriftsteller des 19. Jahrhunderts, der häufig märchenhafte Elemente in den realistischen Roman einbaute, kommerziell erfolgreich den Serienroman begründete und mit seiner Weihnachtserzählung *A Christmas Carol* (1843) den Weihnachtsmythos im englischsprachigen Raum prägte, war Charles Dickens (1812 - 1870). Die Weihnachtserzählungen, die Charles Dickens zwischen 1843 und 1848 veröffentlichte, umfassen insgesamt fünf Erzählungen: *A Christmas Carol* (1843), *The Chimes* (1845), *The Cricket on the Hearth* (1846), *The Battle of Life* (1847) und *The Haunted Man* (1848). *A Christmas Carol* ist zweifellos die bekannteste. Die Läuterung des Geizhalses Scrooge durch die Begegnungen mit drei Geistern, die Scrooge jeweils einen Blick auf ein vergangenes, ein gegenwärtiges und ein zukünftiges Weihnachtsfest gewähren, wird trotz seiner fantastischen Handlung nicht uneingeschränkt als Kunstmärchen betrachtet.

Dieter Petzold sieht *A Christmas Carol* im Traditionszusammenhang mit den "Morality Plays" [59] (Petzold, 1981, S.132). Nach Petzolds Ansicht wäre *A Christmas Carol* eher als eine Allegorie anzusehen und nicht als ein Kunstmärchen. Er formuliert dies wie folgt: "Die Allegorie ist allerdings angefüllt mit realistischen Details, doch auch in dieser Hinsicht führt Dickens nur Tendenzen weiter, die bereits im *Everyman* und *The Pilgrim's Progress* beobachtet werden konnten." (Petzold, 1981, S.132). Der Schluss der Erzählung, die Läuterung Scrooges und das Happyend, erzielen jedoch eine emotionale Wir-

---

58 Einen guten Überblick über die zahlreichen Schriftsteller, die Ende des 18. und im 19. Jahrhundert von christlicher Moral geprägte Erzählungen für Kinder verfassten, und die Entwicklung dieser Sparte der Kinderliteratur findet sich in: Margret Nancy Cutt, Ministering Angels. A Study of Nineteenth-century Evangelical Writing for Children (Wormely, Herts.: Five Owls Press, 1979).

59 'Morality Plays' = Moralitäten: religiöse Schauspiele des Spätmittelalters. Seit 1400 mit moralisierender Tendenz, in denen meist abstrakte Eigenschaften (Tugenden und Laster) personifiziert auftreten (allegorische Personen) und um die Seele des Menschen kämpfen. Zitiert nach: Gero von Wilpert, Sachwörterbuch der Literatur.

kung der Geschichte, die nach Petzold mit einem Märchen vergleichbar ist. Petzold zufolge handelt es sich bei *A Christmas Carol* um eine Mischform: "Was als Gespenstergeschichte begann und als Allegorie fortgeführt wurde, endet als Märchen." (Petzold, 1981, S.133). Lediglich die kurze, weniger bekannte Erzählung von Dickens *The Magic Fishbone*, die 1868 in der von Dickens herausgegebenen Zeitschrift *All the Year Round* erschien, wird von Petzold als echtes Kunstmärchen bezeichnet (Petzold, 1981, S.258).

Volker Klotz dagegen, der sich in seiner Monographie *Das europäische Kunstmärchen* auch mit Charles Dickens beschäftigt, zählt die Weihnachtserzählungen zu den Kunstmärchen und analysiert zwei davon. Interessant sind auch die Betrachtungen, die seinen Interpretationen vorausgehen. Für ihn beginnt die Produktion englischer Kunstmärchen erst im zweiten Drittel des 19. Jahrhunderts, da der Anstoß hierfür durch die Übersetzungen der deutschen Kunstmärchen und der Märchen der Gebrüder Grimm kam:

> Diese Werke, dem Volksmärchen enger verbunden als die orientalischen und französischen, dürften die Neigung gefördert haben, nun auch im eigenen Land das populäre Muster literarisch auszuwerten. (Klotz, 1985, S.256).

Der Erfolg der Übersetzungen animiert englischsprachige Schriftsteller, sich selbst an dieser Gattung zu versuchen. Die Märchensammlungen französischer Schriftsteller, die sich vorwiegend in einem höfischen, aristokratischen Ambiente abspielen, sind demnach für die britischen Schriftsteller als Modelle ungeeignet. Einen weiteren Grund für diese Verzögerung stellt nach Klotz Ansicht der technische und industrielle Vorsprung Großbritanniens gegenüber dem Kontinent dar. Dieser Vorsprung ist nicht nur ökonomischer und industrieller Natur, sondern schlägt sich auch in der Literatur nieder durch eine "entsprechende Verbürgerlichung der Literatur" (Klotz, 1985, S.256). Entscheidend sind hier die Romane von Defoe, Fielding, Smollett, Richardson, Goldsmith oder Sterne. Für Klotz sind dies Werke, die "auf die gesellschaftliche Gegenwart eingeschworen sind; die den äußeren und inneren Regsamkeiten des bürgerlichen Individuums nachgehen." (Klotz, 1985, S.257). Diese Romane entsprechen damit nach Meinung von Klotz den Anforderungen des vom Puritanismus geprägten Bürgertums an Literatur, auch einen Nutzen zu haben und nicht ausschließlich Produkte der Imagination zu sein. Klotz Argumentation stimmt hier mit der von Apel und Zipes überein.

Märchen, gesehen als reine Fantasieprodukte, erlangten somit keine hohe Wertschätzung in der Literatur. Dickens verstand es, in seine Romane märchenhafte Elemente einzubauen und bereitete so die Akzeptanz von englischsprachigen Kunstmärchen in breiten Teilen des Bürgertums vor. Auch der Erfolg seiner Weihnachtsgeschichten, die allesamt viele Ähnlichkeiten mit Märchen aufweisen, trug dazu bei, dass sich immer mehr Schriftsteller mit Märchen und Kunstmärchen auseinandersetzten. Deshalb war er für die Entwicklung des Kunstmärchens in Großbritannien von entscheidender Bedeutung.

Harry Stone widmet sich dieser Seite von Dickens Werk in seiner Monographie *Dickens and the Invisible World: Fairy Tales, Fantasy and Novel-Making*.[60] Seiner Meinung nach wurde Dickens Interesse an Märchen und fantastischen Erzählungen bereits in seiner Kindheit geweckt und prägte so sein späteres literarisches Schaffen. Stone verweist darauf, dass Dickens als Kind die *Erzählungen aus Tausendundeiner Nacht* und ähnliche Sammlungen las (Stone, 1979, S.26). Auch die Märchen und die Gruselgeschichten, die ihm von seinem Kindermädchen Mary Weller und seiner Großmutter Elizabeth Ball Dickens erzählt wurden, hinterließen einen starken Eindruck bei Dickens (Stone, 1979, S.33).

Als Erwachsener wertete Dickens Märchen als wichtigen Bestandteil der Erziehung von Kindern. So konnten seiner Auffassung nach Märchen bestimmte Eigenschaften wie beispielsweise Höflichkeit oder die Achtung vor alten und armen Menschen bei Kindern fördern.[61] Aber Märchen spielten nach Dickens Auffassung nicht nur bei der Kindererziehung eine Rolle. Nach Dickens Ansicht war es gerade in einer von Utilitarismus geprägten Zeit von Bedeutung, Märchen genügend Aufmerksamkeit zu schenken, denn keine Nation könnte ohne Fantasie bestehen. Dickens formulierte dies so: "(...), but every one who has considered the subject knows full well that a nation without fancy, without some romance, never did, never can, never will, hold a great place under the sun." (Dickens, 1853, S.97).

Dieses Zitat stammt aus einem Artikel von Dickens, der den Titel "Frauds on the Fairies" trägt. Dieser Artikel war Dickens Reaktion auf eine Ausgabe einer Märchensammlung durch George Cruikshank, der aus den Märchen nach Dickens Meinung reine Moralpredigten machte, bei denen die Fantasie zu kurz kam. Dickens veranschaulichte seine Kritik, indem er das Märchen *Aschenputtel* nacherzählte. Die Grundhandlung des Märchens wurde von Dickens beibehalten: Es gibt eine Stiefmutter, die zwei Töchter hat, und einen Prinz, der eine Braut sucht. Am Ende heiraten Aschenputtel und der Prinz. Dickens erzählte das Märchen so nach, dass jeglicher Zauber verloren ging und durch-

---

60   Harry Stone, Dickens and the Invisible World: Fairy Tales, Fantasy and Novel-Making (U.S.A.: Macmillan, 1979, U.K.: Macmillan, 1980).

61   Charles Dickens, "Frauds on the Fairies" in: Household Words VIII, 1853, S.97.

setzte die Geschichten mit zeitgenössischen Details, die den märchenhaften Charakter unterwandern. Der Anfang von Dickens Nacherzählung wird dies veranschaulichen:

> Once upon a time, a rich man and his wife were the parents of a lovely daughter. She was a beautiful child, and became, at her own desire, a member of the Juvenile Band of Hope when she was only four years of age. When this child was only nine years of age her mother died, and all the Juvenile Band of Hope in her district - the central district, number five hundred and twenty-seven - formed in a procession of two and two, amounting to fifteen hundred, and followed her to the grave, singing chorus number forty - two "O come", &c. (Dickens, 1853, S.98)

Dickens Nacherzählung geht in diesem Stil weiter. Durch das Einfügen der Zahlen, der Ortsangaben, die wie in einem Zeitungsartikel erfolgen, nimmt er dem Märchen seinen fantastischen Charakter. Das Märchen wird zu einem Bericht über das Leben von Aschenputtel umgestaltet, der vor allem Informationen weitergeben soll.

Zwei Jahre später erschien in derselben Zeitschrift ein weiterer Artikel von Dickens, "The School of the Fairies", in dem er vor allem französische Märchensammlungen lobte. Auch in diesem Artikel betonte er, wie gut Märchen für die Entwicklung von Kindern seien. Darüber hinaus sprach er sich dafür aus, dass man keinem Kind die Vielfalt an Märchen (Grimm, deutsche Kunstmärchen, französische Märchen, englische und irische Märchen) vorenthalten sollte.[62] Es wird deutlich, dass Märchen für Dickens einen hohen Stellenwert hatten und er der in ihnen enthaltenen Fantasie viel Bedeutung beimaß. Da Dickens, als er diese Artikel veröffentlichte, längst schon ein Bestsellerautor war, trugen diese Artikel zu einer erhöhten Wertschätzung von Märchen bei. Nach Harry Stones Ansicht stellt das Märchen für Dickens den Inbegriff von Freiheit und Imagination dar und wirkt so in seinem gesamten literarischen Schaffen:

> The quintessence of the free and the fanciful for Dickens was the fairy story. (...) Dickens' art may be seen as a most consummate melding of reality and fairy tales, a melding that intensifies and distorts reality in order to be more profoundly true. (Stone, 1979, s.69).

Dickens Werke weisen auf der einen Seite ein hohes Maß an Realitätsschilderungen auf. Er beschreibt sehr genau die Lage der ärmeren Schichten, deckt

---

62 Charles Dickens, "The School of the Fairies" in Household Works XI, 1855, S.509-513.

Missstände der zeitgenössischen Gesellschaft auf und beschreibt detailliert Plätze und Straßen in London. Andererseits möchte er die fantasievolle Seite des Menschen nicht unberücksichtigt lassen. Durch diese Mischung von Realität und Fantasie in seinem Werk und durch das eindeutige Plädoyer für Märchen und mehr Fantasie in den oben zitierten Artikeln trägt Dickens entscheidend dazu bei, die Entstehung englischsprachiger Kunstmärchen anzuregen.

John Ruskin verweist in seiner Autobiographie darauf, dass Dickens eines der Vorbilder für sein Kunstmärchen war. Darüber hinaus gibt es mehrere Stellen, an denen Ruskin sich über Dickens Werk äußert. Ein etwas längeres Zitat aus Ruskins Essay *Unto This Last* verdeutlicht mehrere Aspekte, die die Bedeutung von Dickens für die hier angesprochenen Entwicklungen klar herausstellen. Ruskin nimmt in dem folgenden Zitat vor allem Bezug auf Dickens Roman *Hard Times* (1854):

> The essential value and truth of Dickens writings have been unwisely lost sight of by many thoughtful persons, merely because he presents his truth with some colour of caricature. Unwisely, because Dickens's caricature, though often gross, is never mistaken. Allowing for his manner of telling them, the things he tells us are always true. I wish that he could think it right to limit his brilliant exaggeration to works written only for public amusement; and when he takes up a subject of high national importance, such as that which he handled in *Hard Times*, that he would use severer and more accurate analysis. The usefulness of the work (to my mind, in several respects the greatest he has written) is with many persons seriously diminished because Mr Bounderby is a dramatic monster, instead of a characteristic example of a worldly master; and Stephan Blackpool a dramatic perfection, instead of a characteristic example of an honest workman. But let us not loose the use of Dickens's wit and insight, because he chooses to speak in a circle of fire. He is entirely right in his main drift and purpose in every book he has written; and all of them, but especially *Hard Times*, should be studied with close and earnest care by persons interested in social questions. They will find much that is partial, and, because partial, apparently unjust; but if they examine all the evidence on the other side, which Dickens seems to overlook, it will appear, after all their trouble, that his view was the finally right one, grossly and sharply told.[63]

Ruskins Ansicht nach sind die Probleme, die Dickens in seinen Romanen darstellt, alle wahr und von gesellschaftlicher Relevanz. Ruskin als Kunst- und Gesellschaftskritiker sieht die Darstellungsweise, die Dickens für seine Figu-

---

63 John Ruskin, Unto This Last (1862) Library Edition, Bd.17, S.31.

ren wählt, als zu überzeichnet an. Für die Tragweite der Probleme ("of high national importance") wäre seiner Ansicht nach eine sachlichere Darstellung angemessener. Dennoch sieht Ruskin, dass Dickens zwar typenhafte Figuren entwirft, aber bei der genauen Betrachtung der Romane die Ungerechtigkeiten und Probleme der Gesellschaft in einer sehr realitätsnahen Weise zum Ausdruck kommen.

Darüber hinaus betont Ruskin, dass man Dickens Intelligenz und Verständnis, mit denen er die gesellschaftlichen Probleme in seinen Romanen darstellt, nicht übersehen sollte, nur weil Dickens sich dafür entschieden hat, in einem "circle of fire" zu erzählen. Ruskin zieht hier die Verbindung zu Märchen und Volkserzählungen, die abends erzählt wurden, wenn sich die Familie oder eine Gruppe von Menschen um das Feuer versammelte. Auch Ruskin sieht hier, ähnlich wie Harry Stone, eine herausragende Qualität von Dickens Romanen: die Verbindung von Wirklichkeitsschilderungen mit märchenhaften Elementen, die sich auch in Dickens Stil bemerkbar macht. Dickens nimmt mehr die Rolle des Erzählers ein, als die des Analysierenden. Die daraus entstehende Mischung von Gesellschaftskritik und Unterhaltung, die Dickens in all seinen Romanen schafft, hat zweifellos großen Anteil am Erfolg von Dickens im 19. Jahrhundert.

Die Verbindung von Fantasie, Realität und Gesellschaftskritik ist Dickens in allen seinen Romanen gelungen. Er stand mit seinem Standpunkt nicht allein. Obwohl Großbritannien im 19. Jahrhundert hinsichtlich des industriellen Fortschritts und in Wissenschaft und Technik in Europa führend war, gab es immer mehr Stimmen, die gerade diese Entwicklungen kritisierten. Viele Intellektuelle sahen durch den industriellen und technischen Fortschritt die Gesellschaft und die Nation Großbritanniens bedroht. So fand ein öffentlicher Diskurs darüber statt, wie eine Nation und deren Gesellschaft aussehen sollten, um in dieser Zeit der rasanten Veränderungen Bestand zu haben. Diese Diskussion wurde in Artikeln, Essays, Romanen und Traktaten geführt, da das Medium Schrift im Laufe des 19. Jahrhunderts zu einem Massenmedium wurde. Alle vier Autoren, die in dieser Arbeit untersucht werden, haben sich an dieser Diskussion beteiligt. In den hier ausgewählten Kunstmärchen lassen sich Kritikpunkte an der Gesellschaft und Lösungsvorschläge für bestehende Probleme finden.

3. Nationale Identität und das Verständnis von Gesellschaft im Vereinigten Königreich im 19. Jahrhundert

Im vorausgehenden Kapitel haben wir gesehen, wie sich während des 19. Jahrhunderts die Haltung gegenüber Kindern verändert hat. Diese Veränderung führte zu der Entstehung von spezifischer Kinder- und Jugendliteratur und bereitete damit den Weg für das Kunstmärchen, das sich ab Mitte des 19. Jahrhunderts erfolgreich in Großbritannien etablierte. Die wachsende Bevölkerung und die Verstädterung im 19. Jahrhundert führten zu Problemen in der Gesellschaft, die sich immer weniger an den traditionellen Vorbildern wie Adel und anglikanischer Kirche orientieren konnte. In der Einleitung wurde bereits auf die neuere Nationenforschung verwiesen, die davon ausgeht, dass die nationale Identität einer Gemeinschaft erst durch ihre Mitglieder konstruiert wird. Die Veränderungen und Voraussetzungen, die für die ideelle Konstruktion einer Nation notwendig sind, sollen zunächst mit Hilfe von Anthony Birch, Ernest Gellner und Benedikt Anderson erläutert werden. Hierauf folgt die Betrachtung der Entwicklung des Vereinigten Königreichs im 19. Jahrhundert. Hierbei sollen die Denkansätze von John Stuart Mill und Thomas Carlyle berücksichtigt werden. Beide beeinflussten mit ihren Werken die gesellschaftlichen und politischen Entwicklungen des 19. Jahrhunderts nachhaltig. Darüber hinaus wird anhand von Matthew Arnold veranschaulicht, dass sich die Briten des 19. Jahrhunderts bewusst waren, dass sich ihre Nation aus verschiedenen Kulturen zusammensetzte. Arnold sah in dieser Mischung einen Vorteil für die britische Gesellschaft. Als Abschluss dieses Kapitels werden dann die Zusammenhänge zwischen Gesellschaftskritik und Literatur als Bestandteile der nationalen Identität dargelegt.

Bevor ich mich den oben aufgeführten Punkten widme, möchte ich kurz die Bezeichnungen für die britische Nation erläutern. Als politischer Terminus bezeichnet Großbritannien das die Hauptinsel umfassende Gebiet, d.h. England, Wales und Schottland, das durch den Zusammenschluss des englischen und schottischen Parlaments 1707 entstand. Seit der Auflösung des irischen Parlaments 1801 spricht man vom Vereinigten Königreich (United Kingdom). Nach der Gründung des irischen Freistaates (1921) und nach der vollständigen Lösung der Republik Irland von Großbritannien (1937) lautet die offizielle Bezeichnung Vereinigtes Königreich von Großbritannien und Nordirland (United Kingdom of Great Britain and Northern Ireland).[64] Diese Erklärungen sol-

---

64   Uwe Böker und Christoph Houswitschka (Hrsg.), Einführung in das Studium der Anglisitk und Amerikanistik (München: C.H.Beck,2000) S.28.

England gesprochen, ist auch nur England gemeint. Großbritannien bezieht sich auf Schottland, Wales und England. Die Bezeichnung Vereinigtes Königreich schließt Irland mit ein.

3.1. Die Begriffe Nation und nationale Identität

Schlägt man das Wort "nation" im *Collins English Dictionary* nach, findet man folgenden Eintrag:

> 1. an aggregation of people of one or more cultures, races, etc., organized into a single state: *the Australian nation.* 2. a community of persons not constituting a state but bound by common descent, language, history, etc.: *the French-Canadian nation.* 3. a. a federation of tribes, esp. American Indians. b. the territory occupied by such a federation.[65]

Vor allem die beiden ersten Einträge sind von Interesse. Diese relativ einfache Definition verweist bereits auf zwei entscheidende Aspekte des Begriffes Nation: Einerseits wird hier Nation als ein politischer Zusammenschluss von einem oder mehreren Völkern verstanden, und andererseits bezeichnet Nation eine Gemeinschaft von Menschen, die durch ihre Abstammung, Sprache, Geschichte und anderes mehr verbunden sind. Der Begriff Nationalstaat präzisiert dann die erste Definition: Eine Nation, die durchaus aus mehreren Nationen im Sinne der zweiten Definition bestehen kann, zeichnet sich durch eine Hochsprache, gemeinsame Kultur und Geschichte aus, organisiert sich in einer politischen Gemeinschaft und bildet so einen Nationalstaat.

Diese unterschiedlichen Bedeutungen des Begriffes Nation können dazu verleiten, dass man einen Nationalstaat als ein Gebilde begreift, das aus einer Nation in diesem zweiten Sinne besteht. Gerade dies trifft für das Vereinigte Königreich nicht zu. Bis heute ist das Vereinigte Königreich ein Zusammenschluss mehrerer Nationen: der Englischen, der Walisischen, der Schottischen und der Irischen. Bevor ich jedoch auf die Besonderheiten Großbritanniens genauer eingehe, möchte ich näher untersuchen, wie die Idee des Nationalstaates in der europäischen Geschichte entstand. Hierzu ist die Arbeit von Anthony Birch aufschlussreich, der sich mit den Fragen des Nationalismus allgemein und auch im Hinblick auf das Vereinigte Königreich auseinandersetzt.

---

65   Collins English Dictionary (2.Ausg. Glasgow: Collins & Sons, 1986) S.1023.

Nach Anthony Birchs Meinung fehlt dem Nationalismus[66] ein geistiger Gründervater wie ihn etwa der Kommunismus in Karl Marx hat.[67] Für Birch bestehen die Anfänge des Nationalismus in der Reaktion einiger Philosophen gegen Ende des 18. Jahrhunderts auf die universalistischen Denkansätze der Aufklärung. Für Birch sind hier drei Philosophen von entscheidendem Einfluss: Rousseau, Herder und Fichte. Birch vertritt die Ansicht, dass Jean - Jacques Rousseau der erste Philosoph war, der den Standpunkt vertrat, dass eine Gemeinschaft, deren Mitglieder dieselben Bräuche haben, die besten Voraussetzungen für den Zusammenschluss in einer politischen Gemeinschaft besitzen würde (Birch, 1989, S.14). Die Überlegungen von Johann Gottfried Herder (1744 - 1803) zu diesem Thema wertet Birch als ein Nebenprodukt der Arbeiten Herders über den Romantizismus und den Historismus. Der entscheidende Punkt bei Herder war, dass die Grundlage für einen Nationalstaat aus einer Gemeinschaft besteht, die sich durch eine gemeinsame Kultur auszeichnet. Auch betonte Herder nach Birchs Ansicht, dass viele verschiedene Kulturen existieren, von denen jede bestimmte Tugenden besitzt und deshalb keine Kultur einen Führungsanspruch gegenüber anderen Kulturen behaupten kann (Birch, 1989, S.17). Johann Gottlieb Fichte (1762 - 1814) folgte in vielen Punkten den Gedanken Herders, wobei Fichte besonders die gemeinsame Sprache als essentielles Merkmal für eine Nation betonte. Jedoch bestand ein wesentlicher Unterschied zu Herder darin, dass Fichte in der deutschen Sprache und Kultur eine Überlegenheit gegenüber anderen Kulturen zu erkennen glaubte (Birch, 1989, S.20).Das entscheidende Merkmal eines Nationalstaates gemäß dieser Philosophen ist also, dass die Menschen, die sich zu einer Nation zusammenschließen, Gemeinsamkeiten hinsichtlich Sprache, Kultur und Geschichte haben sollten. Sie versuchen die Grundlage für eine Nation zu schaffen, indem sie die Gemeinsamkeiten betonen, die zwischen den Mitgliedern einer Nation bestehen.

Fast alle Nationalstaaten, die heute existieren, setzen sich aus mehreren Nationen zusammen, die sich in der Vergangenheit voneinander abgrenzten. Wirtschaftliche und gesellschaftliche Entwicklungen, Kriege und politische Machtkämpfe bedingen das Entstehen von Nationalstaaten. Diese Entwicklung der Zusammenführung verschiedener Nationen in einen Staat nennt Birch nationale Integration (Birch, 1989, S.4). Drei wesentliche Punkte kennzeichnen den Entstehungsprozess eines Nationalstaates: Zuerst ist die Schaffung

---

66 Hier als Gefühl von Menschen verstanden, die sich zu einer bestimmten Nation zugehörig fühlen ohne damit eine Wertung zu verbinden.

67 Anthony Birch, Nationalism and National Integration (London: Unwin Hyman, 1989) S.14.

von Symbolen der nationalen Identität wichtig. Hierzu gehören das Staatsoberhaupt, die Nationalflagge und die Nationalhymne. Zweitens müssen nationale politische Institutionen eingerichtet werden, die alle Bürger derselben Gesetzgebung unterwerfen und deren Repräsentanten die verschiedenen Teile der Gesellschaft widerspiegeln. Als dritten Punkt führt Birch das Schaffen eines nationalen Erziehungssystems an, das den Kindern die nationale Identität und die gemeinsame Geschichte vermittelt (Birch, 1989, S.9-10).

Die von Birch dargestellten philosophischen Voraussetzungen und politischen Notwendigkeiten für die Entstehung von Nationalstaaten werden durch die Argumentation Ernest Gellners dadurch erweitert, dass Gellner auf die gesellschaftlichen Veränderungen verweist, die das Entstehen von Nationalstaaten möglich machen. Gellner vertritt die Auffassung, dass das Entstehen eines Nationalstaates die Folge des Wandels gesellschaftlicher Strukturen sei. So hat in einer Agrargesellschaft, in der die Bildung nur einigen wenigen vorbehalten ist, der Nationalismus noch keine Möglichkeit, sich zu entwickeln. Es existieren zwar Gesellschaftsschichten, aber der Staat hat vorrangig nur Interesse daran, Steuern einzunehmen und den Frieden zu erhalten.[68] Erst in der Industriegesellschaft wird das Entstehen des Nationalismus möglich. Die Entwicklung der Industrie lässt das Konzept des Fortschritts, die Idee eines ständigen Wachstums entstehen. Darüber hinaus bedingt die fortschreitende Industrialisierung eine Spezialisierung der Aufgaben, nicht nur in der Arbeitswelt, sondern auch im gesellschaftlichen Bereich. Beispielsweise ist es hinsichtlich der Kindererziehung in einer Agrargemeinschaft noch möglich, dass die Heranwachsenden in der Familie oder der Dorfgemeinschaft die Fähigkeiten erlernen, die sie später benötigen, um ihr Leben zu bestreiten. In einer Industriegesellschaft ist diese "self - reproduction" nicht mehr möglich. Andere Institutionen übernehmen neben der Familie die Erziehung der Kinder (Gellner, 1987, S.29-35).

Eine weitere Besonderheit der Industriegesellschaft besteht in der zunehmenden Mobilität. Es entsteht so eine kulturelle Homogenität, da die Menschen häufiger ihren Wohnort wechseln als in einer Agrargesellschaft. Darüber hinaus lässt der technische Fortschritt Informationen eine schnellere und weitere Verbreitung finden. Diese Faktoren schaffen die Voraussetzung für die Bildung einer nationalen Identität. Für Gellner gehören zwei Menschen zu derselben Nation, wenn sie dieselbe Kultur haben, wobei für ihn Kultur ein System aus Ideen, Assoziationen und Verhaltens- und Kommunikationsweisen

---

68 Ernest Gellner, Nations and Nationalism (1983, Ed. Ihaca, New York: Cornell University Press, 1987) S.9-11.

darstellt. Die zweite Bedingung, die zwei Menschen erfüllen müssen, um derselben Nation anzugehören, besteht darin, dass sie sich gegenseitig als zu derselben Nation zugehörig betrachten müssen (Gellner, 1987, S.4).

Auch Benedikt Andersons Überlegungen zu diesem Thema zeigen, wie schwierig es ist, den Begriff Nation, bzw. nationale Identität zu definieren. Anderson definiert eine Nation als eine vorgestellte, politische Gemeinschaft; vorgestellt als begrenzt und souverän.[69] Nach Andersons Ansicht muss man eine Nation als "vorgestellt" begreifen, da die Mitglieder einer Nation die meisten anderen Mitglieder nicht kennen. Dennoch existiert im Kopf jedes Einzelnen die Vorstellung einer Gemeinschaft. Eine Nation ist "begrenzt", da jede auch noch so große Nation in Grenzen besteht, wenn diese auch variabel sind. Eine Nation gilt als "souverän", da nach Andersons Meinung der Begriff Nation in einer Zeit entsteht, als die Aufklärung und Revolutionen die Legitimität der als von Gottes Gnaden gedachten hierarchisch - dynastischen Reiche zerstört haben. Schließlich wird eine Nation als Gemeinschaft verstanden, da sie ungeachtet der realen Ungleichheit und Ausbeutung als "kameradschaftlicher" Verbund von Gleichen angesehen wird (Anderson, 1988, S.15-17).

Für Anderson stellt das 18. Jahrhundert den Beginn des Nationalismus dar, der sukzessiv religiöse Denkweisen immer weiter in den Hintergrund drängt (Anderson, 1988, S.20). Nach Anderson ist der schrittweise und langsame Verlust von drei grundlegenden, kulturellen Modellen die Basis für die Entstehung des Nationalismus. Dieser Verlust wird durch ökonomische, soziale und naturwissenschaftliche Entdeckungen sowie immer schnellere Kommunikationswege ausgelöst. Die drei Modelle sind erstens die Vorstellung einer besonderen Schriftsprache als privilegiertem Zugang zu einer ontologischen Wahrheit, so z. B. das Lateinische für den christlichen Glauben oder das Arabische für den islamischen Glauben. Zweitens der Glaube, dass die Gesellschaft naturwüchsig um und unter ein Oberhaupt gruppiert sei und dass der Monarch den Knotenpunkt für den Zugang zum wahrhaften Sein darstellt. Und drittens die Zeitvorstellung, in der Kosmologie und Geschichte nicht unterschieden werden und daher der Ursprung der Welt und des Menschen dem Wesen nach identisch erscheinen (Anderson, 1988, S.42-43).

An Stelle dieser Modelle tritt dann die Nation als, wie oben bereits beschrieben, vorgestellte, politische Gemeinschaft. Bei all diesen Entwicklungen spricht Anderson dem Buchdruck eine wichtige Rolle zu. Der Buchdruck

---

69 Benedikt Anderson, Die Erfindung der Nation (Frankfurt: Campus Verlag, 1988. Original: Benedikt Anderson, Imagined Communities. London: Verso Editions, 1983) S.15-17.

schafft nationale Schriftsprachen, die die Grundlage für den Austausch und die Kommunikation bilden. Es entsteht so ein Sprachbereich, der den Beginn einer national vorgestellten Gemeinschaft begünstigt. Der Buchmarkt, der die gedruckten Schriftstücke verbreitet, verleiht der Sprache eine Fixierung, die auf lange Sicht hilft, ein Bild von vergangenen Zeiten zu errichten, das für die subjektive Vorstellung der Nation von zentraler Bedeutung ist (Anderson, 1988, S.51). So ist es möglich, eine nationale Identität zu schaffen und zu verbreiten. Anderson geht nicht nur auf die Entstehung der Nation im europäischen Raum ein, sondern führt seine Betrachtungen bis in das 20. Jahrhundert fort und berücksichtigt auch die Entwicklung von Nationen und nationaler Identität in den ehemaligen europäischen Kolonien.

Zusammenfassend kann man festhalten, dass die philosophischen Voraussetzungen für die Entstehung von Nationalstaaten gegen Ende des 18. Jahrhunderts geschaffen wurden. Die Überlegungen von Rousseau, Herder und Fichte bildeten die Grundlage für die Konzeption der Nation als einem homogenen Gebilde. Eine Nation wird als Gemeinschaft begriffen, die dieselbe Kultur, Sprache und Geschichte besitzt. Die Veränderungen, die eine Industriegesellschaft gegenüber einer Agrargesellschaft aufweist, schaffen die gesellschaftlichen Voraussetzungen für die Entstehung von Nationalstaaten.

Damit sich alle Menschen in einen Nationalstaat integrieren können, müssen sie sich ihm zugehörig fühlen. So braucht jede Nation nationale Symbole, eine gemeinsame geschichtliche Vergangenheit und eine nationale Kultur, die aus Literatur, Kunst, Bräuchen, Essen, u.v.m. bestehen kann. Wie in der Einleitung bereits erwähnt wurde, sind hier "Trägergruppen" (Giesen, 1991, S.14) notwendig, die Werte und Richtlinien der Gesellschaft repräsentieren. Im 19. Jahrhundert wird diese Rolle immer mehr von den Mittelschichten übernommen. Und wie in dem Abschnitt über die Entwicklung der Kinder- und Jugendliteratur gezeigt wurde, geht diese Entwicklung einher mit der Verbreitung von Literatur und Zeitschriften, die immer mehr Menschen zugänglich werden und in einer immer größeren Vielfalt existieren. Hier entsteht das Forum für den Gedankenaustausch über die Fragen, die die Gesellschaft, ihre Identität und ihre Werte betreffen.

3.2 Das Vereinigte Königreich im 19. Jahrhundert: Auf der Suche nach einer neuen Gesellschaft

Betrachtet man die Geschichte Europas am Ende des 18. Jahrhunderts und während des 19. Jahrhunderts, so ist sie durch das Entstehen von Nationalstaaten und durch zahlreiche Kriege gekennzeichnet, die die Grenzen dieser

Staaten festlegen sollten. Wie oben bereits angesprochen wurde, sind Sprache, Kultur und eine gemeinsame Geschichte wichtige Kriterien, um die Basis für die Bildung eines Nationalstaates und der damit verbundenen nationalen Identität für seine Mitglieder zu schaffen. Dies trifft auch für Großbritannien zu, wobei der Zusammenschluss schon vor dem 19. Jahrhundert begann. Das Vereinigte Königreich setzte sich im 19. Jahrhundert aus vier verschiedenen Nationen zusammen: der Englischen, der Walisischen, der Schottischen und der Irischen. Wales wurde 1536 offiziell integriert. Die Vereinigung mit Schottland fand im Jahre 1707 statt und Irland wurde 1801 ein Teil des Vereinigten Königreiches, wobei das Verhältnis von Irland, bzw. Nordirland, zu Großbritannien sicherlich das problematischste war und bis heute von einer gelungenen politischen Integration oder Lösung keine Rede sein kann.[70]

Die gesellschaftlichen Veränderungen im Vereinigten Königreich des 19. Jahrhunderts zwangen die Menschen dazu, sich neue Orientierungspunkte zu suchen. Mit dem Bürgertum und der Arbeiterschicht entstanden zwei neue Gesellschaftsschichten, die die bestehenden Strukturen veränderten. Um einen britischen Nationalstaat zu erhalten, benötigte die Gesellschaft Großbritanniens im 19. Jahrhundert einen britischen Nationalismus, bzw. eine nationale Identität für ihre unterschiedlichen Mitglieder. Für Anthony Birch entwickelte sich der britische Nationalismus vor allem im 19. Jahrhundert, wobei dieser sich auf den englischen Nationalismus gründete, der viel älter war.

Der englische Nationalismus entwickelte sich ab dem 16. Jahrhundert. Der hundertjährige Krieg gegen Frankreich, die kommerziellen Erfolge der Tudorzeit, der Bruch mit der katholischen Kirche, die Niederlage der spanischen Armada, die zum Symbol für die Überlegenheit der Engländer zur See wurde, und die kulturellen Höhepunkte der Shakespearezeit trugen dazu bei, dass ein starkes Nationalbewusstsein entstand. Die Revolutionen im 17. Jahrhundert brachten das Bild zwar etwas ins Wanken, zerstörten es aber nicht. Die politische Ordnung, die aus diesen Revolutionen entstand, war innerhalb Europas die liberalste ihrer Zeit und die Engländer "(...) added a pride in their liberal institutions to pride in their cultural achievements, their commercial success and their naval victory." (Birch, 1989, S.135). Danach stärkten die Erfolge während der Industrialisierung und Kolonialisierung weiter das Bewusstsein der Engländer, eine große Nation zu sein. Nach Birchs Meinung war vor allem der wirtschaftliche Erfolg dafür verantwortlich, dass die Mittelschichten von Schottland und Wales bereit waren, loyal gegenüber einer britischen Nation zu

---

70 Siehe hierzu: Anthony Birch, Political Integration and Disintegration in the British Isles (London: George Allen & Unwin, 1977) Kapitel 4 und 5, S.49-97.

sein (Birch, 1989, S.135). Das Ergebnis war dann ein doppeltes Nationalbewusstsein: "The Welsh and the Scots, like the English, have two compatible national identities. They are Welsh or Scottish in terms of their cultural identity and British in terms of their political identity." (Birch, 1989, S.85).

Ähnlich argumentiert auch Linda Colley in ihrem Buch *Britons: Forging the Nation 1707 - 1837*. Wie bereits der Titel andeutet, entstand gemäß Colleys Ansicht nach dem Beitritt Schottlands zu England und Wales ein britisches Nationalgefühl. Als Basis hierfür sieht Colley den Protestantismus, der Schotten, Waliser und Engländer in mehreren Kriegen gegen das katholische Frankreich näher zusammenrücken ließ.[71] In dem von Colley betrachteten Zeitraum fanden noch weitere Entwicklungen statt, die zusätzlich zu der gemeinsamen Religion ein britisches Nationalgefühl entstehen ließen: nach 1701 gab es keine Handelszölle mehr zwischen Schottland und England (Colley, 1992, S.39). Die Presse in Großbritannien florierte und nationale Nachrichten wurden immer mehr Menschen zugänglich (Colley, 1992, S.40). Mit Ausnahme des amerikanischen Unabhängigkeitskrieges waren die Briten im 18. Jahrhundert und Anfang des 19. Jahrhunderts militärisch immer erfolgreich und ihr Kolonialreich dehnte sich ständig aus (Colley, 1992, Kapitel 3, S.101-145). Es entstand also im 18. Jahrhundert und Anfang des 19. Jahrhunderts ein Nationalgefühl aller Briten, das durch eine Adelsschicht repräsentiert wurde, die sich selbst durch Heirat immer weiter mischte. Diese britische Elite repräsentierte die anglikanische Kirche, militärische Erfolge und eine durch den Protestantismus geprägte Moral.

In der ersten Hälfte des 19. Jahrhunderts wurde diese Führungsschicht immer mehr von nicht adeligen, wirtschaftlich erfolgreichen Geschäftsleuten durchsetzt, die die Werte, Normen und Ideale des 18. Jahrhunderts in Frage stellten. Die Fragen bezüglich Nation, Nationalstaat und nationaler Identität fokussierten sich in Großbritannien im 19. Jahrhundert auf die Beschaffenheit der Gesellschaft und der Institutionen, die den Nationalstaat in einem Jahrhundert der rapiden Veränderungen stabil halten sollten. Eine der tief greifenden gesellschaftlichen Veränderungen im 19. Jahrhundert war die zunehmende Urbanisierung und damit einhergehend die zunehmende Verelendung der Arbeiter in den Städten. Ein anderer problematischer Bereich war die wachsende Zahl nonkonformistischer Kirchen und die u.a. durch Darwin ausgelösten Zweifel an der christlichen Lehre, die die bestimmende Rolle der anglikanischen Kirche in der Gesellschaft und im Bildungssystem Großbritanniens in Frage

---

71 Linda Colley, Britons: Forging the Nation 1707 - 1837 (New Haven und London: Yale University Press, 1992) Kapitel 1, S.11-54.

ten. Das ständig wachsende Bürgertum forderte darüber hinaus politisches Mitspracherecht und bestimmte mit seinem Verlangen nach Information und Unterhaltung die Entwicklungen in der Literatur und auf dem Zeitschriftenmarkt. Dies alles führte dazu, dass unter Schriftstellern eine Diskussion über die Gesellschaft und ihre Werte in Gang kam.

Um dies zu verdeutlichen, habe ich drei Schriftsteller ausgewählt. John Stuart Mill war zweifellos einer der bedeutendsten Denker des 19. Jahrhunderts. Er versuchte über Reformen der politischen Institutionen eine gerechtere Gesellschaft zu schaffen. Darüber hinaus begriff er das 19. Jahrhundert als ein Zeitalter des Umbruchs und versuchte über die Synthese unterschiedlicher Denkrichtungen eine den Veränderungen angemessene philosophische Grundlage für die viktorianische Epoche zu schaffen. Thomas Carlyle dagegen kritisierte vor allem die zunehmende Technologisierung seiner Zeit und sah darin die größte Bedrohung für die Gesellschaft und auch für den Einzelnen. Carlyle vermisste vor allem große Persönlichkeiten in der zeitgenössischen Gesellschaft, die der ganzen Nation als Vorbild und Orientierung dienen könnten. Der Beitrag Matthew Arnolds, der hier ausgewählt wurde, soll als Beispiel dafür dienen, dass sich die Briten im 19. Jahrhundert darüber bewusst waren, dass sich ihre Nation aus mehreren Kulturen zusammensetzte und wie dies in einem positiven Sinne für die ganze Gesellschaft von Bedeutung sein könnte.

3.2.1. Der gesellschaftliche Diskurs im 19. Jahrhundert: Mill, Carlyle, Arnold

The "SPIRIT OF THE AGE" is in some measure a novel expression. I do not believe that it is to be met with in any work fifty years in antiquity. The idea of comparing one's own age with former ages, or with our notion of those which are to come, had occurred to philosophers; but it never before was itself the dominant idea of any age.
It is an idea essentially belonging to an age of change.[72]

So begann John Stuart Mill eine Reihe von Zeitungsartikeln, die von Januar bis Mai 1831 im *Examiner* erschien. Er beschrieb darin den Zeitgeist seiner Epoche. Mills Ansicht nach war es nicht außergewöhnlich, dass man seine Zeit mit anderen Epochen verglich. Philosophen haben dies schon immer getan. Das Neue nach Mills Empfinden war, dass im ersten Drittel des 19. Jahrhunderts Intellektuelle zum ersten Mal ihre Zeit als eine Zeit des Umbruchs

---

72 John Stuart Mill, "The Spirit of the Age" (1831) in: Ann P. Robson und John M. Robson (Hrsg.), The Complete Works of John Stuart Mill (London: Routledge & Kegan Paul, 1986) Bd.XXII, S.228.

begriffen und dies zum zentralen Thema ihrer Überlegungen wurde. Mill sah sich in einer Epoche des Umbruchs und der Veränderungen und gerade dadurch wurde die Frage nach dem "spirit of the age" so wichtig.

John Stuart Mill (1806 - 1873) war Philosoph und Nationalökonom. Durch seinen Vater wurde er mit den Ideen Jeremy Benthams vertraut. Jeremy Bentham (1748 - 1832) begründete den Utilitarismus, der das größtmögliche Glück für die größtmögliche Anzahl von Menschen zum obersten Prinzip erhob. Die Ratio diente als Kontrollinstanz, um alle Lebensbereiche gemäß dieser Maxime zu überprüfen. Ausgehend von diesem Ansatz und der strengen, intellektuellen Erziehung, die Mill durch seinen Vater erhielt, entwickelte Mill seine eigenen Gedanken, die die Reformpolitik des 19. Jahrhunderts nachhaltig beeinflussten. In seinem zweibändigen Werk *On the System of Logic, Raciocinative and Inductive* (1843) entwarf er eine allgemeine Methodologie der Wissenschaften mit dem Ziel, die ältere Logik so auszubauen, dass sie auf Politik und Soziologie anwendbar wurde. Er entwickelte die Lehre der induktiven Logik weiter, bei der richtige Verallgemeinerungen aus der Analyse von besonderen Einzelfällen gewonnen werden. Ebenso einflussreich war sein 1848 erschienenes Werk *Principles of the Political Economy with some of their Applications to Social Philosophy*. Mills Ideen knüpften hier an die ökonomischen Ideen Adam Smiths (1723 - 1790) an.

In Bezug auf das Verständnis von nationaler Identität ist vor allem Mills Essay *Considerations on Representative Government* (1861) von Interesse. In einem Abschnitt geht Mill näher auf den Zusammenhang zwischen Nationalgefühl und Regierung ein. Zunächst einmal besteht für Mill eine Nation aus Menschen, die sich aufgrund gegenseitiger Sympathie zusammenschließen und die infolge dieser Sympathie bereit sind, untereinander zu kooperieren. Darüber hinaus haben sie den Wunsch nach einer gemeinsamen Regierung, die von ihnen selbst, bzw. von einem Teil der Bevölkerung bestimmt wird. Diese Sympathie kann aus folgenden Gründen bestehen: gemeinsame Abstammung, gemeinsame Sprache und Religion oder geographische Grenzen. Der stärkste Faktor ist aber, nach Mills Ansicht, die "identity of political antecedents", die aus einer gemeinsamen, nationalen Geschichte und gemeinsamen Erinnerungen besteht.[73] Um diese Sympathie zu stärken und um eine liberale Regierung zu bekommen, muss in einer Nation der Zugang zu Informationen, z.B. über Zeitungen und Bücher, möglichst vielen Menschen offen stehen. Hierfür ist

---

[73] John Stuart Mill, Considerations on Representative Government in: John Stuart Mill, On Liberty and Other Essays (Ed. The World's Classic Paperback. Oxford: University Press, 1991) S.427.

auch eine gemeinsame Sprache eine wichtige Voraussetzung. Mill formuliert dies so:

> Free institutions are next to be impossible in a country made up of different nationalities. Among a people without fellow-feeling, especially if they read and speak different languages, the united public opinion, necessary to the working of representative government, cannot exist. (Mill, (1861) 1991, S.428)

Mill ist aber nicht so radikal, dass er die Unterschiede, die innerhalb einer Nation zwischen den einzelnen Kulturen bestehen, ausrotten will. Das Vermischen unterschiedlicher Nationalitäten in einer Union ist seiner Meinung nach von Vorteil. Die oben beschriebene Einheitlichkeit erreicht man durch das Überbrücken der extremsten Gegensätze. Mill drückt dies folgendermaßen aus: "Not by extinguishing types, (...), but by softening their extreme forms, and filling up the intervals between them." (Mill, (1861)1991, S.432). Mills Ideal ist eine Nation, die sich zwar aus verschiedenen Nationalitäten zusammensetzen kann, aber dennoch über eine übergreifende, einheitliche Kultur und Sprache verfügt, die eine liberale Politik mit freien Institutionen ermöglicht. Die Zitate Mills machen deutlich, dass er sich der Tatsache bewusst ist, dass Großbritannien aus recht unterschiedlichen Nationen besteht. Irland, Wales und Schottland haben jeweils eine eigene Sprache, Literatur, Mythen und Bräuche. Mill sieht in Reformen der Politik und der politischen Institutionen eine Möglichkeit, diese Gegensätze zu überbrücken und eine gemeinsame Kultur zu schaffen. Eine gemeinsame Sprache ermöglicht es der britischen Gesellschaft diese notwendige Sympathie, die eine Nation benötigt, damit sich alle Mitglieder mit ihr identifizieren können, zu fördern und über die sich stetig ausbreitenden Printmedien immer mehr Menschen zugänglich zu machen.

Mill zeigte in seinem Essay einen Weg auf, wie man über praktische Reformen eine nationale britische Identität schaffen kann. Konkrete Reformen und das Überbrücken der Gegensätze in der Gesellschaft benötigen auch eine theoretische Basis. Diese versuchte Mill aus einer Synthese der philosophischen Ansätze von Jeremy Bentham und Samuel Taylor Coleridge zu schaffen. In seinen Essays über Bentham und Coleridge versuchte er, diese für das beginnende 19. Jahrhundert wichtigen Denker und deren Ansichten zu verbinden. Mill sah in Jeremy Bentham und Samuel Taylor Coleridge (1772 - 1834) "the two great seminal minds of England in their age" (Mill, (1838) 1980, S.40).[74] Mill hielt Bentham für einen progressiven Philosophen, wohingegen er Cole-

---

[74] Der Essay über Bentham wurde 1838, der über Coleridge 1840 verfasst. Die Seitenangaben beziehen sich auf folgende Ausgabe: F.R.Leavis (Hrsg.), Mill on Bentham and Coleridge (Cambridge: University Press, 1980).

ridge als konservativen Denker bezeichnete (Mill, (1838) 1980, S.40). Nach Mills Ansicht übte Bentham einen großen Einfluss auf andere Intellektuelle aus. Es sind nicht so sehr die Schriften Benthams, die diesen Einfluss ausübten, sondern die neuen Methoden, die Bentham darin anwandte. Bentham behandelte moralische und politische Fragen mit wissenschaftlichen Methoden und hierin bestand für Mill die entscheidende Neuerung:

> He [Bentham] introduced into morals and politics those habits of thought and modes of investigation, which are essential to the idea of science; and the absence of which made those departments of inquiry, as physics had been before Bacon, a field of interminable discussion, leading to no result. (Mill, (1838), 1980, S.48).

Das Ergebnis war dann, dass Bentham moralische und politische Probleme bis ins kleinste Detail aufteilte, um dann zu einer Lösung zu kommen. Dies bedeutete nach Mills Ansicht einen entscheidenden Fortschritt gegenüber anderen Methoden. Allerdings waren Benthams Vorgehensweise und seine Philosophie nach Mills Auffassung zu einseitig. Mill kritisierte, dass Bentham andere Denkerschulen missachtet. Die Entschiedenheit Benthams, eine Philosophie ausschließlich aus dem Material seines eigenen Geistes zu formen, führe demnach zu einer unvollständigen Haltung. Mill sah die Schwäche von Benthams Ideen darin, dass er sich zu stark auf sein eigenes Gedankengut konzentrierte und damit nicht die universelle menschliche Natur repräsentieren konnte: "in many of the most natural and strongest feelings of human nature he had no sympathy (...)" (Mill (1838) 1980, S.61).[75]

Den Gegenpol zu Benthams Ideen bildete nach Mills Meinung Samuel Taylor Coleridge (1772 - 1834). In dieser entgegengesetzten Haltung Coleridges fand Mill die Ergänzung zu Benthams Philosophie. Mill schrieb über die beiden: "but contraries, as logicians say, are but *quæ in eodem genere maxime distant*, the things which are farthest from one another in the same kind." (Mill, (1840) 1980, S.101). Mill schätzte Coleridge nicht nur als Poeten, sondern auch als Philosophen. Coleridges Haltung war für Mill eine Auflehnung des menschlichen Geistes gegen die vorherrschende Philosophie des 18. Jahrhunderts. Der Ausgangspunkt für diese Philosophie war, dass alles Wissen aus Generalisie-

---

75 John Stuart Mill, der von seinem Vater James Mill nach den Richtlinien der utilitaristischen Philosophie erzogen wurde, wusste aus eigener Erfahrung, dass sich der menschliche Geist nicht allein nach rein rationalistischen Gesichtspunkten entwickeln kann. In Coleridge und dessen Lyrik fand Mill den Ausdruck der emotionalen Seite des Menschen, die ihm aufgrund seiner Erziehung nicht von Kindheit an zugänglich war. Siehe hierzu auch: John Stuart Mill, Autobiography (1873).

rungen von Erfahrungen herrührt. Der Mensch bezieht sein Wissen aus der Natur und den äußeren Eindrücken, die er mit seinen Sinnen aufnehmen kann und kann anschließend daraus Analogien bilden (Mill, (1840) 1980, S.109). Coleridge sprach aber dem menschlichen Geist eine Fähigkeit zu, die Natur und Eigenschaften von Dingen an sich wahrnehmen zu können, also das zu erfassen, was über den rein physischen Eindruck hinausgeht (Mill, (1840) 1980, S.109). Für Mill war Coleridge ein moralischer und religiöser Philosoph, dessen größtes Ziel darin lag, eine harmonische Verbindung von Religion und Philosophie zu schaffen (Mill, (1840) 1980, S.160-161). Genau darin bestand für Mill das Defizit von Benthams Philosophie. Eine Synthese beider philosophischen Richtungen würde, nach Mills Auffassung, der ganzen menschlichen Natur gerecht. Eine solch umfassende Philosophie könnte dann auch die Grundlage für die britische Gesellschaft und deren nationale Identität bilden. Dieser Versuch Mills, die rationale und emotionale Seite des Menschen in Einklang zu bringen, spielt auch bei Ruskin, Kingsley, MacDonald und Wilde eine Rolle. Vor allem Kingsley und MacDonald sehen die ideelle, religiöse Seite des menschlichen Lebens durch die technischen und gesellschaftlichen Veränderungen bedroht.

Einer der ersten Kritiker, der im technischen Fortschritt und in den durch die Industrialisierung ausgelösten gesellschaftlichen Veränderungen eine zunehmende Bedrohung sah, war Thomas Carlyle. Thomas Carlyle (1795 - 1881) war schottischer Schriftsteller, Historiker, Gesellschaftskritiker und Philosoph. Die zwei stärksten Einflüsse auf sein Werk waren auf der einen Seite der schottische Calvinismus und auf der anderen Seite der deutsche Idealismus. Carlyle war u.a. mit den Werken von Kant, Fichte, Schiller und Goethe vertraut. So begann Carlyle seine Arbeit für den *Edinburgh Review* mit einem Artikel über Jean Paul Richter und übersetzte Goethes *Wilhelm Meister* sowie Kunstmärchen von Tieck u.a.[76] Carlyles Werke über historische Ereignisse und Persönlichkeiten[77] oder sein autobiographischer Roman *Sartor Resartus* (1834) fanden im 19. Jahrhundert neben seinen zahlreichen Essays große Beachtung und er galt als der erste "Prophet", der sich gegen die fortschreitende Industrialisierung wandte.

---

76 Marshall Walker, Scottish Literature Since 1707 (London und New York: Longman, 1996) S.168.

77 Hierzu zählen Werke wie The French Revolution (2 Bände, 1837), Oliver Cromwell's Lettres and Speeches (2 Bände, 1845) oder The History of Frederick II of Prussia, Called Frederick the Great (6 Bände, 1858-1865).

Carlyle stand am Anfang des gesellschaftlichen Diskurses, der sich durch das ganze 19. Jahrhundert zog. Für Carlyle bedrohten die Folgen und Auswirkungen der Industrialisierung die ganze Gesellschaft. In einem seiner ersten und wichtigsten Essays, *Signs of the Times* (1829), benannte er die Probleme seiner Zeit, die durch die zunehmende Mechanisierung nicht nur der Arbeitswelt der Menschen sondern aller Lebensbereiche, geprägt war. Den Zerfall der bestehenden gesellschaftlichen Strukturen beschrieb er folgendermaßen:

> The King has virtually abdicated; the Church is a widow, without jointure; public principle is gone; private honesty is going; society, in short, is falling into pieces; and a time of unmixed evil is coming upon us.[78]

Carlyle war der Überzeugung, dass der König und die Kirche nicht mehr in der Lage seien, ihrer führenden Stellung in der Gesellschaft gerecht zu werden. Desgleichen seien wichtige Werte wie Aufrichtigkeit verschwunden. Carlyle sah den Zusammenhalt der gesamten Gesellschaft bedroht.

Der Hauptgrund für diese Entwicklung lag nach Carlyles Ansicht in der zunehmenden Mechanisierung des menschlichen Lebens. Auch die Regierung und Gesetzgebung stellten für ihn eine "Machine of Society" dar und er bezeichnete sie als "grand working wheel from which all private machines must derive, or to which they must adopt their movements" (Thomas Carlyle, (1829) 1980, S.66). Die Folge davon war, dass die geistige, moralische und religiöse Seite des Menschen vernachlässigt wurde und das gesamte Leben einer öffentlichen Gesetzgebung unterworfen wurde: "It is no longer the moral, religious, spiritual condition of the people that is our concern, but their physical, practical, economical condition, as regulated by public laws." (Carlyle, (1829) 1980, S.67). Carlyle erkannte selbstverständlich, dass sich die Gesellschaft verändert hatte und weitere Veränderungen anstehen würden. Aber er vertrat die Meinung, dass sich vor allem der Geist der Menschen, ihr Inneres verändern sollte, um mit den äußeren Veränderungen des Lebens Schritt halten zu können. Für ihn war es im Unterschied zu Mills Argumentation nicht über politische Reformen möglich, die Anpassung der Gesellschaft an die neuen Strömungen zu leisten. So beendete Carlyle seinen Essay mit folgender Forderung:

> To reform the world, to reform a nation, no wise man will undertake; and all but foolish men know, that the only solid though a far slower

---

78 Thomas Carlyle, Signs of the Times (1829) in: Thomas Carlyle, Critical and Miscellaneous Essays (Ed. Bd.2, New York: AMS Press, 1980) S.58.

reformation, is what each begins and perfects on himself. (Carlyle, (1829) 1980, S.82).

Die Anpassung des Menschen an die gesellschaftlichen Veränderungen sollte vom Individuum ausgehen. Für diesen Prozess benötigten die Menschen neue Orientierungspunkte und Vorbilder. Wie bereits angesprochen wurde, konnten nach Carlyles Auffassung die Monarchie und die Kirche diese Funktion im 19. Jahrhundert nicht mehr erfüllen. Carlyles Blick richtete sich dann auf einzelne, große Persönlichkeiten der Weltgeschichte, die für ihn als Vorbilder für die zeitgenössische Gesellschaft dienen konnten.

In seinen 1841 herausgegebenen Vorlesungen, die unter dem Titel *On Heroes, Hero-Worship and the Heroic in History* veröffentlicht wurden, entwarf Carlyle ein Geschichtsbild, das den Ablauf der Weltgeschichte als den Ablauf der Biographien bedeutender Persönlichkeiten begriff. Er bezeichnete diese Persönlichkeiten als Helden, die sich in allen Bereichen des menschlichen Lebens finden. Carlyle stellte den Held als Gottheit in den heidnischen Mythen dar; als Propheten am Beispiel Mohammeds; als Dichter, hier wurden Dante und Shakespeare als Beispiele aufgeführt; als Priester, hier wurden Luther und John Knox genannt; als Gelehrte, hier dienten Samuel Johnson, Jean - Jacques Rousseau und Robert Burns als Beispiele; und schließlich als Herrscher, als Beispiel wurden Cromwell und Napoleon aufgeführt. Solche Persönlichkeiten, solche Helden brauchte eine Nation, um eine Einheit zu bilden. Carlyle ging es nicht vorrangig um eine politische Einheit; viel wichtiger war ihm die geistige Verbundenheit einer Nation, die solche Helden als Sprachrohr hat. Über Dante und Italien schrieb er:

> Yes, truly, it is a great thing for a Nation that it gets an articulate voice; that it produces a man who will speak - forth melodiously what the heart of it means! Italy, for example, poor Italy lies dismembered, scattered asunder, not appearing in any protocol or treaty as unity at all; yet the noble Italy is actually one: Italy produced its Dante; Italy can speak![79]

Obwohl Italien keine politische Einheit bildete, besaß es Dante, der stellvertretend für eine ganze Nation sprach. Dante war daher ein Held, der den Geist einer Nation repräsentierte, die keinen einheitlichen Staat bildete. Im Umkehrschluss dazu bildete Großbritannien zwar eine politische Einheit, benötigte

---

79 Thomas Carlyle, On Heroes, Hero - Worship and the Heroic in History in: Thomas Carlyle, Sartor Resartus - On Heroes, Hero - Worship and the Heroic in History (Ed. London: J.M. Dent & Sons, 1956) S.346.

aber im 19. Jahrhundert Persönlichkeiten wie Dante, die die nationale Identität verkörpern konnten.

Als Abschluss der Betrachtungen über die Frage nach der idealen Beschaffenheit einer Gesellschaft sollen noch die Ansichten Matthew Arnolds (1822 - 1888) zu Gehör kommen. Matthew Arnold war ein englischer Dichter und Literaturkritiker. Von 1851 bis 1886 war er als Schulinspektor tätig und maßgeblich am Ausbau des britischen Schulsystems beteiligt. Von 1857 bis 1867 lehrte er als Professor für Dichtung an der University of Oxford. Zu dieser Zeit hielt er auch vier Vorlesungen über keltische Kultur und Literatur (1866). 1867 erschienen diese Vorlesungen zunächst im *Cornhill Magazine* und wenig später dann in Buchform. In diesen Vorlesungen finden wir interessante Ansichten Arnolds zum Thema der Nation und Gesellschaft. Nach Arnolds Überzeugung war die britische Nation durch das Philistertum der Mittelschichten bedroht. Er äußerte sich dazu folgendermaßen:

> We in England have come to that point when the continued advance and greatness of our nation is threatened by one cause and one above all. Far more than by the helplessness of an aristocracy whose day is fast coming to an end, far more than by the rawness of a lower class whose day is only beginning, we are imperilled by what I call 'philistinism' of our middle class. On the side of beauty and taste, vulgarity; on the side of mind and spirit, unintelligence - this is philistinism.[80]

Arnold sah die Größe und den Fortschritt der britischen Nation bedroht. Die einzelnen Teile der Gesellschaft konnten den an sie gestellten Anforderungen nicht mehr gerecht werden. Die Bedeutung des Adels nahm ab und die "lower classes", also die wachsende Schicht der Arbeiter, waren noch nicht in der Lage, eine gesellschaftlich relevante Rolle einzunehmen. Übrig blieben die Mittelschichten, die sich aber im Moment durch Vulgarität und wenig Intelligenz auszeichneten. Arnold versuchte in seinem Essay darzustellen, was die britische Nation zusammenhalten könnte und wie die Ideale, an denen sich vor allem die Mittelschichten orientieren sollten, aussehen könnten.

Arnold machte sich in seinem Essay darüber Gedanken, wie die einzelnen Kulturen des Vereinigten Königreiches charakterisiert werden könnten. Für ihn bestand die britische Nation aus germanischen, keltischen und normannischen Elementen. Jede Gruppe hatte ein besonders starkes Charakteristikum und sowohl positive, als auch negative Seiten. Der germanische Charakter war

---

[80] Matthew Arnold, On the Study of Celtic Literature and Other Essays (Ed. Everyman's Library. London: J.M. Dent & Sons, 1976) S4-5.

vor allem durch Beständigkeit geprägt. Seine positive Seite war seine Treue gegenüber der Natur, seine negativen Seiten Eintönigkeit und Gewöhnlichkeit. Die keltische Nation zeichnete sich durch Gefühl aus. Positiv wirkte sich dies in einer Liebe zu Schönheit und in Spiritualität aus. Es konnte aber auch zu Eigensinn und Erfolglosigkeit führen. Das normannische Element zeichnete sich durch einen ausgeprägten Geschäftssinn aus, der positiv betrachtet Tatkraft und Schnelligkeit bewirkte, aber auch durch Härte und Überheblichkeit gekennzeichnet sein konnte (Arnold, (1867) 1976, S.91).

Vor allem der keltische Einfluss führte dazu, dass die Briten, die nach Arnolds Meinung stark germanisch geprägt sind, sich deutlich von den Deutschen unterscheiden. Beispielsweise stand für Arnold der englische Protestantismus zwischen dem deutschen Protestantismus und dem keltischen Methodismus. In Deutschland wurde durch die kritische Auslegung der Bibel der Glaube zunehmend durch die Vernunft und wissenschaftliche Methoden bestimmt. Im Methodismus der keltischen Bevölkerung jedoch hatte sich das spezifisch keltische Element erhalten, bei dem das Gefühl eine wichtige Rolle spielte. So ergab sich für den englischen Protestantismus folgende Mischung:

> (...) [English Protestantism] has the outside appearance of an intellectual system, and the inside reality of an emotional system: this gives it its tenacity and force, for what is held with the ardent attachment of feeling is believed to have at the same time the scientific proof of reason (Arnold, (1867) 1976, S.97).

Arnold sah in der Verschmelzung der unterschiedlichen Einflüsse in der britischen Bevölkerung einen positiven Aspekt. Ähnlich wie John Stuart Mill bestand für ihn in der Annäherung der unterschiedlichen Kulturen einen Beitrag zur positiven Entwicklung der gesamten Bevölkerung.

Im zweiten Teil seines Essays machte Arnold sich Gedanken, wie die so beschaffene Gesellschaft als Nation durch den Staat davor bewahrt werden könnte, ihre Ideale zu verlieren. Arnold befürchtete, dass die steigenden Demokratisierungstendenzen in Großbritannien eine Gesellschaft hervorbringen könnten, wie sie bereits in Amerika existierte. Das Problem der britischen Gesellschaft bestand für Arnold darin, dass die Aristokratie, die hohe Ideale und Kultur repräsentieren sollte, diese gesellschaftliche Führungsrolle nicht mehr ausfüllen konnte, so wie dies in früheren Zeiten noch der Fall war (Arnold, (1867) 1976, S.167-168). Arnold vertrat den Standpunkt, dass die Demokratie in England sich langsam entwickelt habe, wobei der Adel generell dem Volk wohlwollend gegenüber stand (Arnold, (1867) 1976, S.174). Es stellte sich nun die Frage, wie man die Wünsche der Mittelschichten nach mehr politischem Mitspracherecht berücksichtigen konnte ohne die Ideale der Nation, die früher durch den Adel verkörpert wurden und den Mittelschichten fehlten, zu verlieren. Um eine große Nation zu bleiben, genügte es nicht, eine Demokratie aus freien Individuen zu haben, wie dies in Amerika der Fall war. Man müsste zusätzlich ein die Nation einigendes, dem Einzelnen übergeordnetes Ideal finden:

> (...) one ideal of greatness, high feeling, and high culture, which an aristocracy once supplied to them [the common people], they lose by the very fact of ceasing to be a lower order and becoming a democracy. Nations are not truly great solely because the individuals composing them are numerous, free and active; but they are great when these numbers, this freedom and this activity are employed in the service of an ideal somewhat higher than that of ordinary man, taken by himself. (Arnold (1867) 1976, S.179).

Bisher richtete sich die Regierung in England zu sehr nach dem Adel und der Kirche. Daher entstand auf Seiten der Mittelschichten ein großes Misstrauen gegenüber der Regierung und deren Handlungen. Der Staat sollte nach Arnolds Meinung mehr für die Schulen der Mittelschichten tun. In diesen Schulen sollte dann so gelehrt werden, dass die Mittelschichten einen nationalen Geist entwickeln und sich an übergeordneten Idealen orientieren können. Zwar sprach Arnold den Mittelschichten durchaus zu, dass sie positive Eigenschaften besitzen, aber er glaubte, dass sie ohne ein höheres Ideal diese nicht richtig nützen könnten. Zum Beispiel betrachtete Arnold die Verteidigung der Gewissens- und Meinungsfreiheit als eine der Errungenschaften der Mittelschichten. Aber für ihn war nicht nur von Bedeutung, dass jeder denken konnte, wie er wollte, sondern für Arnold stellte sich die Frage, was er dachte (Arnold, (1867) 1976, S.187). Gerade in diesem Bereich war es für Arnold von Bedeutung, die höheren Ideale einer Nation bereits in der Erziehung zu vermitteln, um einen demokratischen Staat zu formen, der nach wie vor ein bestimmtes kulturelles Niveau besitzen würde.

Mill, Carlyle und Arnold erkannten alle, dass die Gesellschaft im 19. Jahrhundert sich stärker und schneller veränderte als zuvor. Mill versuchte über politische Reformen ein liberales Umfeld zu schaffen, in dem möglichst viele Menschen, ungeachtet ihrer sozialen Stellung oder ihrer kulturellen Herkunft, innerhalb der britischen Gesellschaft einen Platz finden konnten. Carlyle befürchtete, dass die Industrialisierung die intellektuelle Seite des Menschen immer mehr schädigen würde und dass der Wegfall der Traditionen den Zusammenbruch der ganzen Nation zur Folge haben könnte. Er betonte die Bedeutung von einzelnen, herausragenden Persönlichkeiten, die als Vorbild und Orientierung in der Gesellschaft dienen sollten. So musste seiner Ansicht nach die Erneuerung der Gesellschaft beim Individuum ansetzen. Diese Gedanken von vorbildlichen Einzelpersonen, die durch ihren Charakter aus einer Gesellschaft herausstechen, werden sich auch in allen Kunstmärchen wieder finden. Arnold erkannte klar die Bedeutung der Mittelschichten im 19. Jahrhundert. Diese Schichten bestimmten politische, gesellschaftliche und intellektuelle Entwicklungen. Aber er fürchtete, wie viele seiner Zeitgenossen, unter ihnen auch Charles Kingsley, eine Demokratie der Massen. Arnold wollte durch die Schaffung eines der ganzen Nation übergeordneten Ideals vermeiden, dass Großbritannien im 19. Jahrhundert an Bedeutung verliert.

3.3. Gesellschaftskritik und Literatur

Im 19. Jahrhundert sorgten technische Entwicklungen dafür, dass die Herstellung von Büchern und Zeitschriften zum einen immer billiger wurde und zum anderen der Vertrieb über die Eisenbahn schneller und über weitere Strecken möglich wurde. Die dargestellte Entwicklung der Kinder- und Jugendliteratur zeigte, wie sich die Haltung gegenüber Kindern veränderte. Es wurde versucht, über die Kontrolle der Lektüre von Kindern Einfluss auf ihre geistige Entwicklung zu nehmen. Dies hatte Auswirkungen auf die Literatur, da nun speziell für Kinder verfasste Verse und Erzählungen entstanden. Im Laufe des 19. Jahrhunderts wurde es, auch aufgrund der Ausweitung der Sonntagsschulen und der schrittweisen Reduzierung der Arbeitszeiten für Kinder, immer mehr Kindern möglich, Lesen und Schreiben zu lernen. Schriftsteller fanden daher für die Verbreitung ihrer Ansichten ein immer größer werdendes Lesepublikum.

Für den Zeitraum, in dem die hier behandelten Kunstmärchen veröffentlicht wurden, d.h. von 1850 bis 1891, bedeutete dies, dass die größte Leserschicht in den Mittelschichten zu finden war. Ruskin, Kingsley, MacDonald und Wilde stammten alle aus den Mittelschichten und sie schrieben für Erwachsene und Kinder dieser Gesellschaftsschichten. In den für diese Arbeit ausgewählten Kunstmärchen werden wir sehen, wie die Autoren ihre Gesellschaftskritik in den märchenhaften Erzählungen formulieren. Sie setzen sich dabei mit Fragen auseinander, die im 19. Jahrhundert von gesellschaftlicher Relevanz waren: Moral, Glaube, Kunst, gesellschaftliche Strukturen, Verteilung des Reichtums, die Rolle der Naturwissenschaften, u.v.m.

Diese Verbindung von Literatur und Gesellschaftskritik lässt sich natürlich auch noch in anderen literarischen Gattungen wieder finden. Dickens ist zweifellos einer der bekanntesten viktorianischen Schriftsteller, der Gesellschaftskritik in seine Romane einbaute. Wir haben an den Texten von Carlyle, Mill und Arnold gesehen, wie in nicht literarischen Texten Gesellschaftskritik formuliert wurde. Die wichtigste Frage, mit der sich fast alle Schriftsteller im 19. Jahrhundert auseinandersetzten, war, wie sich die Gesellschaft verändern muss, um den neuen, durch die Industrialisierung verursachten Veränderungen gerecht zu werden. Großbritannien war im 19. Jahrhundert in industrieller und politischer Hinsicht den anderen Ländern in Europa voraus. Militärisch erfolgreich eroberten die Briten ein Weltreich. All dies trug zu einem starken Nationalbewusstsein bei. Aber die wachsende Schicht der Arbeiter und deren Verelendung in den Städten sowie die Zunahme der Mittelschichten und deren Forderungen nach mehr politischen Mitspracherecht brachten eine Diskussion über die Neuordnung der Gesellschaft in Gang. Man suchte nach neuen Orientierungspunkten, damit eine nationale Identität geschaffen werden konnte, die alle Mitglieder der Gesellschaft einschließt. Neben Vorlesungen, Artikeln und Essays finden sich solche Ansätze auch in der Literatur.

Es wurde auch darauf verwiesen, und anhand der ausgewählten Texte von Mill und Arnold deutlich, dass das Vereinigte Königreich aus mehreren Kulturen bestand. Charles Kingsley ist der einzige der in dieser Arbeit behandelten Autoren, der einen rein englischen Hintergrund hatte. John Ruskin wurde zwar in London geboren, aber durch seine Eltern, die aus Schottland stammten, geprägt. So gehörte Sir Walter Scott von Jugend an zu seiner Lektüre und der strenge Glaube seiner Mutter vermittelte ihm Moral- und Wertvorstellungen des schottischen Calvinismus. George MacDonald wurde in Schottland geboren und in seinen Romanen tauchen immer wieder seine schottische Heimat und deren Helden auf. Oscar Wilde war Ire und mit der keltisch-irischen Tradition durch seine Eltern bestens vertraut. Obwohl er fast sein ganzes Leben in London und auf dem Kontinent verbrachte, war er sich immer seiner irischen Herkunft bewusst. Bei der Analyse der einzelnen Kunstmärchen werde ich noch näher auf diesen Gesichtspunkt eingehen.

Bemerkenswert ist aber, dass alle Autoren versuchten, Moral- und Wertvorstellungen zu finden, die von der ganzen britischen Gesellschaft akzeptiert werden können. Dies trifft für Mill zu, der diesen Punkt aus seiner liberalen, politischen Perspektive betrachtete und glaubte, dass für eine Gesellschaft eine einheitliche Kultur und Sprache nötig wären, damit viele ihre Mitglieder sich mit ihrer Nation identifizieren können und möglichst viele Zugang zu Informationen haben. In der Synthese von Bentham und Coleridge versuchte er eine philosophische Grundlage für die Weiterentwicklung der britischen Gesellschaft des 19. Jahrhunderts zu schaffen. Arnold dagegen versuchte in seinem Essays darzulegen, wie sich die unterschiedlichen Kulturen zur ihrem Vorteil mischen und man aus einer Synthese ein Bildungssystem schafft, das vor allem den Bedürfnissen der Mittelschichten entspricht, da hier nach Arnolds

Meinung die für die nationale Identität der Gesellschaft Großbritanniens im 19. Jahrhundert die entscheidende Bevölkerungsschicht entstand.

Die wachsenden Mittelschichten im 19. Jahrhundert finden in der wachsenden Zahl von Zeitungen, Wochenzeitschriften und Romanen, ein Medium, das ihre Lebenswirklichkeit einfängt. Die Diskussion der gesellschaftlichen Probleme in der viktorianischen Gesellschaft erhält in dieser schriftlichen Form eine Ausdrucksform, die immer mehr Menschen erreicht. Der Roman und auch das Kunstmärchen bieten einem Autor die Möglichkeit, seine politischen und gesellschaftlichen Ansichten einem breiten Publikum darzulegen. Dies ermöglicht sowohl dem Autor als such dem Leser eine veränderte Sichtweise auf die Realität zu bekommen, bzw. durch den Roman oder das Kunstmärchen ein Bewusstsein für Missstände, moralische Fragen und deren möglichen Lösungen zu erlangen.

Diese Möglichkeit, die sich in der Literatur bietet, wird auch von den hier ausgewählten Autoren genutzt. Die Ansichten von Ruskin, Kingsley, MacDonald und Wilde hinsichtlich gesellschaftsrelevanter Fragen finden sich auch in ihren Kunstmärchen wieder. Vor diesem Hintergrund sollen nun die Inhalte der hier ausgewählten Kunstmärchen analysiert werden. Es wurde gezeigt, dass das Kunstmärchen in der zweiten Hälfte des 19. Jahrhunderts in Großbritannien immer mehr Verbreitung und auch Anerkennung als literarische Gattung fand. Die hier ausgewählten Kunstmärchen werden durch ihre komplexe Struktur zeigen, dass sie Texte sind, die viele Lesarten zulassen: Einerseits sind es Geschichten für Kinder, mit Helden, Bösewichtern und übernatürlichen Wesen wie Feen. Andererseits lassen sie sich als zeitgeschichtliche Dokumente lesen, die die Haltung des Autors zu der zeitgenössischen Gesellschaft zeigen. Um diesen zweiten Aspekt noch deutlicher hervorzuheben, werden den Kunstmärchen andere Texte der Autoren zur Seite gestellt, in denen die Autoren ebenfalls zu gesellschaftlichen Fragen Stellung nehmen.

Das Kunstmärchen bietet unter den literarischen Gattungen den Vorteil, dass man in ihm eine eigene Welt entwerfen kann, die der Wirklichkeit zwar nachgebildet wird, nicht aber den Anspruch erhebt, diese abzubilden. Die Figuren können in dieser Welt so agieren, dass bestimme Eigenschaften betont werden, die der Autor für wichtig hält. Dies ermöglicht es dem Autor, nur wenige, für ihn entscheidende Wesenszüge herauszuarbeiten. So wird in jedem der hier ausgewählten Kunstmärchen eine ideale Gesellschaft, ein ideales Menschenbild entworfen, denen immer ein Kontrast gegenüber gestellt wird. Die moralischen Eigenschaften, die der Autor für besonders wichtig hält, bzw. die Sachverhalte, die er für kritikwürdig erachtet, lassen sich so genau darstellen.

Ein weiterer Vorteil der Gattung Kunstmärchen ist, dass es dem Autor in formaler Hinsicht viel Gestaltungsfreiraum lässt. Die offene Form des Kunstmärchens ermöglicht es beispielsweise Kingsley und MacDonald, viele Einschübe zu machen, die den Fortgang der Haupthandlung unterbrechen. Gerade Kingsley nützt diese Eigenschaft des Kunstmärchens, um möglichst viele Themen anzusprechen. Ruskins und Wildes Kunstmärchen dagegen erinnern aufgrund ihres Aufbaus, ihrer Handlung und Figuren sehr an die Märchen der Gebrüder Grimm und Andersens Kunstmärchen. Je nach Absicht des Autors ist es im Kunstmärchen möglich, mehrere Themenbereiche und Handlungen zu verfolgen. Doch wenden wir uns nun den einzelnen Kunstmärchen und Autoren zu.

4. John Ruskin: The King of the Golden River

Ich möchte mich nun in den folgenden Kapiteln der Betrachtung der einzelnen Kunstmärchen widmen. Nach einem kurzen biographischen Überblick zu den einzelnen Autoren sollen jeweils die Kunstmärchen selbst im Vordergrund stehen. Es werden die einzelnen Kritikpunkte, die in den Kunstmärchen enthalten sind, erläutert. Um ein besseres Verständnis der Gesellschaftskritik der einzelnen Autoren zu gewinnen, werden den in den Kunstmärchen geäußerten Kritikpunkten noch weitere Texte der Autoren zur Seite gestellt, die ebenfalls die analysierten Kritikpunkte verdeutlichen oder weiterführen. Es wird hierbei chronologisch nach dem Erscheinungsdatum der Kunstmärchen vorgegangen: John Ruskin steht am Anfang. Sein Kunstmärchen *The King of the Golden River* wurde 1850 veröffentlicht. Es folgen Charles Kingsley und George MacDonald. Den Abschluss bildet Oscar Wilde, der zwei Märchensammlungen veröffentlichte, aus denen jeweils ein Kunstmärchen ausgewählt wurde.

4.1. John Ruskin und die Entstehung von *The King of the Golden River*

John Ruskin wurde 1819 in London geboren und starb 1900 in Brantwood, Lancashire. Ruskins familiärer Hintergrund war typisch für die Mittelschichten im 19. Jahrhundert: Sein Vater war ein erfolgreicher Geschäftsmann, seine Mutter Hausfrau und tief religiös. John war das einzige Kind, das vor allem von seiner Mutter sehr umhegt wurde. Er hatte, auch noch während seiner Ehe mit Effie Gray, eine sehr enge Beziehung zu seinen Eltern. Besonders seine Mutter kümmerte sich um ihren Sohn und dessen Erziehung. So verdankte Ruskin ihr bereits von frühester Kindheit an ein ausführliches, tägliches Studium der Bibel. Auch während seiner Studienzeit in Oxford wohnte seine Mutter in seiner Nähe.

John Ruskin war Schriftsteller, Kunstkritiker, Maler und Sozialreformer zugleich. In seinem Werk widmete er sich einer Vielzahl von Themen: Architektur, Kunst, Nationalökonomie, Erziehung, Bildung, gesellschaftlichen Fragen und vielem mehr. Nicht nur die Vielfalt der Themen, mit denen sich Ruskin auseinandersetzte, ist beträchtlich, auch der Umfang seines Werkes ist enorm. Die Gesamtausgabe umfasst 39 Bände.[81] Angesichts dieser Fülle stellt

---

81 E.T. Cook und Alexander Wedderburn (Hrsg.), John Ruskin: Works (London: George Allen, 1903-1915); wird üblicherweise als Library Edition zitiert.

Ruskins Kunstmärchen *The King of the Golden River* nur einen winzigen Teil seines Gesamtwerkes dar.

Ruskin hat das Märchen 1841 für die damals dreizehnjährige Effie Gray, seine spätere Ehefrau, geschrieben. Ursprünglich hatte er nicht vor, die Erzählung zu veröffentlichen. In seiner Autobiographie *Praeterita* schreibt er darüber:

> The *King of the Golden River* was written to amuse a little girl; and being a fairly good imitation of Grimm and Dickens, mixed with a little true Alpine feeling of my own, has been rightly pleasing to nice children, and good for them. But it is totally valueless, for all that. I can no more write a story than compose a picture. (Ruskin, Library Edition Bd.35, S.303-304)

Ruskin befand sich damit in guter Gesellschaft. Er war nicht der einzige Schriftsteller, der ein Kunstmärchen zunächst für ein Kind im Freundes- oder Familienkreis schrieb und dies erst später veröffentlichte. Hierzu zählen die *Alice* - Bücher von Lewis Carroll, ebenso wie Charles Kingsleys *The Water - Babies* und William Makepeace Thackerays *The Rose and the Ring* (Apel, 1978, S.226-227). Im obigen Zitat verweist Ruskin auf seine literarischen Vorbilder: die Gebrüder Grimm und Dickens. Die Märchen der Gebrüder Grimm gehörten zur Lektüre Ruskins als Kind und in seiner Autobiographie *Praeterita* erwähnt er, dass er sich die Unterrichtspausen des Griechischunterrichts unter anderem damit vertrieben hat, George Cruikshanks Illustrationen der Märchen der Gebrüder Grimm abzuzeichnen (Ruskin, Library Edition Bd.35, S.65).

An die Grimmschen Märchen erinnern bereits die Namen der drei menschlichen Hauptfiguren in *The King of the Golden River*: Schwartz, Hans und Gluck, die offensichtlich deutschen Ursprungs sind. Desgleichen deckt sich die Grundstruktur der Handlung von *The King of the Golden River* mit der Handlung vieler Märchen der Gebrüder Grimm, die auch typisch für Volksmärchen ist: Am Anfang entsteht eine Notsituation, die die Brüder zu beheben versuchen. Es werden dazu drei Anläufe genommen, wovon erst der letzte Versuch erfolgreich ist. An Dickens erinnern die Charakterisierung der Figuren und die wirklichkeitsnahe Schilderung von Stadt und Land (Apel, 1978, S.252). Ruskins Liebe zur Alpenlandschaft, die er 1833 bei seiner ersten Reise auf den Kontinent entdeckte und die ihn ein Leben lang fesselte,[82] ist für die detaillierten Landschaftsbeschreibungen der Bergwelt verantwortlich. Dass Ruskin am Ende des obigen Zitats sein Kunstmärchen als wertlos bezeichnet, muss als Untertreibung seinerseits beurteilt werden. *The King of the Golden*

---

82 John Ruskin, Praeterita ,Library Edition Bd.35, S.113 ff.

River wurde im Dezember 1850 veröffentlicht und war so erfolgreich, dass 1888 bereits neun Editionen in Großbritannien existierten.[83] Warum aber schrieb Ruskin sein Kunstmärchen 1841 und veröffentlichte es erst fast zehn Jahre später?

In der Literatur über *The King of the Golden River* lassen sich verschiedene Erklärungsversuche für diesen Umstand finden. Suzanne Rahn verweist in ihrem Artikel über die Quellen von *The King of the Golden River* auf die literaturgeschichtliche Entwicklung der Gattung Kunstmärchen. 1841 gab es noch keine Kunstmärchen oder Märchensammlungen englischsprachiger Autoren. Darüber hinaus wurde die Gattung Kunstmärchen nicht als eine hohe Kunst, bzw. als eine Herausforderung für einen Schriftsteller betrachtet. Nach Rahns Ansicht war es daher besser für Ruskins Karriere, seinen Ruf zunächst mit anderen Werken zu festigen, bevor er sein Kunstmärchen veröffentlichte. Im Laufe der vierziger Jahre hatte Ruskin mehrere Werke erfolgreich publiziert und sich einen Ruf als Kunstkritiker erarbeitet. Parallel dazu waren neben weiteren Übersetzungen ausländischer Märchen auch immer mehr Kinder - und Jugendbücher englischsprachiger Autoren erfolgreich publiziert worden.[84] So wurde der Markt und Bedarf an Kinder- und Jugendliteratur immer größer und auch die Wertschätzung der Kinder- und Jugendliteratur, und damit verbunden von Märchen allgemein, nahm zu. Dies wurde bereits in den Kapiteln über die Entwicklung der Kinder- und Jugendliteratur und der Entwicklung des Kunstmärchens in Zusammenhang mit Charles Dickens dargelegt. Suzanne Rahn vertritt die Meinung, dass dieser Umstand die Verzögerung der Veröffentlichung um fast zehn Jahre erklären könnte. Trotz all dieser Entwicklungen hatte Ruskin noch 1850 so große Zweifel an der Veröffentlichung von *The King of the Golden River*, dass sein Name als Autor erst 1853 bei der dritten Ausgabe erschien (Rahn, 1985, S.2).

William Coyle wählt in seinem Artikel eine psychologische und biographische Perspektive, um die Verzögerung der Veröffentlichung von Ruskins Kunstmärchen zu erklären. Seiner Überzeugung nach ist *The King of the Golden River* für den heutigen Leser vor allem als ein Beleg für Ruskins psychische Verfassung zu dem damaligen Zeitpunkt interessant (Coyle, 1985, S.85).

---

83 William Coyle, "Ruskin's The King of the Golden River: A Victorian Fairy Tale" in: Robert A. Collins und Howard D. Pearce (Hrsg.), The Scope of the Fantastic - Culture, Biography, Themes, Children's Literature (Westport, Connecticut: Greenwood Press, 1985) S.85.

84 Suzanne Rahn, "The Sources of Ruskin's Golden River" in: The Victorian Newsletter, N°68, Herbst 1985, S.1.

Coyle setzt die Entstehung und den Zeitpunkt der Veröffentlichung in Zusammenhang mit dem Verlauf von Ruskins Beziehung und Ehe zu Effie Gray. 1841 schrieb Ruskin für die damals dreizehnjährige Effie, ein Kind aus dem Freundeskreis seiner Eltern, das Kunstmärchen. Sieben Jahr später, am 10. April 1848, heirateten Ruskin und Effie. Die Ehe wurde stark durch die äußerst enge Beziehung von Ruskin zu seinen Eltern, vor allem zu seiner Mutter, belastet. Effie schien immer dann in ihrer Ehe zufrieden zu sein, wenn das junge Paar von Ruskins Eltern räumlich getrennt war und Effie genügend Gelegenheit hatte, andere Menschen zu treffen.[85] Es schien unmöglich zu sein, dass diese enge Beziehung von Ruskin zu seinen Eltern auf Dauer genügend Raum für eine vierte Person ließ. Im April 1854 ging Effie zu ihren Eltern zurück und im Juni 1854 wurde die Ehe schließlich annulliert. Der offizielle Grund war, dass die Ehe nie vollzogen wurde. 1855 heiratete Effie John Evert Millais, einen befreundeten Maler des Paares, der der von Ruskin bewunderten Gruppe der Prä-Raphaeliten angehörte.

Coyles Ansicht nach bestand Ruskins Problem mit seiner Frau darin, dass er sich in ein junges Mädchen verliebt hatte und mit der erwachsenen Frau nicht zurechtkam. Ruskin suchte vermutlich eine Lebensbegleiterin, die sein ruhiges Leben, das er für seine Arbeit benötigte, zwar bereicherte, nicht aber durch an ihn gestellte Ansprüche für Unruhe sorgte; gleich ob es sich hierbei um gesellschaftliche Verpflichtungen oder um eheliche Pflichten handelte. Coyle deutet nun den Zeitpunkt der Publikation als einen Versuch Ruskins, Effie an die Zeit zu erinnern, in der er sie kennengelernt hatte, um ihre Ehe vielleicht doch noch zu retten (Coyle, 1985, S.88).

Rahns Erklärung, dass die verzögerte Publikation durch literaturgeschichtliche und gesellschaftliche Entwicklungen beeinflusst wurde, ist zweifellos zutreffend. Die Lesart Coyles ist meiner Ansicht nach zu einseitig. Coyles Vermutung stützt sich rein auf die zeitliche Übereinstimmung der Veröffentlichung des Kunstmärchens mit der Trennung. Außer dieser Tatsache gibt es keinen Beleg, etwa Briefe oder Tagebucheinträge Ruskins, die die These von Coyle stützen.

Ein Blick auf die intellektuelle Entwicklung Ruskins zeigt, dass er 1841 noch nicht über genügend Selbstbewusstsein verfügte, um ein Kunstmärchen zu veröffentlichen. Am Anfang seiner Karriere etablierte sich Ruskin als Kunst-

---

85 Zu einer ausführlichen Darstellung der Beziehung von Ruskin und Effie Gray siehe: Sir William James (Hrsg.), John Ruskin and Effie Gray: The Story of John Ruskin, Effie Gray and John Evert Millais Told for the First Time in their Unpublished Letters (New York: Charles Scribener's Sons, 1947).

kritiker. Architektur, Kunst und Kultur, die Frage nach der Schönheit der Dinge beschäftigten ihn. Aber nach und nach begann Ruskin, sich für gesellschaftspolitische Fragen zu interessieren. Hier war sicherlich sein Verhältnis zu Carlyle aufschlussreich. George Allan Cate schreibt in seinem Vorwort zu der Ausgabe des Briefwechsels der beiden Männer, dass Ruskin Carlyle vermutlich 1841 zum ersten Mal las. Zwischen 1842 und 1847 wuchs das Interesse an Carlyle und zwischen 1847 und 1850 kam es zum ersten Treffen.[86] Der erste Brief in Cates Ausgabe stammte vom 9. März 1851. Zu diesem Zeitpunkt war Ruskins Interesse an ökonomischen und gesellschaftlichen Fragen bereits erwacht. Ruskin fand die Ansätze einer Sozialkritik in Carlyles Werken wieder. Zusätzlich zu dem Austausch zwischen Ruskin und Carlyle war der Zeitraum von 1841 bis 1851 für Ruskin von vielen Veränderungen geprägt. Cate weist in seinem Vorwort darauf hin:

> As intelligent and innately sympathetic to the sufferings of society as Carlyle, and sharing the older man's Calvinistic and Romantic heritage, he had gradually begun to experience a great period of inner crisis that was to change his views (Cate, 1982, S.10)

Nicht nur die Gemeinsamkeiten, die Ruskin mit Carlyle entdeckte, bewirkten eine Interessenverlagerung. Auch andere Ereignisse wirkten in dieser Hinsicht auf Ruskin ein. So war das Ende der vierziger Jahre für Ruskin eine bewegte Zeit. Politisch befand sich zu dieser Zeit vieles im Umbruch. Auf dem Kontinent sorgten die Revolutionen von 1848 für Unruhe. Großbritannien blieb zwar von einer Revolution verschont, aber das *Chartist Movement*[87] mit seinen Aufmärschen beunruhigte die Öffentlichkeit. Zudem wuchsen in Ruskin immer mehr die Zweifel an der Richtigkeit seines Glaubens, der stark durch den Glauben seiner Mutter geprägt war. 1848 schrieb er in einem Brief an seinen Vater: "(...) and I tell you frankly that the more I investigate and reason over the Bible as I should over any history or statement, the more difficulties I find, and the less ground of belief; (...)".[88]

Die Hinwendung Ruskins zu gesellschaftlichen, politischen und religiösen Fragen, gemeinsam mit der Entwicklung der Gattung Kunstmärchen und der

---

86 George Allan Cate (Hrsg.), The Correspondence of Thomas Carlyle and John Ruskin (Stanford: University Press, 1982) S.3.

87 Bewegung, die mehr politisches Mitspracherecht für die Arbeiterklasse forderte und zwischen 1838 und 1848 aktiv war. Benannt nach der von ihr veröffentlichten People's Charter (1838), in der Reformen hinsichtlich des Wahlrecht, der Wahlbezirke und der Struktur des Parlaments gefordert wurden.

88 John Ruskin, Brief vom 24. August 1848, Library Edition Bd.36, S.90.

Kinder- und Jugendliteratur bis Mitte des 19. Jahrhunderts erklären somit den Zeitpunkt der Veröffentlichung von *The King of the Golden River* 1850. Die Wertschätzung, die Kinder- und Jugendliteratur zur Jahrhundertmitte bereits erfuhr, ließen Ruskin, der bis dahin ausschließlich kritische Studien über Kunst und Architektur verfasst hatte, wagen, ein Kunstmärchen zu veröffentlichen. Da er in seinem Kunstmärchen bereits die Grundzüge seiner späteren Gesellschaftskritik formulierte, kann man dieses Kunstmärchen auch als einen Beitrag zu der Diskussion gesellschaftlicher Themen im 19. Jahrhundert betrachten.

4.2. Der Inhalt von *The King of the Golden River*

Die Handlung von *The King of the Golden River* lässt sich folgendermaßen wiedergeben. Die drei Brüder Schwartz, Hans und Gluck wohnen in einem sehr fruchtbaren Tal, das "Treasure Valley" genannt wird. Hans und Schwartz sind egoistisch, hartherzig und behandeln ihren jüngeren Bruder Gluck wie einen Sklaven. Sie sind ausschließlich auf ihren eigenen Vorteil bedacht, beuten ihre Arbeiter aus und lassen Bettler vor ihrer Türe verhungern. Eines Abends, als die beiden Brüder aus dem Haus sind und Gluck damit beschäftigt ist, für sie einen Hammelbraten zuzubereiten, bittet ein koboldartig aussehender, alter Mann um Einlass. Er ist vom Regen völlig durchnässt und möchte sich am Feuer trocknen. Obwohl Gluck den Zorn seiner Brüder fürchtet, die ihm verboten haben jemanden hereinzulassen, gewährt er dem alten Mann Zutritt zu seinem Haus. Als die Brüder nach Hause kommen und den fremden Besucher vorfinden, sind sie schrecklich wütend. Doch die Versuche, den alten Mann zu packen und ihn hinauszuwerfen, schlagen alle fehl. Der alte Mann verfügt über übernatürliche Kräfte und schleudert die Brüder durchs Zimmer. Bevor der Mann das Haus verlässt, sagt er, dass er um Mitternacht wiederkäme und dies sein letzter Besuch wäre. Als er dann in der Nacht wiederkommt, begleitet ihn ein starker Sturm, der das Dach des Hauses abdeckt. Der alte Mann hinterlässt seine Visitenkarte, auf der er sich als Herr des Südwestwindes bezeichnet. Am nächsten Morgen finden die Brüder ihr bis dahin fruchtbares Tal völlig zerstört vor.

Daraufhin beschließen die beiden älteren Brüder, dass sie alle drei in die Stadt gehen sollten, um mit dem ihnen noch verbliebenen Gold Goldschmiede zu werden. Da sie aber das Gold mit Kupfer strecken und ihr übriges Geld im Wirtshaus vertrinken, haben sie bald nichts mehr. Das Einzige, was übrig bleibt, ist ein goldener Becher mit einem Gesicht, den Gluck von einem Onkel geschenkt bekommen hat. Als Gluck den Becher auf Verlangen der beiden Brüder einschmilzt, entwickelt sich aus dem geschmolzenen Becher eine zwergenähnliche Gestalt, die sich als der König des goldenen Flusses vorstellt. Weil Gluck ihn durch das Schmelzen von seinem Bann erlöst hat und er nun seine ursprüngliche Gestalt wieder hat, verrät er Gluck folgendes Geheimnis: Derjenige, der zur Quelle des goldenen Flusses hinaufsteigt und ein paar Tropfen heiliges Wasser in den Fluss träufelt, wird damit belohnt, dass für ihn dieser Fluss zu Gold wird. Jedoch hat man nur einen einzigen Versuch und wem dieser Versuch misslingt, der wird zu einem schwarzen Stein. Als Gluck dies seinen Brüdern erzählt, entbrennt ein fürchterlicher Streit zwischen Schwartz und Hans, wer von ihnen beiden zum goldenen Fluss gehen solle. Schwartz wird von der durch die Nachbarn alarmierten Polizei verhaftet und kommt ins Gefängnis. Hans dagegen kann fliehen.

Hans stiehlt aus einem Weihwasserbecken Wasser und macht sich zum goldenen Fluss auf. Der Weg führt über einen Gletscher und steinige Pfade hoch in die Berge. Seinen Proviant muss er zurücklassen und am Ende hat er nur noch die Flasche mit dem gestohlenen Weihwasser. Dreimal hält er an, um aus der Flasche zu trinken und seinen Durst zu löschen. Jedes Mal wird sein Weg von durstigen Lebewesen gekreuzt, denen er sein Wasser verweigert. Zuerst liegt ein durstiger Hund am Wegesrand, danach ein Kind und als letzter ein alter Mann. Als nun Hans die letzten Tropfen aus seiner Flasche in den Fluss gießt, verwandelt er sich in einen Stein. Gluck macht sich große Sorgen, als Hans nicht zurückkehrt. Er arbeitet solange bei einem Goldschmied, bis er Schwartz aus dem Gefängnis auslösen kann. Schwartz will sich natürlich selbst auf den Weg zum goldenen Fluss machen. Er kauft Weihwasser von einem ehrlosen Priester und begibt sich auf den beschwerlichen Weg. Auch ihm ergeht es nicht anders als Hans. Dreimal hält er an, um aus der Flasche seinen Durst zu löschen und dreimal verweigert er anderen einen Schluck Wasser. Als er nun die letzten Tropfen in den Fluss schüttet, wird auch er zu einem schwarzen Stein.

Nachdem auch der zweite Bruder nicht zurückkehrt, macht sich Gluck selbst auf den Weg. Sein heiliges Wasser bekommt Gluck von einem Priester, den er darum bittet. Auch für Gluck ist der Weg kräftezehrend und er muss seinen Proviant zurücklassen. Auch er hat großen Durst, gibt aber sein Wasser zunächst einem Kind und dann einem alten Mann. Kurz vor seinem Ziel sieht Gluck einen halbverdursteten Hund am Wegesrand liegen. Nach kurzem Zögern gibt Gluck dem Hund die letzten Tropfen Wasser aus seiner Flasche. Daraufhin verwandelt sich der Hund in den König des goldenen Flusses. Der König gibt Gluck drei Tropfen Tau in seine Flasche. Diese soll er in die Quelle des goldenen Flusses träufeln und dann in das Tal, in dem er früher gewohnt hat, hinabsteigen. Erwartungsvoll gibt Gluck den Tau in den Fluss, doch es passiert nichts. Als er etwas später in seinem Tal ankommt, hat sich dieses wieder in einen fruchtbaren Garten Eden verwandelt. Von nun an lebt Gluck zufrieden in seinem Tal und kein armer Bettler wird an seiner Tür abgewiesen.

4.3 Ruskins Verhältnis zu Märchen

Ruskins eigenes Urteil über sein Kunstmärchen fiel, wie wir bereits in dem oben erwähnten Zitat gesehen haben, eher geringschätzig aus. Zwanzig Jahre nachdem Ruskin *The King of the Golden River* geschrieben hatte, verfasste er einen Essay über "Fairy Stories" und deren Funktionen für Kinder.[89] Dieser Essay diente als Vorwort zu einer englischen Ausgabe der Grimmschen Märchen, die von Edgar Taylor 1869 verlegt wurde. Ruskin, der wie bereits erwähnt die Grimmschen Märchen aus seiner eigenen Kindheit kannte, bezeichnete darin Märchen zunächst als nicht besonders bemerkenswerte Erzählungen. Ihr Vorzug bestünde darin, dass sie von Fehlern frei wären (Ruskin, Library Edition Bd.19, S.233). Allerdings hatte Ruskin Schwierigkeiten, die Fehler, die seiner Ansicht nach in kurz zuvor veröffentlichten anderen Erzählungen für Kinder auftraten, zu bestimmen. Seiner Meinung nach war es wichtig, dass die Kinder durch die Märchen etwas lernen. Die Kinder sollten aber auch von den Geschichten unterhalten werden. Sie sollten lachen, aber niemals über die Schwächen anderer. Sie sollten sich durch die Geschichten mit dem Charakter anderer Menschen beschäftigen. Von den Erzählungen sollten sie lernen, immer Gutes zu tun und nicht zu lügen. Außerdem sollten die Erzählungen leisten, dass die Kinder für falsches Verhalten sensibilisiert werden. Die Kinder sollten lernen bescheiden zu sein, um so die Fähigkeit zu entwickeln, selbständig moralisches Verhalten beurteilen zu können (Ruskin, Library Edition Bd.19, S.234). Gemäß Ruskins Vorstellungen sollten Eltern ihre Kinder so erziehen, dass die Kinder sich bei ihrem eigenen Handeln nicht zwischen Gut und Böse entscheiden müssen, sondern dass sie überhaupt nicht fähig sind, etwas Böses zu tun (Ruskin, Library Edition Bd.19, S.235). Kinder, die so erzogen werden, brauchen nach Ruskins Ansicht eigentlich gar keine Märchen für ihre Erziehung. Sie können aber trotzdem von solchen Erzählungen profitieren (Ruskin, Library Edition Bd.19, S.235-236). Darüber hinaus vertrat Ruskin die Auffassung, dass Märchen, die einen Rest an wahrem historischem Wert besitzen, d.h. in der Kultur eines Volkes verankert sind, es wert sind, weitergetragen zu werden. Für solche Erzählungen ist auch von Bedeutung, dass sie eine vollständig abgeschlossene Handlung haben, damit die kleinen

---

89 John Ruskin, "Fairy Stories", Library Edition Bd.19, S.233-239.

Leser nicht unnötig irritiert werden. Sie sollen die Geschichten so lesen, als ob sie der Wirklichkeit entsprächen, um so ihre Fähigkeit zu schulen, die Wirklichkeit wahrzunehmen (Ruskin, Library Edition Bd.19, S.237).

Ruskin erwartete sehr viel von einem gut geschriebenen Märchen. Sehr viel dafür, dass er den Standpunkt vertrat, dass gut erzogene Kinder eigentlich gar keine Märchen benötigen. Diese etwas widersprüchliche Haltung gegenüber Märchen erklärt sich aus seiner eigenen Kindheit. Ruskin kannte Märchen, u.a. die der Gebrüder Grimm, auch gehörten beispielsweise Romane von Sir Walter Scott, *Robinson Crusoe* und *The Pilgrim's Progress,* zu seiner Lektüre als Heranwachsender.[90] Doch ein großer Teil seiner frühen Kindheit war durch die sehr religiöse Mutter geprägt, die mit ihm täglich die Bibel las, womit der Schwerpunkt von Ruskins Erziehung durch seine Mutter eindeutig auf dem Studium der Bibel lag. In diesem Sinne ist Ruskins Aussage zu verstehen, dass gut erzogene Kinder gar keine Märchen brauchen, da sie bereits durch ein genaues Bibelstudium lernen, Gut und Böse auseinander zu halten und richtig zu bewerten.

Wenn nun Kinder Märchen lesen, dann sollen diese auch eine ganz klare moralische Botschaft enthalten. In Kapitel 2 haben wir gesehen, dass Petzold ein Merkmal von Märchen, Volks- wie Kunstmärchen, darin sieht, dass das in ihnen enthaltene Weltbild eindeutig zwischen Gut und Böse trennt und generell religiös gefärbt ist (Petzold, 1981, S.18). Gerade diese Eigenschaft bietet einem Schriftsteller die Möglichkeit, in einem Kunstmärchen religiöse Werte zu vermitteln. Ruskins Forderung nach der Zweckorientierung märchenhafter Erzählungen auf die Vermittlung von christlichen Werten erinnert auch an die Haltung Lockes in Bezug auf den Nutzen von Lektüre für Kinder. So können Ruskins Haltung und seine eigenen Kindheitserfahrungen als beispielhaft für die durch den Puritanismus geprägte Tendenz im 19. Jahrhundert gelten, von Kinder- und Jugendliteratur einen moralischen Nutzen zu fordern.

4.4. Moralische Werte in *The King of the Golden River*

Ruskin entwirft am Anfang seines Kunstmärchens ein Bild der beiden Brüder Schwartz und Hans als Ausbeuter und Menschen von schlechtem Charakter. Die Brüder sind zwar erfolgreiche Geschäftsleute, aber der Erfolg stellt sich zum Nachteil der anderen Menschen, ebenso wie auf Kosten der Natur ein. Ihre Arbeitsmethoden werden wie folgt beschrieben:

---

90 John Ruskin, Praeterita, Library Edition Bd.35, S.13 und S.74-75.

They lived by farming the Treasure Valley, and very good farmers they were. They killed everything that did not pay for its eating. They shot the blackbirds, because they pecked the fruit; and killed the hedgehogs, lest they should suck the cows; they poisoned the crickets for eating the crumbs in the kitchen; and smothered the cicadas, which used to sing all the summer in the lime trees. They worked their servants without any wages, till they would not work any more, and then quarelled with them, and turned them out of doors without paying them. It would have been very odd, if with such a farm, and such a system of farming, they hadn't got very rich; and very rich they *did* get. They generally contrived to keep their corn by them till it was very dear, and then sell it for twice its value; they had heaps of gold lying about their floors, yet it was never known that they had given a penny or a crust in charity; they never went to mass; grumbeled perpetually at paying tithes; and were, in a word, of so cruel and grinding a temper, as to receive from all those with whom they had any dealings, the nick-name of the "Black Brothers". (Ruskin, Library Edition Bd.1, S.314-315).

Die beiden Brüder haben nur die Vermehrung ihres Reichtums im Sinn. Alle anderen Lebewesen werden diesem Zweck untergeordnet und auf nichts und niemanden wird Rücksicht genommen. Die Natur, wie auch die Arbeiter, werden nur nach ihren Funktionen beurteilt. Die Brüder schädigen mit ihrer Art die Farm zu bewirtschaften alle anderen. Die Brüder gehen auch nicht zur Messe und so fehlt ihnen die christliche Moral als Grundlage für ihr Verhalten.

Genau diese christliche Moral wird in *The King of the Golden River* von Gluck verkörpert. Gluck ist ehrlich, zuverlässig, arbeitet hart, hat Mitleid mit anderen Lebewesen und verhält sich sogar seinen Brüdern gegenüber loyal. All diese Werte entsprechen den christlichen Moralvorstellungen der aufstrebenden Mittelschichten im 19. Jahrhundert. Gluck hat mit diesen Werten, für die er steht, am Ende der Geschichte auch in wirtschaftlicher Hinsicht Erfolg. Seine Brüder dagegen symbolisieren einen Unternehmertyp, der seine Arbeiter ausbeutet und nur die Vermehrung seines eigenen Profits zum Ziel hat. Das Verantwortungsbewusstsein gegenüber den Mitmenschen, das aus der führenden Rolle als Unternehmer in der Gesellschaft resultieren kann, wird von diesem Typ Mensch nicht in Betracht gezogen.

Dieser Gegensatz zweier unterschiedlicher Führungspersönlichkeiten, den Ruskin in *The King of the Golden River* anhand der drei Brüder skizziert, wird später in seiner Essaysammlung *Unto This Last*, die 1860 erschien, deutlicher ausgeführt. Ruskins Ideal einer Gesellschaft besitzt eine Führungsschicht, die

die anderen Mitglieder der Gesellschaft leitet und ihnen gleichzeitig ein Vorbild ist. Ein Unternehmer sollte demnach nicht ausschließlich von seinem Gewinninteresse geleitet werden. Seine Position fordert von ihm auch die Übernahme einer sozialen Verantwortung. Das Verhältnis zu seinen Arbeitern sollte nicht durch Ausbeutung gekennzeichnet sein. Es sollte ein paternalistisches sein: der Arbeitgeber übernimmt die Führung, aber auch die Verantwortung für seine Arbeiter.[91]

In dieser Essaysammlung widmet sich Ruskin nicht nur dem Verhältnis von Arbeitgebern und Arbeitnehmern, sondern auch dem Thema Reichtum und dessen Wirkung in der Gesellschaft. Auch dieses Thema wird in *The King of the Golden River* angesprochen. Die Brüder sind am Anfang des Märchens reich, aber geizig und möchten ihren Besitz mit niemandem teilen. Für ihre Habgier müssen sie am Ende sogar mit ihrem Leben bezahlen. Gluck dagegen erlangt durch sein soziales Verhalten am Ende des Märchens Wohlstand. Sein Tal ist wieder fruchtbar und durch seine eigene Arbeit kann er wieder reich werden. Er muss also seinen Reichtum selbst erarbeiten und teilt diesen mit denen, die weniger besitzen als er.

In dem zweiten Essay von *Unto This Last* widmet sich Ruskin dem Themenkomplex der Auswirkungen von Reichtum auf die Gesellschaft. Wenn jemand *reich* ist, besitzt er *mehr* als andere und dies schafft Ungleichheit zwischen den Menschen. Ruskins Ansicht nach kann diese Ungleichheit, abstrakt betrachtet, sowohl Vorteile als auch Nachteile für die Gesellschaft haben. Entscheidend ist für ihn, wie eine Person zu Reichtum kommt und zu welchem Zweck der Reichtum genutzt wird.[92] Durch das Kontrastieren der beiden Brüder Schwartz und Hans als negative Beispiele auf der einen Seite und Gluck als verantwortungsbewusste, wohlhabende Persönlichkeit auf der anderen Seite, greift Ruskin bereits zwanzig Jahre vor der Veröffentlichung von *Unto This Last* in seinem Kunstmärchen diese Problematik auf.

Ruskin vertritt den Standpunkt, dass es nicht unmoralisch ist viel zu besitzen, wenn man seinen Wohlstand durch eigene Arbeit verdient, ohne andere auszubeuten. Die Spannungen, die aufgrund der ungleichen Verteilung von Reichtum und Besitz zwischen den einzelnen Gesellschaftsschichten bestehen, werden im 19. Jahrhundert immer stärker. Ruskin, der das Ideal für die Architektur in der Gotik sah, glaubt, dass früher das Verhältnis des Arbeiters,

---

91 Siehe hierzu: John Ruskin, "The Roots of Honour" in: Unto This Last, Library Edition Bd.17, S.25-42.

92 Siehe hierzu: John Ruskin, "The Veins of Wealth" in: Unto This Last, Library Edition Bd.17, S.43-56.

bzw. Handwerkers zu seiner Arbeit ausgeglichener war. Eine wachsende Diskrepanz zwischen Arm und Reich entsteht für Ruskin, ähnlich wie für Carlyle, durch die Industrialisierung und deren negativen Folgen für die Arbeitswelt. Die Lage der unteren Schichten hat sich drastisch verschlechtert und daher rührt auch ihre Unzufriedenheit. 1851 bis 1853 erscheint in mehreren Bänden Ruskins Werk *The Stones of Venice*, in dem er sich hauptsächlich der Architektur Venedigs widmet. Allerdings beschreibt Ruskin im zweiten Band in dem Kapitel *On the Nature of Gothic* das Verhältnis der ärmeren und der wohlhabenderen Bevölkerung wie folgt:

> It is verily this degradation of the operative into a machine, which, more than any other evil of the times, is leading the mass of the nations everywhere into vain, incoherent, destructive struggling for a freedom of which they cannot explain the nature of themselves. Their universal outcry against wealth, and against nobility, is not forced from them by the pressure of famine, or the sting of mortified pride. These do much, and have done much in all ages; but the foundations of society were never yet shaken as they are at this day. It is not that men are ill fed, but that they have no pleasure in their work by which they make their bred, and therefore look to wealth as the only means of pleasure. It is not that men are pained by the scorn of the upper classes, but they cannot endure their own; for they feel that the kind of labour to which they are condemned is a verily degrading one, and makes less than men. Never had the upper classes so much sympathy with the lower, or charity for them, as they have at this day, and yet never were they so much hated by them: for, of old, the separation between the noble and the poor was merely a wall built by law; now it is a veritable difference in level of standing, a precipice between upper and lower grounds in the field of humanity, and there is pestilential air at the bottom of it.[93]

Ruskin sieht demnach die Gründe für die Unzufriedenheit der unteren Schichten nicht ausschließlich in den äußeren Lebensbedingungen, sondern vielmehr in ihrem Selbstverständnis. Das Problem seiner Zeit besteht darin, dass es für viele Teile der Gesellschaft nicht möglich ist, einen Platz in ihr zu finden, der sie zufrieden macht. In *The King of the Golden River* wird am Ende ein Zustand erreicht, der für Gluck und seine Mitmenschen ideal ist. Glucks Verhalten, das auf einer christlichen Ethik beruht, ist der Grund dafür, dass er die richtige Rolle in der Gesellschaft einnehmen kann, wovon dann auch andere profitieren.

---

93   John Ruskin, The Stones of Venice, Library Edition Bd.10, S.194.

4.5. Erziehung als Grundlage für eine ideale Gesellschaft

Die ideale Gesellschaft, so wie sie Ruskin in *The King of the Golden River* entwarf, braucht führende Persönlichkeiten wie Gluck, damit alle Menschen zufrieden sind. Die Frage stellte sich nun für Ruskin, wie erreicht werden kann, dass sich die Menschen entsprechend verhalten und sich an den von ihm befürworteten Werten orientieren. Ruskin sah hier wie viele seiner Zeitgenossen einen Ansatzpunkt in der Erziehung. Vermutlich 1852 veröffentlichte er einen kurzen Essay als Anhang zum dritten Band von *The Stones of Venice*, der dem Thema der modernen Erziehung gewidmet ist.[94] Die Grundlage dieser kurzen Abhandlung war ein Entwurf Ruskins für einen Brief, den er zusammen mit zwei weiteren Briefen in der *Times* veröffentlichen wollte. Die beiden anderen Briefe, die er 1852 während einer Reise auf dem Kontinent schrieb, behandelten die Frage der Steuern und des Wahlrechts.[95] Ruskins Vater aber verbot ihm, diese Briefe zu veröffentlichen, weil er deren Inhalt für zu gewagt hielt. Ruskin entsprach dem Wunsch seines Vaters.

Zusammenfassend lassen sich Ruskins Ideen hinsichtlich einer modernen Erziehung folgendermaßen darstellen. Ein Mensch sollte, bevor er ins Berufsleben eintritt, auf drei Fragen eine Antwort haben: wer er ist, wohin er geht und was er am besten unter diesen Umständen tut. Damit meint Ruskin, dass er zum einen sich selbst und sein näheres Umfeld kennen sollte. Zum anderen sollte er aber auch die Vorstellungen und Anschauungen von anderen kennen und wissen, welche Fähigkeiten er selbst besitzt, um so seinen Platz in der Gesellschaft zu finden (Ruskin, Library Edition Bd.11, S.258). Einen wichtigen Beitrag zu Erziehung und Bildung leisten nach Ruskins Ansicht die Universitäten, deren Lehre aber überdacht werden sollte. An den Universitäten werden Ruskins Meinung zufolge drei Dinge vernachlässigt: erstens die Lehre der Naturgeschichte. Zweitens wird nur Theologie, nicht aber Religion, der wahre Glaube an Gott, gelehrt. Und drittens wird Politik, von Ruskin als die Wissenschaft der Beziehungen und Pflichten der Menschen untereinander verstanden, nicht ausreichend unterrichtet (Ruskin, Library Edition Bd.11, S.259-260).

Das Bildungsziel im Sinne Ruskins ist, dass ein Mensch seine Aufgabe innerhalb der Gesellschaft erfüllen kann und dabei glücklich ist. Es geht nicht darum Wissen anzuhäufen, sondern es sollen bestimmte Fähigkeiten durch die Erziehung gefördert werden, die sowohl für den Einzelnen als auch für die Gesellschaft von Nutzen sind. Ruskin entfernt sich hier von dem klassischen

---

94 John Ruskin, "Modern Education", Library Edition Bd.11, S.258-263.

95 John Ruskin, "Taxation, and Principally Bread Tax" (9.März 1852) und "Election" (11. März 1852), Library Edition Bd.12, S.593-603.

Bildungsideal und bezeichnet denjenigen als gebildet, der für die Gemeinschaft effektiv ist:

> (...) the main thing to be understood is, that a man is not educated, in any sense whatsoever, because he can read Latin, or write English, or can behave well in a drawing-room; but that he is only educated if he is happy, busy, beneficient and effective in the world (Ruskin, Library Edition Bd.11, S.263)

So betrachtet fordert Ruskin Bildung für alle, aber nicht für alle die gleiche Bildung. Jeder Mensch hat eine bestimmte Position und damit eine bestimmte Funktion in der Gesellschaft zu erfüllen. Erziehung und Bildung sollen jeden Mensch entsprechend seiner Fähigkeiten darauf vorbereiten. Wichtig dabei ist auch, dass sich Erziehung und Bildung an christlichen Werten orientieren sollen. Eine so geformte Gesellschaft bietet jedem einen Platz und soziale Ungerechtigkeiten werden durch ein Verhalten ausgeglichen, das auf christlicher Nächstenliebe basiert. Gluck dient hier als Ideal: sein Verhalten ist effektiv für die Gemeinschaft. Er hilft Menschen und Tieren in Not, teilt seinen Wohlstand mit ärmeren Menschen und verhält sich sogar gegenüber seinen Brüdern loyal. Gluck ist das Idealbeispiel für ein Mitglied der Gesellschaft, das seine Aufgabe in der Gemeinschaft erfüllt und somit auch als gebildet im Sinne Ruskins bezeichnet werden kann.

4.6. Eine wichtige Fähigkeit: Sehen

Bei der Analyse von *The King of the Golden River* darf man nicht außer Acht lassen, dass Ruskin seine Karriere als Kunst- und Architekturkritiker begann. Für ihn ist das Sehen von entscheidender Bedeutung. Das genaue Betrachten von Bildern oder die genaue Beobachtung der Natur können seiner Ansicht nach den menschlichen Geist schulen. Dies trägt dazu bei, dass der Mensch in der Lage ist, seine persönlichen Fähigkeiten zu entwickeln, die er für die Erfüllung seiner Aufgabe in der Gesellschaft benötigt. Dahinter verbirgt sich die Idee, dass das Betrachten schöner Dinge positive Gedanken unterstützt und den Menschen davon abhält, schlechte Eigenschaften zu entwickeln. Ein *guter* Menschen kann Schönheit wahrnehmen und muss dazu in der Lage sein, *richtig* sehen zu können.

Dieser Gedanke findet sich auch in *The King of the Golden River*. Ganz in der traditionellen Gestaltung von Märchenfiguren werden die Bösen, Schwartz und Hans, als hässlich, Gluck dagegen als hübsch beschrieben. Bei der kurzen Beschreibung des Äußeren der beiden Brüder fällt die Darstellung der Augen auf:

> Schwartz and Hans, the two elder brothers, were ugly men, with overhanging eyebrows and small dull eyes, which were always half shut, so that you couldn't see into *them*, and always fancied they saw very far into *you*. (Ruskin, Library Edition Bd.1, S.314).

Die trüben Augen der Brüder sind immer halb geschlossen, so dass man nicht in sie hineinsehen kann. Man sieht nie in das Innere der Brüder und so öffnen auch sie sich nicht gegenüber anderen Menschen oder schönen Dingen. Sie scheinen mit ihren Blicken andere zu durchbohren, wenn sie jemanden ansehen. Ihr schlechter Charakter und die Unfähigkeit, mit anderen Menschen oder Lebewesen umzugehen, werden durch diese Beschreibung der Augen klar ausgedrückt. Solche Augen, die für den Betrachter undurchdringlich erscheinen, verweisen auf ein verschlossenes Inneres. Die Brüder haben kein Mitgefühl mit anderen Menschen oder Lebewesen. Gluck dagegen nimmt seine Umgebung wahr und bemerkt auch bewusst die Schönheit der Natur. So zum Beispiel als er seinen geliebten Goldbecher einschmelzen muss. Gluck setzt sich ans Fenster, betrachtet den Sonnenuntergang in der idyllischen Berglandschaft und entflieht so der Wärme des Schmelzofens und seiner Traurigkeit über den Verlust seines Bechers (Ruskin, Library Edition Bd.1, S.327). Das Betrachten der Natur und das Erkennen ihrer Schönheit bilden einen Ausgleich zur Niedergeschlagenheit Glucks.

Diesen Ansatz, dass das Betrachten schöner Dinge, bzw. der Natur, für die Bildung jedes Menschen eine Rolle spielt, setzte Ruskin auch in die Praxis um. Er erteilte am Working Men's College von 1854 bis 1858 und im Frühjahr 1860 Zeichenunterricht. Es ging ihm darum, dass die Teilnehmer seiner Kurse lernen, Freude daran zu haben, Objekte genau zu betrachten, um diese dann zu zeichnen.[96] Der Fähigkeit richtig zu sehen maß Ruskin eine entscheidende Bedeutung für alle Lebensbereiche bei. Im dritten Band von *Modern Painters* formulierte er dies folgendermaßen:

> The greatest thing a human soul ever does in this world is to see something, and tell what it saw in a plain way. Hundreds of people can talk for one who can think, but thousands can think for one who can see. To see clearly is poetry, prophecy and religion all in one. (Ruskin, Library Edition Bd.10, S.333)

Bilder sind ein wichtiger Bestandteil des Lebens. In dem Abschnitt über die Entwicklung der Kinder- und Jugendliteratur habe ich bereits auf die Entwicklung der Illustration von Büchern hingewiesen. Auch *The King of the*

---

96 Tim Hilton, John Ruskin: The Early Years 1819-1859 (New Haven und London: Yale University Press, 1985) S.203-204.

Golden River erschien 1851 mit Illustrationen von Richard Doyle, die den Inhalt der Geschichte in kunstvoller Weise widerspiegeln. 1883 hielt Ruskin insgesamt sechs Vorlesungen in Oxford, die später unter dem Titel *The Art of England* (1884) veröffentlicht wurden. Eine der Vorlesungen trug den Titel *Fairy Land: Mrs Allingham and Kate Greenaway*.[97] Darin wurde die Entwicklung, dass sich zunehmend mehr Illustrationen in Kinderbücher fanden und Bilder ein fester Bestandteil der Erziehung wurden, von Ruskin uneingeschränkt begrüßt:

> It is only in recent times that pictures have become familiar means of household pleasure and education: only in our own days - nay, even within the last ten years of those - that the means of illustration by colour-painting have been brought to perfection, and art as exquisite as we need desire it so, within the command of every nursery governess. (Ruskin, Library Edition Bd.33, S.327)

Daraus geht hervor, dass Ruskin die Natur und Kunst als Schulungsmöglichkeiten für den menschlichen Geist sah. Das genaue Betrachten von Gegenständen und Kunstwerken oder das Studium der Natur konnten seiner Meinung nach dazu beitragen, dass der Mensch seine geistigen Fähigkeiten ganz allgemein entwickeln konnte. So war es für Ruskin wichtig, dass Geschichten für Kinder eine moralische Botschaft haben, christliche Werte vermitteln und dass dies durch gelungene Illustrationen unterstützt wird. Dies alles hat er in *The King of the Golden River* umgesetzt.

4.7. Gesellschaftskritik in *The King of the Golden River*

Aus heutiger Sicht ist *The King of the Golden River* ein Kunstmärchen, das durch seine Figuren und seinen Handlungsaufbau stark an die Grimmschen Märchen erinnert. Das Wertesystem, das der Erzählung zugrunde liegt, ist von einer christlichen und bürgerlichen Moral geprägt. Soweit bietet *The King of the Golden River* keine Überraschungen und man kann es zu den Klassikern der englischsprachigen Kinderliteratur rechnen. Betrachtet man aber *The King of the Golden River* in Zusammenhang mit Ruskins Gesamtwerk, so ist erstaunlich, dass dieses Kunstmärchen vom Autor selbst rückblickend als unbedeutend bezeichnet wurde, obwohl es sehr erfolgreich war. Es war die einzige Erzählung, die Ruskin für Kinder schrieb. Da er sich in seinem übrigen Werk der Gesellschafts- und Kunstkritik widmete, betrachtete er wohl seinen Beitrag zur Kinderliteratur des 19. Jahrhunderts als literarisch von geringerem Wert.

---

97 Zu Kate Greenaway siehe auch: Darton, (1932) 1982, S.277-280.

Meiner Meinung nach nimmt *The King of the Golden River* einen besonderen Platz in der Literaturgeschichte der Kinder- und Jugendliteratur ein, da es am Anfang einer englischsprachigen Kunstmärchentradition steht. In Ruskins Werk nimmt es einen relevanten Platz ein, da sich in diesem Kunstmärchen bereits die Grundzüge von Ruskins Gesellschaftskritik finden. Der Ausgangspunkt für Ruskins Kunst- und Gesellschaftskritik ist der Mensch in seinem Umfeld. Als Maßstab zählen für Ruskin die Schönheit der Dinge und die Erfüllung einer Funktion, die der Mensch, aber auch ein Kunstwerk oder Architektur haben. Auch hier macht sich wieder das Erbe des puritanischen Gedankengutes von Ruskins Eltern bemerkbar: Ruskin widmet sich in seinen kritischen Betrachtungen zwar der Schönheit der Kunst und Architektur, verbindet dies aber immer mit der Frage nach deren Zweck und Nutzen für den Menschen. In seiner Gesellschaftskritik führt er dann diesen Gedanken weiter. Die Frage nach der Rolle, die der Einzelne in der Gesellschaft spielt, wird immer im Hinblick auf den Nutzen für die gesamte Gesellschaft gesehen.

Raymond Williams, der bereits in der Einleitung zitiert wurde, sieht die Basis für Ruskins Kunst- und Gesellschaftskritik in der Unterscheidung von *vital beauty* und *typical beauty*. Die *typical beauty* dient als Maßstab in der Kunst, die *vital beauty* als Maßstab für die glückliche Erfüllung einer Funktion im Leben. Williams Ansicht nach ist die Idee der Schönheit bei Ruskin gleichzusetzen mit dem Begriff der Wahrheit und beruht hauptsächlich auf dem Glauben an ein Universum von göttlich gesetzter Ordnung. So sind Ruskins Kunst- und Gesellschaftskritik verschiedene Ausprägungen einer fundamentalen Überzeugung (Williams, 1958, S.135 ff).

Die Unterscheidung der *vital* und *typical beauty* wird von Ruskin im zweiten Band der *Modern Painters* (1846) wie folgt formuliert:

> By the term Beauty, then, properly are signified two things. First, that external quality of bodies already so often spoken of, and which, whether it occur in a stone, flower, beast or in man, is absolutely identical, which as I have already asserted, may be shown to be in some sort typical of the Divine attributes, and which therefore I shall, for distinction's sake, call Typical Beauty: and, secondarily, the appereance of felicitous fulfilment of function in living things, more especially of the joyful and right exertion of perfect life in man; and this kind of beauty I shall call Vital Beauty. (Ruskin, Library Edition Bd.4, S.64)

Für Ruskin besteht ein enger Zusammenhang zwischen den äußeren Gegebenheiten und dem Inneren des Menschen. Die Natur bietet bereits die Schönheit, die von Gott geschaffen wurde und Glucks Bewusstsein für die Schönheit der

Berglandschaft in *The King of the Golden River* ist ein Beispiel für diesen Aspekt von Ruskins Denkmodell. In einer Industriegesellschaft muss der Mensch dafür sorgen, dass die Ausgeglichenheit und Schönheit, die Gott in der Natur geschaffen hat, bestehen kann. Jedes Lebewesen muss eine Funktion erfüllen und dabei glücklich sein. Gluck gibt für diese Lebenseinstellung in *The King of the Golden River* ein Beispiel.

Warum aber begann Ruskin seine Gesellschaftskritik mit der Veröffentlichung von *The King of the Golden River*? Durch die bereits dargestellte Entwicklung des Kunstmärchens in Großbritannien im 19. Jahrhundert hatte Ruskin wahrscheinlich den Vorteil erkannt, den ihm diese literarische Gattung bot. Die vordergründige Zielgruppe waren Kinder. Kinder aber interessieren sich noch nicht für Gesellschaftskritik. Für sie war *The King of the Golden River* die Erfolgsgeschichte von Gluck, mit dem sie sich, da er auch noch ein Kind ist, mühelos identifizieren konnten. Darüber hinaus konnte er für sie als moralisches Vorbild dienen. Für Erwachsene war Gluck hinsichtlich zwischenmenschlichen Verhaltens auch ein Vorbild, aber der erwachsene Leser konnte in *The King of the Golden River* noch mehr entdecken.

Die Darstellung der Brüder zu Beginn des Kunstmärchens ist ein Hinweis auf die durch die Industrialisierung hervorgerufene Ausbeutung menschlicher Arbeitskraft und der Natur, die durch die rein profitorientierte Vorgehensweise der Brüder unmenschliche Formen annimmt. Als Gegenstück dazu dient Gluck. Sein Verhalten zeigt deutlich, wie man mit seinem Besitz verantwortungsbewusst umgeht, damit letzten Endes die gesamte Gesellschaft davon profitiert. Der Vorteil für Ruskin bei der Äußerung dieser Gedanken ist, dass er seine Kritik in dem Kunstmärchen hinter der Kindererzählung verstecken kann. In *The King of the Golden River* gibt es keine Orts- oder Zeitangaben, aber dennoch kann man durch das Verhalten der Brüder Parallelen zu den damals aktuellen Problemen der britischen Gesellschaft Mitte des 19. Jahrhunderts ziehen.

Der Entschluss Ruskins, die Grundzüge seiner Gesellschaftskritik zunächst in einem Kunstmärchen zu veröffentlichen, zeigt, dass Ruskin zu diesem Zeitpunkt noch nicht über genügend Selbstvertrauen verfügte, um seine Gesellschaftskritik direkt zu formulieren. Als Kunst- und Architekturkritiker hatte er bereits Erfolg und in seinen Werken fanden sich auch immer kürzere Verweise auf das Verhältnis des Handwerkers zu seiner Arbeit oder die Rolle des Künstlers in der Gesellschaft. Aber erst nach *The King of the Golden River* erschienen die Essays, die sich ausschließlich mit gesellschaftlichen und politischen Fragen auseinandersetzten. Zweifellos spielte auch Ruskins Verhältnis zu seinem Vater eine Rolle. Wie bereits erwähnt wurde, verbot ihm sein Vater noch 1852, die drei Briefe in der *Times* zu veröffentlichen, die zu damals aktuellen Themen eine radikale Position einnahmen. In seinem Kunstmärchen dagegen konnte er die Ansätze seiner Gesellschaftskritik äußern, ohne für seinen Vater oder andere eine Angriffsfläche zu bieten.

Möchte man Ruskin politisch einordnen, so ist dies nicht ganz einfach. Er selbst bezeichnete sich als einen "Tory of the old school".[98] Dies trifft zweifellos in der Hinsicht zu, dass Ruskin keine extremen Reformen forderte. Er verfolgte nicht die Absicht, die Gesellschaftsstruktur mit ihren unterschiedlichen Schichten abzuschaffen. Darüber hinaus sprach er sich für den Erhalt christlicher Werte aus. Aber Ruskin besaß die Fähigkeit, aus dem Blick in die Vergangenheit, in der er seine Ideale für Kunst, Architektur und menschliches Zusammenleben in einer Gesellschaft fand, die Verbindung zur Gegenwart in einer innovativen Weise zu schaffen. Die Integration des Kunstbegriffes in die Gesellschaft, eine Aufwertung der Ästhetik, die Forderung nach umfassender Bildung für alle sind hier nur einige Beispiele für die Anregungen, die von Ruskin ausgingen.[99] Bei all dieser Vielfalt der Themen stand immer der Mensch im Mittelpunkt von Ruskins Überlegungen. Der Idealmensch, den die zeitgenössische Gesellschaft benötigte, hatte Ruskin bereits in *The King of the Golden River* mit der Figur Gluck entworfen.

Wie eingangs bereits erwähnt, stellt *The King of the Golden River* nur einen kleinen Teil von Ruskins Gesamtwerk dar. Aber es ist sicherlich eines der Werke Ruskins, das auch heute noch im Ganzen gelesen wird. Ruskins Prosa stellt für den heutigen Leser eine Herausforderung dar, da sein Stil für heutige Lesegewohnheiten oft überladen wirkt. Dennoch ist die Wirkung von Ruskins Kunst- und Gesellschaftskritik nicht zu unterschätzen und findet sich in vielfältigen Ausprägungen bis ins 20. Jahrhundert wieder.

Einen knappen, aber sehr anschaulichen Überblick gibt der Artikel Günter Metkens,[100] der zum hundertjährigen Todestag Ruskins in der Frankfurter Allgemeinen Zeitung erschienen ist. Ein wichtiger Aspekt von Ruskins Wirken, auf den Metken verweist, ist, dass Ruskin sich nie der Theorie allein verschrieb und in seinen Schriften immer wieder konkrete Appelle an seine Zeit-

---

98   John Ruskin, Praeterita, Library Edition Bd.35, S.5.

99   So vertrat Ruskin beispielsweise auch die aus heutiger Sicht noch aktuelle Auffassung, dass man durch Erziehung Kriminalität vorbeugen kann. Siehe: John Ruskin, Time and Tide, Letter XV, Library Edition Bd.17, S.392-393.

100   Günter Metken, "Kunst und Lebenskunst: Das Gewissen des neunzehnten Jahrhunderts: John Ruskin, Ästhet und Moralprediger" in: Frankfurter Allgemeine Zeitung, 15. Januar 2000, Nummer 12.

genossen richtete. Seine Kunst- und Architekturkritik ging somit über die eigentlichen Themenbereiche hinaus und betraf die Gesellschaft allgemein. So formuliert Metken die Wirkung Ruskins wie folgt:

> Ruskin mutiert zum Moralprediger des Kapitalismus, in dem Tolstoi, Shaw und Gandhi, um nur diese drei zu nennen, ihr Vorbild und einen der größten Sozialreformer aller Zeiten gesehen haben. So wie viele ihn heute als ersten Umweltschützer verstehen, der schon das beginnende Baumsterben und die Verfälschung der Nahrungsmittel anprangerte und für die Erhaltung natürlicher Daseinsräume und des geschichtlich Gewachsenen eintrat. Aus einem Leben für die Kunst wurde ein fanatischer Einsatz für Lebenskunst. (Metken, FAZ, 2000)

In dieser Weise reicht Ruskins Einfluss auch in der Architektur bis zum organischen Bauen von Frank Lloyd Wright und dem Bauhausmanifest (Metken, FAZ, 2000). Das Entscheidende bei Ruskin besteht darin, dass er, gleich welchem Thema er sich widmete, immer die Ganzheitlichkeit im Blickfeld hatte. Er versuchte in den verschieden Bereichen, denen er sich kritisch widmete, eine Einheit herzustellen. In der Architektur betrifft dies den

Zweck und die Schönheit des Bauwerkes, in handwerklichen Arbeiten die Einheit des Handwerkers und seines Objekts und im Falle der Gesellschaft die Einheit des Individuums mit der gesamten gesellschaftlichen Struktur. Ruskin sah im 19. Jahrhundert die Einheit des Menschen mit der Natur sowie die Einheit des Individuums mit der Gemeinschaft bedroht. Ruskin erkannte, dass die traditionellen Werte und gesellschaftlichen Strukturen keine für jede zufriedenstellende Lebensform ermöglichten. Durch die Verbindung der unterschiedlichen Teilbereiche des Lebens, die er alle nach den grundlegenden Kriterien von Schönheit und Wahrheit beurteilte, die sich wiederum an christlichen Grundwerten ausrichteten, wollte er der zeitgenössischen Gesellschaft neue, zeitgemäße Richtlinien bieten, an denen sich jeder aus den unterschiedlichen Gesellschaftsschichten orientieren konnte.

5. Charles Kingsley: *The Water - Babies*

Der zweite Autor, der in dieser Arbeit betrachtet werden soll, ist Charles Kingsley. Nach einigen kurzen biographischen Angaben steht Kingsleys Kunstmärchen *The Water - Babies* im Mittelpunkt des Interesses. Es ist nicht die einzige Erzählung, die Kingsley für Kinder geschrieben hat. 1856 erschien beispielsweise *The Heroes*, ein Buch für Kinder, in dem Kingsley einige griechische Mythen nacherzählt. *The Water - Babies* jedoch enthält viele Kritikpunkte an der viktorianischen Gesellschaft und ist deshalb für diese Untersuchung besonders gut geeignet.

5.1. Charles Kingsley: ein biographischer Überblick

Charles Kingsley wurde 1819 in Devonshire geboren und starb 1875. 1836 ging Kingsleys Familie nach London, wo Kingsley das King's College besuchte. 1838 nahm er sein Studium am Magdalene's College in Cambridge auf, das er 1842 abschloß. Seine berufliche Laufbahn begann er als Pfarrer in Eversley. Einschneidende Erlebnisse waren für Kingsley das Miterleben der Aufstände in Bristol 1831[101] und die Aufstände des *Chartist Movement* 1848 in London. Diese Erfahrungen lösten bei Kingsley trotz seiner Sympathien für die unteren Schichten eine skeptische Haltung hinsichtlich Demokratie und einem möglichen politischen Mitspracherecht der Massen aus. Durch diese Erlebnisse und seine Tätigkeit als Pfarrer kannte Kingsley die Probleme und Notlage der unteren Schichten aus eigener Erfahrung. Kingsley setzte sich Zeit seines Lebens für die Belange der unteren Schichten ein. In Artikeln, Predigten und Essays formulierte er immer wieder seine Ansichten zu den sozialen Problemen seiner Zeit und wurde nicht müde, auf die Bedeutung des christlichen Glaubens für den Menschen hinzuweisen.[102]

Sein Debüt als Romanschriftsteller gab er mit dem Roman *Yeast*, der 1848 als Serienroman im *Frazer's Magazine* erschien und 1850 in Buchform veröffentlicht wurde. Darin schilderte Kingsley die Lage der Landarbeiter. Ebenfalls

---

101 Die Aufstände in Bristol vom 29. - 31. Oktober 1831 waren der Höhepunkt mehrerer Unruhen in verschiedenen Städten Großbritanniens. Auslöser war die Ablehnung der Reform Bill im Oktober 1831 durch das Oberhaus. Die Aufstände in Bristol waren die schlimmsten und lösten in Teilen der Bevölkerung Angst vor einer Revolution aus.

102 Siehe hierzu auch: Fanny Kingsley (Hrsg.), Charles Kingsley: His Letters and Memoirs of his Life (Ed. Leipzig: Bernhard Tauchnitz, 1881): zu den Bristol Aufständen: Bd. 1, S.18. Zum Chartist Movement: Bd.1, S.105-106.

1850 erschien sein zweiter Roman *Alton Lock*, der die Situation der Textilarbeiter in London zum Thema hatte. Darüber hinaus enthielt dieser Roman Kritik an der unzureichenden Kanalisation Londons und beschrieb die Agitationen des *Chartist Movement* in den vierziger Jahren.

Seine theologischen Ansichten standen denen von F. D. Maurice[103] nahe. Maurice und Kingsley gehörten zu der Gruppe der *Christian Socialists*, die aus einer lockeren Verbindung von engagierten Protestanten bestand, die sich für eine praktische Umsetzung des christlichen Glaubens im Alltag aussprachen und sich vor allem für die Belange der unteren Bevölkerungsschichten einsetzten. Kingsley war Herausgeber mehrerer Zeitschriften, unter anderem von *Politics for the People*.

Kingsleys oft provokant geäußerte Meinung, auch hinsichtlich theologischer Fragen, brachte ihm immer wieder öffentliche Kritik ein. So hielt er beispielsweise 1851 in London eine Predigt, in der er die Ansichten der *Christian Socialists* vertrat und die den Titel "The Message of the Church to the Labouring Men" trug. Obwohl der Verantwortliche der Kirche über den Inhalt informiert worden war, wurde Kingsley von ihm später für diese Predigt kritisiert und die Presse griff den Fall auf. Daraufhin sprach der Bischof von London für Kingsley ein Verbot aus, in seiner Diözese zu predigen.[104]

Desgleichen brachte Kingsley die Kritik an der Aufrichtigkeit der katholischen Kirche allgemein, und John Henry Newmans im Besonderen, eine Auseinandersetzung mit Newman ein, die von der Öffentlichkeit mir großem Interesse verfolgt wurde. Newman[105], der als konservativer Anglikaner dem *Oxford*

---

103 Frederick Denison Maurice (1805 - 1872): Mitbegründer der Christian Socialists. Maurice verschrieb sich keiner kirchlichen Richtung. Im 19. Jahrhundert wurden viele dogmatische Fragen zwischen den Anhängern der anglikanischen, nonkonformistischen und katholischen Kirche in Großbritannien diskutiert. Maurice vertrat die Auffassung, dass sich der christliche Glaube nicht dogmatischen Diskussionen unterwerfen sollte, sondern auf Spiritualität und Vitalität beruhe (siehe hierzu: Artikel über Maurice im Dictionary of National Biography).

104 Siehe Eintrag zu Charles Kingsley im Dictionary of National Biography.

105 John Henry Newman (1818 - 1890): anglikanischer Theologe, der 1845 zum katholischen Glauben konvertierte. 1847 wurde Newman Priester und 1879 Kardinal. Newmans Ansicht nach befand sich die anglikanische Kirche auf einem zu liberalen Weg und die wachsende Zahl der nonkonformistischen Gläubigen im 19. Jahrhundert bestärkte ihn in seiner Annahme. In der katholischen Lehre glaubte er der ursprünglichen Lehre der Apostel am nächsten

Movement angehörte und später zum katholischen Glauben konvertierte, wurde von Kingsley der Unaufrichtigkeit bezichtigt. Daraus ergab sich ein Briefwechsel, der veröffentlicht wurde und für viel Aufsehen sorgte. Der Disput fand sein Ende in der autobiographischen Verteidigungsschrift Newmans, *Apologia Pro Vita Sua* (1864), die bis heute zu den interessantesten Autobiographien des 19. Jahrhunderts zählt. Kingsley, der die orthodoxen Ansichten Newmans nicht teilte, ging angeschlagen aus diesem Streit hervor. Diese beiden Beispiele zeigen, wie vehement Kingsley seine Ansichten vertrat. Trotz der öffentlichen Kritik wurde sein Wirken gewürdigt. 1859 wurde er von Queen Victoria zum Hofgeistlichen ernannt und 1873 wurde er Domherr von Westminster.

Kingsley bezog eine liberale Haltung in dogmatischen Fragen und befasste sich mehr mit der praktischen Umsetzung des christlichen Glaubens. Er verstand seine Aufgabe als Pfarrer darin, auf die Menschen zuzugehen. Schon Ende der fünfziger Jahre tauchte der Begriff "muscular christianity" in Zusammenhang mit Kingsley auf. Kingsley selbst mochte diese Bezeichnung nicht besonders.[106] Aber der Begriff beschreibt eigentlich sehr treffend den Kern von Kingsleys theologischen Ansichten: Es ging ihm um die praktische Umsetzung des christlichen Glaubens in allen Bereichen des täglichen Lebens. Der Glaube sollte helfen, Lösungen für die drängenden Probleme der Gesellschaft in einer Zeit des Umbruchs zu finden.

Kingsley konnte sich nicht nur für theologische Fragen begeistern, sondern war darüber hinaus auch an den Naturwissenschaften sehr interessiert. Er war Mitglied der *Geological Society* und unterhielt freundschaftliche Beziehungen zu wissenschaftlichen Größen seiner Zeit wie Darwin und Lyell.[107] Als Historiker war Kingsley neun Jahre lang Professor in Cambridge. Er war ein vielseitig interessierter Mensch, der sich vielen Themen mit Enthusiasmus widmete. Seine Motivation zog er dabei aus seinem christlichen Glauben, der nach Kingsleys Überzeugung für den Menschen die Basis bilden sollte.

---

      zu kommen und vertrat auch innerhalb der katholischen Lehre konservative Ansichten.

106   Robert Bernhard Martin, The Dust of Combat. A Life of Charles Kingsley (London: Faber and Faber, 1959) S.219.

107   Charles Darwin (1809 - 1882), englischer Naturwissenschaftler. Sir Charles Lyell (1797 - 1875), schottischer Geologe.

5.2. The Water - Babies

Diese Vielseitigkeit Kingsleys spiegelt sich auch in *The Water - Babies* wider. Man kann diese Erzählung als ein Märchen mit Feen beschreiben, das die Geschichte des Schornsteinfegerjungen Tom erzählt. Das Schicksal Toms kann als eine Anklage der sozialen Umstände, unter denen Kinder als Schornsteinfeger im 19. Jahrhundert arbeiten mussten, interpretiert werden. Darüber hinaus enthält dieses Kunstmärchen Kritik an der Moral und dem Verhalten der zeitgenössischen Gesellschaft. Auch finden sich Elemente des Abenteuerromans in *The Water - Babies*, da Tom in seinem Leben als Waterbaby mehrere Abenteuer bestehen muss, um am Ende der Geschichte einen gefestigten Charakter zu erlangen. Man kann Kingsleys Kunstmärchen auch als eine Allegorie für die Erlösung der Seele lesen und findet ebenso eine halbwissenschaftliche Darstellung der Unterwasserwelt. Angesichts dieser inhaltlichen Fülle und der Länge der Erzählung[108] stellt sich Petzold zu Recht die Frage nach der Gattungszugehörigkeit dieses Buches. Für Petzold ist entscheidend, dass die Grundhandlung der Erzählung, Toms Leben als Schornsteinfeger, sein Tod und sein Leben als Waterbaby, Ähnlichkeiten mit dem Grundmuster der typischen Märchenhandlung aufweisen. Seiner Meinung nach kann man deshalb *The Water - Babies* zur Gattung der Kunstmärchen zählen (Petzold, 1981, S.140).

Kingsley selbst bezeichnete im Untertitel seine Erzählung als Märchen: *The Water - Babies. A Fairy Tale for a Landbaby*. Er drückte also bereits im Titel aus, dass er seine Erzählung an der Gattung Märchen orientierte. Nicht nur die verschiedenen Feen, auch sprechende Fische und Vögel sowie andere Elemente haben ihren Ursprung im Märchen. Da Kunstmärchen wenig formale Kriterien erfüllen müssen, kann man meiner Ansicht nach *The Water - Babies* trotz seiner Länge und der inhaltlichen Fülle zur Gattung der Kunstmärchen rechnen. Ganz im Sinne Ewers verarbeitete Kingsley in *The Water - Babies* eine bestimmte Klasse von Elementen, die er vor allem aus der Gattung Märchen schöpft.

5.2.1. Die Entstehung von *The Water - Babies*

Die Entstehungsgeschichte von *The Water - Babies* wird von Fanny Kingsley, Charles Kingsleys Ehefrau, in der von ihr geschriebenen Biographie geschil-

---

108 Die in dieser Arbeit verwendete Ausgabe, der die Originalausgabe von 1863 zugrunde liegt, umfasst 202 Seiten. Verwendete Ausgabe: Charles Kingsley, The Water - Babies. A Fairy Tale for a Landbaby. Ed. London: Macmillan, 1904.

dert. Eines Morgens im Frühjahr 1862 bemerkte Kingsley, dass er für seinen jüngsten Sohn Grenville Arthur keine Geschichte geschrieben hatte. Seinen anderen Kindern Rose, Maurice und Mary war das bereits erwähnte Buch *The Heroes* gewidmet. Also stand er vom Frühstückstisch auf, ging in sein Arbeitszimmer und hatte nach einer halben Stunde das erste Kapitel von *The Water - Babies* geschrieben (Fanny Kingsley, 1881, Bd.2, S.96-97). Von August 1862 bis März 1863 erschien das Märchen als Fortsetzungsgeschichte im *Macmillan's Magazine* und im Mai 1863 in Buchform. Die Motivation für Kingsley war demnach, für seinen Sohn eine Geschichte zu schreiben, wobei er sicherlich immer an eine Veröffentlichung des Kunstmärchens gedacht hatte. Zumal es nicht sein erstes Buch war, das er für Kinder schrieb.

In *The Water - Babies* werden viele Themen angeschnitten, aber ein Hauptanliegen Kingsleys war es, seine theologischen Ansichten in Toms Abenteuer zu integrieren. In einem Brief an F. D. Maurice schrieb er:

> (...) I have tried, in all sorts of queer ways, to make children and grown folks understand that there is a quite miraculous and divine element underlying all physical nature; and that nobody knows anything about anything, in the sense in which they may know God in Christ, and right from wrong. And if I have wrapped up my parable in seeming Tom-fooleries, it is because so only could I get the pill swallowed by a generation who are not believing with anything like their whole heart, in the living God. Meanwhile, remember, that the physical science in the book is *not* nonsense, but accurate itself, as far as I dare speak yet. (Fanny Kingsley, 1881, S.97)

Kingsley wollte den vorbehaltlosen Glauben an Gott und die Begeisterung für dessen Schöpfung vermitteln. Die Verpackung in Toms Abenteuer sollte Kinder und Erwachsene gleichermaßen ansprechen. Zusätzlich zu der theologischen Komponente betonte Kingsley, dass er sich bei den naturwissenschaftlichen Darstellungen in seiner Erzählung um Korrektheit bemüht hatte. Er wollte auch Erkenntnisse über die Flora und Fauna in Flusslandschaften und im Meer weitergeben. Bevor die einzelnen Themen von *The Water - Babies* genauer betrachtet werden, soll zunächst eine Zusammenfassung des Inhalts folgen.

5.2.2. Der Inhalt von *The Water - Babies*

Das Kunstmärchen *The Water - Babies* beginnt mit der klassischen Eingangsformel von Märchen "Once upon a time...". Wir erfahren im ersten Paragraph alles über die Ausgangssituation, die dem Muster vieler Volksmärchen folgt und durch eine Notlage gekennzeichnet ist. Die Hauptfigur, ein Junge namens

Tom, arbeitet als Schornsteinfeger in einer Stadt im Norden. Sein Leben ist durch Armut, Hunger und Schmutz gekennzeichnet. Er kann weder lesen noch schreiben. Er kennt Gott nicht und kann keine Gebete sprechen. Sein Meister, Mr. Grimes,[109] verprügelt ihn und Toms Lebensziel ist es, ebenfalls Meister zu werden, Karten zu spielen, einen Hund zu haben und seinerseits wieder Lehrlinge anzustellen, die er verprügeln kann. Eines Tages macht sich Tom mit Mr. Grimes zu dem Landsitz von Sir John, Harthover Place, auf, um dort die Schornsteine zu fegen. Auf ihrem Weg begegnen sie einer geheimnisvollen Irin, die mehr über Mr. Grimes weiß, als ihm lieb ist. Nachdem sie den beiden Folgendes prophezeit hat, verschwindet sie auf mysteriöse Weise: "I have one more word for you both; for you will both see me again before all is over. Those that wish to be clean, clean they will be; and those that wish to be foul, foul they will be. Remember." (8).[110]

In Harthover angekommen macht sich Tom an die Arbeit und landet versehentlich in dem Zimmer der Tochter des Hauses. Tom sieht sich selbst zum ersten Mal in seinem Leben im Spiegel und ist entsetzt über die hässliche, dreckige Gestalt. Als er wieder in den Schornstein steigen möchte, weckt er die schlafende Tochter, Miss Ellie, auf. Sie und das herbeistürzende Kindermädchen halten Tom für einen Dieb und alarmieren durch ihre Schreie das ganze Haus. Tom flüchtet, worauf sämtliche Hausangestellte, Sir John und Mr. Grimes seine Verfolgung aufnehmen. Tom kann entkommen und erreicht völlig erschöpft ein Haus, in dem eine ältere Dame Kinder unterrichtet. Nach anfänglichem Misstrauen gibt die Dame, die, wie sich am Ende des Kunstmärchens herausstellt, die Mutter von Mr. Grimes ist, Tom zu trinken und führt ihn in einen Schuppen, damit er sich dort ausruhen kann. Tom, der Fieber hat, hört Kirchenglocken läuten und träumt von der Irin und Miss Ellie, die ihm beide sagen, wie dreckig er sei. Er hat das Bedürfnis sich zu waschen, geht zum Fluss und ertrinkt. Nun beginnt sein Leben als Waterbaby.

Die Irin ist die Königin der Feen und bereitet diese auf die Ankunft Toms vor. Die Feen sollen Tom beschützen, ohne dass dieser es bemerkt. Tom fühlt sich

---

109   Bei dem Namen Mr. Grimes handelt es sich um einen "telling name", der dem Leser sofort suggeriert, dass es sich bei dieser Figur um einen Bösewicht handelt ("grim" adj. = grimmig, grausam, hart). Auch bei der Namensgebung der Feen verfährt Kingsley nach dieser Methode, die sich nicht ausschließlich in Märchen findet, aber hier sehr beliebt ist.

110   Die Seitenzahlen, die sich auf das Kunstmärchen direkt beziehen, werden im Text in Klammern angegeben. Verwendete Ausgabe: Charles Kingsley, The Water - Babies. A Fairy Tale for a Landbaby. (Ed. London: Macmillan, 1904).

in seiner neuen Umgebung, dem Fluss, sehr wohl. Aber sein schlechter Charakter macht sich immer noch bemerkbar, so dass er andere Lebewesen ärgert. Ein Otter, dem Tom begegnet, erzählt Tom vom Meer und davon, dass bald die Lachse von dort kommen werden. Tom, der keine Freunde hat, weil er alle ärgert, bekommt Sehnsucht nach dem Meer und macht sich auf den Weg dorthin. Er kommt zum Fluss der Lachse und erfährt von diesen, dass sie schon andere Waterbabies gesehen haben. Tom macht sich auf die Suche. Auf seiner Reise beobachtet er, wie nachts Wilderer Lachse fangen. Sie werden dabei erwischt, es kommt zu einem Handgemenge und einer der Wilderer fällt ins Wasser. Es ist kein anderer als Mr. Grimes und die Feen lassen ihn zur Strafe für sein schlechtes Verhalten vierundzwanzig Stunden auf dem Grund des Flusses liegen.

Tom setzt seine Reise fort und freundet sich mit einem Hummer an, mit dem er einige Zeit zusammen bleibt. Am Ufer geht Miss Ellie mit einem Professor spazieren. Professor Ptthmllnsprts[111] wurde von Miss Ellies Eltern engagiert, damit ihre Tochter etwas über die Naturwissenschaften lernt, die sie nicht sonderlich interessieren. Zwischen Miss Ellie und dem Professor entsteht ein Streitgespräch über die Existenz von Meerjungfrauen, Wassermännern und Waterbabies. Durch Zufall fängt der Professor Tom in einem Netz. Tom beißt den Professor in den Finger, dieser lässt ihn fallen und Miss Ellie, die Tom festhalten möchte, stürzt ins Wasser und verletzt sich am Kopf. Nach einer Woche Krankenbett stirbt sie und fliegt mit den Feen davon. Nach Meinung des Erzählers ist der Grund, warum noch nie jemand ein Waterbaby gesehen hat, dass Wissenschaftler wie Professor Ptthmllnsprts zwar immer wieder Waterbabies finden, diese aber ins Wasser zurückwerfen, damit sie ihre Theorien nicht ändern müssen.

Im fünften Kapitel trifft Tom endlich ein anderes Waterbaby und der Leser erfährt mehr über diese Wesen. Die Waterbabies pflegen Pflanzen an den Klippen, aber nur an den Stellen, die nicht durch den Menschen verschmutzt wurden. Die Heimat der Waterbabies ist St. Brandan's Island, eine Insel, die untergegangen ist und auf Säulen steht, in denen die Waterbabies schlafen. Bei den Waterbabies handelt es sich um Kinder, die von den Feen geholt werden, weil ihre Eltern sie vernachlässigen, weil sie nichts gelernt haben und als Heiden aufgewachsen sind, weil sie an Krankheiten wie Fieber, Cholera oder Scharlach gestorben sind oder weil sie als Kinder schon Gin zu trinken bekommen haben. Tom benimmt sich nach wie vor schlecht und ärgert andere

---

111 Der Name des Professors Ptthmllnsprts wird durch das Weglassen der Vokale der folgenden Phrase gebildet: "Put them all in spirits" (Petzold, 1981, S.144).

Meeresbewohner. Er wird vor Mrs. Bedonebyasyoudid gewarnt. Mrs. Bedonebyasyoudid belohnt die Kinder mit Süßigkeiten und bestraft natürlich Tom, weil er andere ärgert. Außer Mrs. Bedonebyasyoudid gibt es auch noch Mrs. Doasyouwouldbedoneby, die sonntags kommt, die Kinder in den Arm nimmt und ihnen Geschichten erzählt. Mrs. Bedonebyasyoudid verordnet Tom eine "Lehrerin", die ihm beibringen soll, sich gut zu benehmen. Bei dieser Lehrerin handelt es sich um Miss Ellie. Sie lernen sieben Jahre zusammen. Aber Tom ist nicht zufrieden, da er nicht weiß, wohin Miss Ellie jeden Sonntag geht. Sie geht zum Other-End-of-Nowhere. Mrs. Bedonebyasyoudid erklärt Tom, dass man erst an einen Ort gehen muss, an den man nicht gehen möchte und etwas tun muss, das man nicht tun möchte, um zum Other-End-of-Nowhere zu gelangen. Tom muss diesen Weg alleine gehen und zunächst Mother Carey finden, die ihm dann sagt, wie er zum Other-End-of-Nowhere kommt.

Tom macht sich auf den Weg. Während seiner Reise hat er viele Erlebnisse und begegnet vielen Tieren. Einmal möchte er ein Baby vor dem Ertrinken retten, das auf einem Schiffswrack liegt und von einem Hund bewacht wird. Aber eine Welle spült das Baby ins Meer. Das Baby wird zum Waterbaby und der Hund zum Wasserhund, der von nun an Tom begleitet. Schließlich findet Tom Mother Carey, die von weitem wie ein Eisberg aussieht. Mother Carey ist damit beschäftigt, neue Lebewesen zu machen, bzw. wie sie selbst sagt: "But I am not going to trouble myself to make things, my little dear. I sit here and make them make themselves." (165). Tom sieht den Weg zum Other-End-of-Nowhere in den Augen von Mother Carey. Sobald er aber nicht mehr in ihre Augen schaut, vergisst er ihn sofort wieder. Toms Hund soll ihm den Weg zeigen. Tom muss seinem Hund folgen und dabei rückwärts gehen. Sein Weg führt ihn durch verschiedene Orte, an denen er recht merkwürdigen Wesen begegnet.

Am Ende seiner Reise kommt er an ein sehr hässliches Haus. Es handelt sich um ein Gefängnis, in dem Mr. Grimes in einen Schornstein eingemauert ist. Tom wird von einem Polizeiknüppel zu Mr. Grimes geführt. Tom möchte Mr. Grimes gerne helfen, weiß aber nicht wie. Mrs. Bedonebyasyoudid kommt hinzu und erzählt Mr. Grimes, dass seine Mutter gestorben ist. Mr. Grimes bereut so sehr, dass er sich nie zu Lebzeiten um seine Mutter gekümmert hat, dass er weinen muss. Seine Tränen befreien ihn aus dem Schornstein und er wird von Mrs. Bedonebyasyoudid zum Etna geschickt, den er mit anderen zusammen von nun an fegen soll. Mrs. Bedonebyasyoudid bringt Tom zurück nach St. Brandan's Island, wo er mit Ellie zusammen trifft. Die Irin, Mrs. Bedonebyasyoudid, Mrs. Doasyouwouldbedoneby und Mother Carey verschmelzen zu einer Figur. Tom hat seine Lektion gelernt. Er und Ellie sind nun erwachsen geworden. Tom wird ein Wissenschaftler und Ingenieur, der fast alles weiß. Ellie und er heiraten aber nicht, weil in einem Märchen, so die Erklärung des Erzählers, niemand unter dem Rang einer Prinzessin heiratet.

Den Abschluss von *The Water - Babies* bildet ein kurzer Epilog, der mit dem Titel "Moral" überschrieben ist. Darin erklärt der Erzähler, dass man von dieser Geschichte 37 oder 39 Dinge lernen soll, jedoch weiß er nicht genau welche. Aber bei zwei Dingen ist sich der Erzähler ganz sicher. Zum einem soll man keine Molche fangen oder ärgern, da es sich um noch schmutzige Waterbabies handeln könnte, die ihre Lektion noch nicht gelernt haben. Man soll Mitleid mit ihnen haben, denn vielleicht schaffen sie es nach einiger Zeit vom Waterbaby zum Landbaby und schließlich erwachsen zu werden. Und zum anderen soll man in der Zwischenzeit seine Aufgaben machen und Gott dankbar dafür sein, dass man genügend kaltes Wasser hat, um sich zu waschen. Dies sollte man auch tun wie ein echter Engländer. Im allerletzten Satz verweist der Erzähler noch einmal darauf, dass es sich bei *The Water - Babies* um ein Märchen handelt und man es nicht glauben soll, auch wenn es wahr wäre.

5.2.3. Die Haltung des Erzählers in *The Water - Babies*

Der Hinweis des Erzählers auf die märchenhafte Natur der Erzählung und die Aufforderung an den Leser, das Gelesene nicht zu glauben, auch wenn es wahr wäre, kommt am Anfang und am Ende von *The Water - Babies* vor. Aber dies sind nicht die einzigen Stellen, an denen der Erzähler mit seiner Glaubwürdigkeit spielt. In Kapitel fünf wird die Geschichte des Bürgermeisters von Plymouth erzählt, der von einem Hummer in den Finger gezwickt wurde. Der Bürgermeister kann sich nicht von dem Hummer befreien, ertrinkt fast und wird in letzter Minute von einem Kriegsschiff gerettet. Nach Auffassung des Erzählers hat diese Geschichte zwei Vorteile: "(...) first, that of being quite true; and second, that of having (as folks say all good stories ought to have) no moral whatsoever: no more, indeed, has any part of this book, because it is a fairy tale, you know." (108). Diese Aussage des Erzählers wird schon dadurch widerlegt, dass derselbe Erzähler an das Ende von *The Water - Babies* einen Epilog stellt, der mit "Moral" überschrieben ist. Selbstverständlich besitzt dieses Kunstmärchen eine Moral, die auch immer wieder vom Erzähler deutlich formuliert wird.

Der Erzähler verweist selbst auf die Tatsache, dass es sich bei dieser Erzählung um ein Märchen handelt, dessen Inhalt nicht der Realität entspricht. Darüber hinaus untergräbt der Erzähler seine eigene Glaubwürdigkeit, indem er sich an einigen Stellen des Kunstmärchens einer wissenschaftlichen Argumentations-weise bedient, so beispielsweise um die Existenz von Waterbabies zu erläutern. Der Erzähler führt sechs Einwände gegen die Existenz von Waterbabies an, die er alle nacheinander entkräftet. Am Ende erteilt er dem Leser den Ratschlag, dass man demjenigen, der immer noch nicht von der Existenz der Waterbabies überzeugt ist, entgegnen soll: "And then tell him that if there are no water-babies, at least there ought to be; and that, at least, he cannot answer." (43). Die wissenschaftliche, rationale Argumentationsweise wird am Ende durch ein irrationales Argument ad absurdum geführt. Man kann sich nie sicher sein, ob der Erzähler verlässlich ist, oder eine mühsam aufgebaute Argumentationskette in einem einzigen Satz wieder relativiert.

Der Erzähler erzeugt so eine ironische Distanz zu der Geschichte. Meiner Meinung nach dient dieses Verwirrspiel des Erzählers zwei Zielen Kingsleys. Einerseits möchte er den Leser unterhalten und da es sich um eine relativ lange Erzählung für Kinder handelt, kann er mit solchen ironischen Kommentaren das Leserinteresse wach halten. Andererseits dient dieses Verwirrspiel dazu, dass der Leser sich selbst eine Meinung bilden muss, was er von dem Kunstmärchen und den darin angesprochenen Themen hält. Auf die Meinung des Erzählers, der sich immer wieder selbst widerlegt und das Gesagte ironisch kommentiert, ja sogar die Glaubwürdigkeit der gesamten Erzählung in Frage stellt, kann sich der Leser nicht verlassen. Vielmehr wird er dazu angeregt, über das Gesagte zu reflektieren und soll seine eigenen Schlüsse daraus ziehen.

Darüber hinaus zeigt dieser Erzähler, der immer im Text präsent ist und immer wieder Geschichten und Kommentare einschiebt, die bereits oben zitierte Absicht Kingsleys, in seinem Kunstmärchen seine theologischen Ansichten dem Leser näher zu bringen. Kingsley benutzt den Erzähler als sein Sprachrohr, damit seine Meinung zu den verschiedenen Themen, die er in *The Water - Babies* anspricht, deutlich zum Ausdruck kommt.

5.3. Themen in The Water - Babies

Wie bereits erwähnt wurde, enthält das Kunstmärchen *The Water - Babies* eine Vielzahl an Themen. Viele kleine Geschichten innerhalb der Erzählung üben Kritik an der Gesellschaft, nehmen Stellung zum Thema der Erziehung und der Behandlung von Kindern oder beziehen sich auf naturwissenschaftliche und theologische Fragen. Es soll nun anhand von mehreren Beispielen aus *The Water - Babies* die Themenvielfalt des Kunstmärchens aufgezeigt werden, wobei auch anderen Schriften Kingsleys zu den jeweiligen Themen Beachtung geschenkt werden soll.

5.3.1. Sauberes Wasser

Ein Thema, das im ganzen Märchen immer wieder auftaucht, ist Wasser und damit verbunden Reinheit. Diese Reinheit, die durch das Waschen entsteht, bezieht sich nicht nur auf den Körper, sondern auch auf den Geist. Tom ist zu Beginn der Geschichte dreckig. Dies bedeutet nicht nur, dass sein Körper schmutzig ist, sondern auch, dass sein Charakter schlecht ist. Dies trifft genauso auf Mr. Grimes zu. Auf dem Weg nach Harthover Place erfrischt sich Mr. Grimes in einem Fluss sehr zum Erstaunen von Tom. Doch Grimes betont, dass er dies nur tat, um sich zu erfrischen, nicht um sauber zu werden. Kurz darauf verlässt die Irin die beiden und spricht die Prophezeiung aus, dass, wenn alles vorüber ist, die, die rein sein möchten, rein sein werden, und die, die verdorben sein wollen, verdorben. Es wird ganz klar eine Beziehung zwischen äußerer Sauberkeit und der inneren Reinheit der Seele hergestellt.

Im größeren Rahmen gilt dies auch für die Entwicklung von Tom. Der dreckige, ungebildete, schlechte Schornsteinfegerjunge taucht ins Wasser ein und wird zum Waterbaby. Die Unterwasserwelt repräsentiert das Paradies: "He had nothing to do now but enjoy himself; and look at all the pretty things which are to be seen in the cool clear water-world, where the sun is never too hot, and the frost never too cold." (49). Der Fluss mit seinem kühlen Wasser übt eine große Anziehungskraft auf Tom aus, der in seinem Fiebertraum den Drang verspürt, sich zu waschen und bevor er in den Fluss eintaucht, wird er von dem Lied des Flusses fasziniert. Das Lied besteht aus drei Strophen. Die erste Strophe handelt von dem Fluss und seinem kühlen, klaren Wasser. Eine Amsel singt und man hört die Glocken einer efeubewachsenen Kirche. In der zweiten Strophe wird die Stadt als ein dunkler verpesteter Ort dargestellt, der immer dunkler wird, je weiter man hineingeht und an dem die Menschen immer schlechter werden, je reicher sie werden. In der letzten Strophe fließt der Fluss ins Meer und wird frei und stark. In der Unendlichkeit des Meeres kann man sich verlieren wie eine Seele, deren Sünden vergeben worden sind. Das Lied ist gewissermaßen eine Zusammenfassung der Märchenhandlung: erst im Meer schafft es Tom, sich völlig rein zu waschen, d.h. eine reine Seele zu bekommen und zu einem guten Menschen zu werden.

Als Pfarrer sah Kingsley seine Aufgabe darin, sich um das seelische Wohlbefinden der Menschen zu kümmern, aber er wusste auch, dass die äußeren Bedingungen stimmen müssen, damit die Menschen sich dem Glauben an Gott öffnen können. Er setzte sich immer wieder für die Verbesserung der hygienischen Zustände der ärmeren Bevölkerung ein. Beispielsweise hielt er 1872 einen Vortrag über Hygiene in Birmingham, der in der Essaysammlung *Sani-*

tary and Social Lectures and Essays abgedruckt ist.[112] Gleich zu Beginn vertritt Kingsley darin die Meinung, dass Hygiene alle etwas angeht und dass es als Unterrichtsfach in die Schulen gehören solle (Kingsley, (1872) 1902, S.21). Seiner Ansicht nach sollen vor allem Frauen über Krankheitsbilder und deren Ursachen unterrichtet werden, da sie sich vor allem um Kinder und Kranke kümmern. Er verweist darauf, dass er schon seit zwanzig Jahren die Ausbildung von Frauen in medizinischen Berufen befürwortet (Kingsley, (1872) 1902, S.35). Für Kingsley gehören Körper und Geist zusammen. Wenn nun die eine Seite vernachlässigt wird, bzw. unter schlechten Bedingungen leidet, hat dies auch Auswirkungen auf die andere Seite. Gesundheit und gute hygienische Verhältnisse sind die Voraussetzung für die Entwicklung eines guten Charakters.

5.3.2. Soziale Missstände und der Gegensatz zwischen Stadt und Land

Ein anderer Bereich, der sich durch das ganze Kunstmärchen zieht, ist das Aufzeigen sozialer Missstände. Kingsley klagt vor allem die Situation der ärmeren Schichten in den Städten an. Die Verbesserung von hygienischen Verhältnissen ist nur ein Teil davon. Toms Lebensbedingungen sind beispielhaft für die der unteren Schichten in den Städten: sein Leben ist geprägt durch Armut, Schmutz, Ungerechtigkeit, Gottlosigkeit und Unwissenheit. Schon im ersten Kapitel werden die beiden gegensätzlichen Komplexe Stadt - Industrie - Böse und Land - Natur - Gut eingeführt. Tom lebt in einer Industriestadt im Norden und kennt nur dieses Umfeld. Der Auftrag in Harthover ist für ihn die erste Gelegenheit, aus der Stadt hinaus zu kommen. Zunächst führt der Weg von Mr. Grimes und Tom durch das Dorf der Minenarbeiter. Auch hier ist alles schwarz und das einzige Geräusch, das man hört, ist der Lärm der Maschinen. Dann verändert sich die Landschaft und Tom befindet sich zum ersten Mal in seinem Leben in der Natur. Für ihn eine sehr angenehme Erfahrung; er kommt aus dem Staunen nicht mehr heraus:

> On they went; and Tom looked, and looked, for he had never been so far into the country before; and longed to get over a gate, and pick buttercups, and look for birds' nests in the hedge; but Mr. Grimes was a man of business, and would not have heard of that. (5)

Toms spontaner Wunsch ist es, die Natur zu erfahren, d.h., Blumen zu pflücken und Vogelnester zu suchen. Aber Mr. Grimes Anwesenheit macht deutlich, dass sie nicht zum Vergnügen unterwegs sind, sondern einen Auftrag ha-

---

112 Charles Kingsley, "The Science of Health" in: Charles Kingsley, Sanitary and Social Lectures and Essays (London: Macillan, 1902) S.21-45.

ben. Der Kontrast zwischen der Stadt als einem dunklen Ort und dem Land, das als weit, hell und offen beschrieben wird, setzt sich auch innerhalb des Hauses von Sir John fort. Als Tom versehentlich in dem Zimmer landet, in dem Miss Ellie noch schläft, wird weiter mit diesen Oppositionen gearbeitet. Miss Ellie ist schön, das ganze Zimmer weiß und sauber. Tom dagegen ist dreckig und hässlich und empfindet sich selbst als störend in dieser makellosen Umgebung. Der hier aufgezeigte Kontrast verweist auf den Grund, warum Tom einen so schlechten Charakter hat. Er ist durch sein Umfeld und seine Lebenssituation so geworden. Im Prinzip kann Tom nichts dafür, denn er ist ein Opfer der Umstände. Und diese Umstände, die vor allem Kinder in Städten schaden, müssen nach Kingsleys Vorstellungen dringend geändert werden.

Kingsley spricht die Notwendigkeit der Verbesserung der Lebenssituation von ärmeren Bevölkerungsgruppen in den Städten an mehreren Stellen in *The Water - Babies* an. Als Tom zum Waterbaby wird, geht die Irin, die die Königin der Feen ist, voraus und bereitet die Feen auf Toms Kommen vor. Auf die Frage, wo sie so lange war und was sie gemacht hat, antwortet sie, dass sie sich um Kranke gekümmert und ihnen schöne Träume zugeflüstert hat; dass sie frische Luft in Behausungen gelassen hat; dass sie Kinder vom Rinnstein fernhielt, damit sie nicht krank werden und Fieber bekommen; dass sie Frauen davon abhielt, in den Ginladen zu gehen und Männer davon, ihre Frauen zu schlagen. Schlechte Luft und schlechte Wohnverhältnisse wirken sich auch negativ auf das Verhalten der Menschen aus. Alkoholismus und Gewalt sind die Folge. Vor allem Kinder leiden darunter, werden krank oder wachsen vernachlässigt auf und werden so zu schlechten Menschen wie Tom.

Der beschriebene Kontrast zwischen Stadt und Land wird von Kingsley auch in seinem Buch *Glaucus, or the Wonders of the Shore* thematisiert, das 1855 erschien und als Vorläufer zu *The Water - Babies* betrachtet wird.[113] In diesem Buch widmet sich Kingsley den Küstenpflanzen und Meeresbewohnern, der Erziehung und Bildung von Kindern, den Naturwissenschaften und dem Selbstverständnis der Forscher und verweist auf weitere Literatur zu diesen Themen. An einer Stelle nimmt Kingsley die Geranie als Beispiel um zu zeigen, wie die Stadt Pflanzen negativ beeinflusst. Die Geranie kann in der Stadt wegen der Luftverschmutzung nie so schön wachsen wie auf dem Land. Dies dient Kingsley als Indiz dafür, dass Kinder in der Stadt an Scharlach und Keuchhusten erkranken, da sie durch die schlechten Lebensbedingungen an-

---

113 Susan Chitty, The Beast and the Monk: A Life of Charles Kingsley (London: Hodder and Stroughton, 1974) S.167.

fälliger sind.[114] Kingsley betont die Bedeutung von Pflanzen für den Menschen, besonders in der Stadt. Für Kingsley hat Gott die Erde mit Pflanzen bedeckt, um den Menschen einen idealen Lebensraum zu geben. In den Städten sind die Lebensbedingungen allgemein schlecht und die Pflanzen werden daher umso wichtiger für den Menschen. Im folgenden Abschnitt wird die Geranie in der Stadt zur Heldin stilisiert, die einem Engel gleich die Fehler des Menschen wieder ausgleichen kann:

> (...) and how the little Geranium did its best, like a heaven-sent angel, to right the wrong which man's ignorance had begotten, and drank in, day by day, the poisoned atmosphere, and formed it into fair green leaves, and breathed into children's faces from every pore, whenever they bent over it, the life-giving oxygen for which their dulled blood and festered lungs were craving in vain; fulfilling God's will itself, though man would not, too careless or too covetous to see, after six thousand years of boasted progress, why God had covered the earth with grass, herb, and tree, a living and life-giving garment of perpetual health and youth.(Kingsley, (1855) 1885, S.131-132)

Für Kingsley ist entscheidend, dass das Umfeld der Menschen natürlich beschaffen sein sollte. Die Veränderungen, die durch die wachsenden Städte und die Industrialisierung im 19. Jahrhundert entstanden sind, haben für den Menschen negative Folgen. Um dies auszugleichen, muss sich auch die Erziehung von Kindern verändern. Ihm ist wichtig, dass Kinder bereits in der Schule in den Naturwissenschaften unterrichtet werden und so eine Beziehung zu Pflanzen und Tieren entwickeln können. Ein Heranwachsen in und mit der Natur wirkt sich demgemäß positiv auf die geistige Entwicklung der Kinder aus. Kingsleys Ansicht nach wird dies dadurch belegt, dass die Generation, die zum Zeitpunkt seiner Betrachtungen wirtschaftlichen Erfolg in den Städten hat, vom Land in die Stadt gezogen ist. Der größte Teil dieser Generation hat ihre Kindheit auf dem Lande verbracht und damit bessere Voraussetzungen für ihre Entwicklung gehabt als die Kinder, die nun in den Städten groß werden (Kingsley, (1855) 1885, S.44-45).

5.3.3. Erziehung und das Verhalten gegenüber Kindern

Kingsley selbst war für viktorianische Begriffe ein außergewöhnlich liberaler Vater. Er spielte so oft wie möglich mit seinen Kindern, nahm sie häufig auf Gemeindegänge mit und war ein strikter Gegner der Prügelstrafe, ob zu Hause oder in der Schule. Gleich am Anfang von *The Water - Babies* werden Prügel

---

114 Charles Kingsley, Glaucus, or the Wonders of the Shore (1855, Ed. Cambridge: Macmillan, 1885) S.131.

als Erziehungsmittel eindeutig abgelehnt. An dem Morgen, an dem sich Mr. Grimes und Tom auf den Weg nach Harthover machen, verprügelt Mr. Grimes Tom, um ihm die Bedeutung dieses Auftrags deutlich zu machen:

> And, when he did get up at four the next morning, he knocked Tom down again, in order to teach him (as young gentlemen used to be taught at public schools) that he must be an extra good boy that day, as they were going to a very great house, and might make a very good thing of it, if they could but give him satisfaction. (3)

Dieses Zitat zeigt deutlich, wie der Gebrauch von Gewalt gegenüber Kindern, auch in Schulen, verurteilt wird. Aber wie soll man sich gegenüber Kindern verhalten, wenn diese etwas Falsches getan haben? Auch hier hat *The Water - Babies* eine Antwort. Tom entdeckt das Versteck von Mrs. Bedonebyasyoudid, in dem sie die Süßigkeiten für die Waterbabies aufbewahrt. Tom isst alle Süßigkeiten auf und wird dabei von Mrs. Bedonebyasyoudid beobachtet. Anstatt ihm aber zu drohen oder ihn zu schlagen, was entsprechende Gegenaggression auslösen und Tom wieder in seine schlechten Verhaltensmuster treiben würde, wartet sie zunächst ab. Tom hat ein schlechtes Gewissen und hält dem traurigen Blick von Mrs. Bedonebyasyoudid kaum stand, wenn sie die Süßigkeiten verteilt und auch er welche bekommt. Da die Seele und der Körper zusammenhängen, bekommt Tom viele Pickel am ganzen Körper und wird deshalb von Mrs. Doasyouwouldbedoneby nicht mehr in den Arm genommen. Schließlich hält Tom die Situation nicht mehr aus und gesteht Mrs. Bedonebyasyoudid, was er getan hat. Sie bestraft ihn nicht, sondern verzeiht ihm. Hieraus geht klar hervor, dass Kingsleys Erziehungsideal darin besteht, einem Kind vorzuleben, wie man sich richtig verhält. So entstehen eindeutige Richtlinien dafür, was gut und was schlecht ist. Wenn sich das Kind schlecht verhält, erkennt es dies selbst. Der Erwachsene muss Geduld haben, bis die Einsicht für das Fehlverhalten da ist und nicht vorschnell mit Druck oder Gewalt reagieren.

Die Stationen, die Tom in seiner Entwicklung durchläuft, zeigen, welche Punkte für die Erziehung von Kindern wichtig sind. Das Menschenbild, das *The Water - Babies* zugrunde liegt, geht davon aus, dass der Mensch zunächst einmal gut ist, aber durch äußere Einwirkungen verdorben wird und einen schlechten Charakter entwickelt. Tom ist während seiner Zeit als Schornsteinfeger ein schlechter Mensch und verhält sich auch zu Beginn seines Lebens als Waterbaby schlecht gegenüber anderen Lebewesen. Dies führt dazu, dass er keine Freunde findet und sich einsam und unglücklich fühlt. Die Feen sehen dies, dürfen ihm aber nicht helfen. Tom muss seine eigenen Erfahrungen machen, um aus ihnen lernen zu können. Er macht sich auf den Weg zum Meer, um andere Waterbabies zu finden, wobei er andere Lebewesen kennen lernt und so seinen Wissenshorizont erweitert. Da er sich aber immer noch alleine fühlt, bekommt er Heimweh nach seinem Fluss. Diese unangenehmen Erfahrungen sind jedoch notwendig, um erwachsen zu werden:

> Poor little fellow, it was a dreary voyage for him; and more than once he longed to be back in Vendale, playing with the trout in the bright summer sun. But it could not be. What has been once can never come over again. And people can be little babies, even water-babies, only once in their life. (78)

Tom muss akzeptieren, dass sein Leben im Fluss von Vendale, dem Ort, an dem er ertrunken ist, der Vergangenheit angehört und es ihm nicht helfen würde, dorthin zurückzukehren. Er erreicht das Ziel seiner Reise, das Meer, aber er findet keine Waterbabies, wie er sich erhofft hatte. Auch dies ist ein Teil seines Lernprozesses. Er muss lernen, mit Enttäuschungen umzugehen:

> "To have come all that way, and faced so many dangers, and yet to find no water-babies! How hard! Well, it did seem hard: but people, even little babies, cannot have all they want without waiting for it, and working hard for it, too, my little man, as you will find out some day." (80).

Eine weitere wichtige Lektion, die Tom lernt, lautet: Unwissenheit schützt vor Strafe nicht. Als Mrs. Bedonebyasyoudid das erste Mal Süßigkeiten an die Waterbabies verteilt, bekommt Tom nur Kieselsteine in den Mund, weil er dasselbe mit den Seeanemonen getan hat. Tom versteht nicht, dass er keine Süßigkeiten bekommt und behauptet, dass er nicht gewusst habe, dass er den Seeanemonen mit der Verabreichung von Kieselsteinen Schaden zufügen würde. Mrs. Bedonebyasyoudid hat diese Entschuldigung schon oft gehört und erklärt Tom, dass Feuer einen auch verbrennen kann, wenn man nicht weiß, dass es brennt. Als weiteres Beispiel führt sie an, dass man durch unhygienische Zustände Fieber bekommen kann, auch wenn man nicht weiß, dass das Fieber mit dem Schmutz zusammenhängt. Daraus folgert sie: "And so, if you do not know that things are wrong, that is no reason why you should not be punished for them; though not as much, my little man (...) as if you did know." (116). Tom ist über die Härte von Mrs. Bedonebyasyoudid entsetzt. Sie erklärt ihm, dass dies nichts mit Härte zu tun hat und dass sie die beste Freundin sei, die er je haben würde. Später werde Tom verstehen, was sie damit meine.

Ein anderer wichtiger Schritt für Toms Entwicklung ist die Erfahrung von Liebe und Zuwendung, die er durch Mrs. Doasyouwouldbedoneby macht. Sie singt den Kindern Lieder vor und nimmt sie in den Arm. Tom, der ohne Mutter aufgewachsen ist, hat noch nie eine Zuwendung dieser Art erfahren. Mrs.

Doasyouwouldbedoneby ringt Tom das Versprechen ab, nie wieder Meeresbewohner zu ärgern. Tom wird sich sein Leben lang daran halten. Dies zeigt, dass die emotionale Seite des Menschen eine wichtige Rolle spielt. Ein Kind braucht Zuwendung und Liebe genauso wie Regeln und Strafen. Alles muss in einem ausgewogenen Verhältnis zueinander stehen, damit das Kind einen guten Charakter entwickeln kann.

Der letzte Schritt in Toms Entwicklung ist die zweite längere Reise, die er zum Other-End-of-Nowhere unternimmt. Er muss alleine in die Welt hinaus, um ein Mann zu werden. Mrs. Bedonebyasyoudid erklärt Tom, dass er viele neue Erfahrungen machen wird und dass er keine Angst zu haben braucht, da er alles gelernt hat, was für die Reise nötig ist. Wie wir bereits wissen, kommt Tom von seiner Reise zurück und ist erwachsen geworden. Kingsleys Kunstmärchen folgt hier dem Muster des Abenteuer- und Bildungsromans. Der Protagonist durchläuft verschiedene Stadien der Erkenntnis. Auf seinem Weg besteht er verschiedene Abenteuer und macht sowohl gute als auch schlechte Erfahrungen. Am Ende hat er einen Erkenntniszuwachs erlangt, der ihn zu einem "besseren" Menschen macht.

Kingsley schildert anhand von Toms Lernprozessen, welche Inhalte und Ziele die Erziehung von Kindern verfolgen soll. Aber es ist genauso wichtig, wie diese Inhalte vermittelt werden. Erwachsene bestimmen die Erziehung von Kindern und Kingsley kritisiert in *The Water- Babies* auch die Erwachsenen, die sich falsch gegenüber Kindern verhalten. Die Erwachsenen, die Kinder schlecht behandeln, werden in *The Water - Babies* von Mrs. Bedonebyasyoudid bestraft. Jeden Freitag ruft sie diese Erwachsenen zu sich und sie werden dann, wie der Name der Fee schon sagt, so behandelt, wie sie die Kinder behandeln. Ärzte müssen bittere Medizin schlucken, weil sie die Kinder wie Erwachsene behandeln und durch zu hohe Dosierung von Medikamenten häufig den Tod von Kindern verursachen. Frauen, die Kinder in viel zu kleine Schuhe zwängen und ihnen die Taille der Mode wegen einschnüren, müssen dasselbe erdulden und Kindermädchen, die Kinder unsanft im Kinderwagen durchschütteln, erfahren dies am eigenen Leib. Nach einer Mittagspause, Mrs. Bedonebyasyoudid hat unglaublich viel zu tun, widmet sie sich dann den Lehrern, die ihre Schüler schlecht behandeln. Auch hier wird wieder deutlich, wie wichtig das richtige Verhalten von Erwachsenen ist. Sie dienen den Kindern als Vorbild und sollten sich entsprechend moralischer Richtlinien verhalten, damit die Kinder erst gar nicht zu anderen Verhaltensmustern provoziert werden.

Zusammenfassend kann man festhalten, dass Kingsley eine Erziehung befürwortet, die durch Geduld und Verständnis geprägt ist. Dem Kind soll die

Möglichkeit gegeben werden aus eigenen Erfahrungen zu lernen. Die Grundlage für das Verhalten von Erwachsenen und Kindern ist eine christliche Moral, die, wenn nötig, auch Härte und Bestrafung zulässt. Dennoch sollten Prügel niemals ein Erziehungsmittel sein. Darüber hinaus betont Kingsley die Notwendigkeit, die äußeren Lebensbedingungen von Kindern in Städten zu verbessern. Des Weiteren erachtet er den Unterricht von Naturwissenschaften, die Erfahrung und das Leben mit der Natur für die geistige Entwicklung des Kindes als wichtig. Kingsley, der selbst ein begeisterter Naturwissenschaftler war, räumt dabei den Naturwissenschaften in Bildung und Gesellschaft eine wichtige Stellung ein.

5.3.4. Naturwissenschaften und Gesellschaft

Kingsley beschäftigte sich nicht nur mit Naturwissenschaften als Bestandteil der Bildung, sondern setzte sich auch mit dem Verhältnis von Naturwissenschaften und Religion auseinander. Vor allem seit Darwin wurde diese Frage in der viktorianischen Gesellschaft viel diskutiert. Für Kingsley ergänzten die Naturwissenschaftler, die die Zusammenhänge in der Natur untersuchten, das Wissen über die Großartigkeit der Schöpfung. Dem gläubigen Christen boten demnach die Naturwissenschaften die Möglichkeit, Einblicke in die göttliche Schöpfung zu erlangen. Für Kingsley stellten Naturwissenschaften und der christliche Glaube keine Gegensätze dar, sondern konnten sich gegenseitig ergänzen. 1863 schrieb Kingsley, nachdem er Darwins Buch *Fertilization of Orchids*[115] gelesen hatte, an Darwin:

> (...) Ah, that I could begin to study nature anew, now that you have made it to me a live thing, not a dead collection of names. But my work lies elsewehere now. Your work, nevertheless, helps mine at every turn. It is better that the division of labour should be complete, and that each man should do only one thing, while he looks on, as he finds time, at what others are doing, and so gets laws from other sciences which he can apply, as I do, to my own.(Fanny Kingsley, 1881, Bd.2, S.113).

In diesem Zitat wird deutlich, dass Kingsley die Naturwissenschaften als Bereicherung für sich betrachtete. Ferner wird gesagt, dass der Schwerpunkt seiner Arbeit nicht in den Naturwissenschaften lag, er aber durch das Studium anderer Wissenschaften Anregungen für seine eigene Arbeit erhielt. Kingsley integrierte diese Erkenntnisse in sein eigenes Arbeiten. Für ihn stand jedoch

---

115 Charles Darwin, On the Various Contrivances by Which Orchids Are Fertilized by Insects, 1862.

außer Frage, dass hinter der Schöpfung Gott steht. So konnte er sich in *The Water - Babies* ironisch mit der Evolutionstheorie Darwins auseinandersetzen. Kingsley setzt sich in *The Water - Babies* mit der These auseinander, dass der Mensch und der Affe gemeinsame Vorfahren haben sollen. Da Kingsley ein religiöser Mensch ist, kann er diese Theorie nicht akzeptieren. Drei Stellen lassen sich in *The Water - Babies* finden, an denen die Unterschiede zwischen Mensch und Affe thematisiert werden. Zu Beginn von Toms Leben als Waterbaby quält er andere Lebewesen nur so zum Spaß. Der Erzähler sagt, dass einige Menschen dieses Verhalten entschuldigen, weil es in der Natur von Jungen läge und dies ein Beweis dafür sei, dass der Mensch vom Tier abstamme. Der Erzähler vertritt aber die Meinung, dass man dieses Verhalten sehr wohl ändern kann und dies eben der entscheidende Unterschied zwischen Mensch und Tier sei.

Die nächste Passage, in der dieses Thema angeschnitten wird, betrifft den Professor Ptthmllnsprts. Er hielt einmal einen Vortrag, in dem er erklärte, dass Affen, ebenso wie Menschen, eine "hippopotamus major"[116] besitzen würden. Der Erzähler führt nun aus, dass Unterschiede zwischen Mensch und Affe, wie z.B. die Fähigkeit zu sprechen oder Maschinen herzustellen und anderes mehr, keine Gültigkeit haben. Es geht allein um die Frage der "hippopotamus major". Der Professor hat mit dieser Theorie alle geschockt. Aber er wurde von einem anderen Wissenschaftler widerlegt und es ist nun erwiesen, das Affen keine "hippopotamus major" besitzen (87-88).

Die letzte Stelle, die Bezug auf Darwins Evolutionstheorie nimmt, ist eine Geschichte, die Mrs. Bedonebyasyoudid Tom und Ellie erzählt, bevor Tom zu seiner Reise zum Other-End-of-Nowhere aufbricht. Sie zeigt den beiden ein Fotoalbum mit Farbbildern,[117] das die Geschichte des Volkes der Doasyoulikes nachzeichnet. Die Doasyoulikes wohnen in einem Land namens Readymade und leben in den Tag hinein. Sie sind faul, degenerieren immer mehr

---

116 Der Ausdruck "hippopotamus major" ist ein ironisches Wortspiel, das sich auf den Begriff "hippocampus minor" (= Ammonshorn, ein Teil des menschlichen Gehirns) bezieht. Kingsley nimmt hier Bezug auf eine These Richard Owens, der den Unterschied zwischen dem Menschen und anderen Primaten in eben diesem Teil des Gehirnes sah. Siehe hierzu: J.A.V. Chapple, Science and Literature in the Nineteenth Century (London: Macmillan, 1986), S.83-84.

117 Auch hier zeigt sich wieder die Ironie des Erzählers. Zur Zeit des Erscheinens von The Water - Babies gab es noch keine Möglichkeit, farbige Fotografien herzustellen.

und überhören die Warnungen von Mrs. Bedonebyasyoudid. Bei einem Vulkanausbruch kommen zwei Drittel der Doasyoulikes ums Leben. Aber die Überlebenden haben nichts aus ihren Erfahrungen gelernt. Sie leben weiter wie bisher, sind faul und ignorant. Die Geschichte dieses Volkes schreitet in Fünfhundertjahresschritten vorwärts. In jeder Etappe degenerieren sie mehr, werden immer affenähnlicher und sterben schließlich ganz aus. Hier wird die Evolutionstheorie rückwärts gezeichnet. Für Kingsley ist es undenkbar, dass Mensch und Affe gemeinsame Vorfahren haben könnten und deshalb widerlegt er auf ironische Weise Darwins Evolutionstheorie.

Auch an weiteren Stellen beschäftigt sich Kingsley mit den Naturwissenschaften und deren Bedeutung in der Gesellschaft. In *The Water - Babies* finden sich viele wissenschaftliche Ausdrücke, die Kinder weder im 19. Jahrhundert noch heute verstehen können. Manchmal werden sie erklärt, wie z. B. als Tom, nachdem er ein Waterbaby geworden ist, als amphibisch bezeichnet wird:

> Tom was now quite amphibious. You do not know what that means? You had better, then, ask the nearest Government pupil-teacher, who may possibly answer you smartly enough thus - 'Amphibious. Adjective derived from two Greek words, *amphi*, a fish, and *bios*, a beast. An animal supposed by our ignorant ancestors to be composed of a fish and a beast; which therefore like the hippopotamus, can't live on the land, and dies in the water.' (47)

Mit dieser Erklärung kann sich ein Kind vielleicht ungefähr vorstellen, was es unter einem amphibischen Lebewesen zu verstehen hat. Kingsley kritisiert hier in ironischer Weise staatliche Lehrer und deren Unterrichtsmethoden. Rein theoretisch wird die Herkunft des Wortes erklärt und gibt eigentlich nur gelehrig über den Sachverhalt Auskunft.

Kingsleys Umgang mit den Naturwissenschaften in *The Water - Babies* ist spielerisch, da er ja vor allem Kinder im Blick hat. Aber auch Erwachsene können durch seine Darstellungen Spaß an naturwissenschaftlichen Phänomenen finden. Manchmal werden die wissenschaftlichen Begriffe auch ohne Erklärung aneinander gereiht. So wird eine Ironie erzeugt, die den erwachsenen Leser zum Schmunzeln anregt und den Inhalt der Aussage hervorhebt. Kingsley ist selbst Wissenschaftler und davon fasziniert, welche Erkenntnisse die Naturwissenschaften seiner Zeit über die von ihm so geliebte Natur erbringen. In seinem Kunstmärchen bezeichnet er die "Fee Wissenschaft" als die Königin aller Feen, die für Kinder niemals schlecht sein kann. Aber trotz aller Wissenschaft ist für Kingsley das Wichtigste die Seele des Menschen. Gott ist die letzte Instanz, zu der das menschliche Leben hinführt. In *The Water - Babies* wird dies so ausgedrückt:

> (...) you will believe the one true,
> *orthodox,*   *inductive,*
> *rational,*   *deductive,*
> *philosophical,*   *seductive,*
> *logical,*   *productive,*
> *irrefragable,*   *salutary,*
> *nominalistic,*   *comfortable,*
> *realistic,*
> *and on-all-accounts-to-be-received*
> doctrine, of this wonderful fairy-tale; which is, that your soul makes your body, just as a snail makes its shell. For the rest, it is enough for us to be sure that whether or not we lived before, we shall live again; though not, I hope, as poor little heathen Tom did. For he went downward into the water: but we, I hope, shall go upward to a very different place. (49)

Die Anhäufung der wissenschaftlichen Adjektive erzeugt Ironie, da einige von ihnen Gegensätzliches bezeichnen und doch hier für dieselbe Aussage verwendet werden. Dadurch wird suggeriert, dass eine Aussage, die mit so vielen Adjektiven beschrieben wird, von einer gewissen Bedeutung sein muss. Kingsley stellt hier die Verbindung von Wissenschaften und dem Glauben an Gott her. Trotz aller Begeisterung für die Naturwissenschaften bringt Kingsley deutlich zum Ausdruck, dass die Seele das Wichtigste für den Menschen ist. Gott und die Religion haben gegenüber den Naturwissenschaften einen höheren Stellenwert. Toms Weg führt ins Wasser, da er zuerst eine Läuterung erfahren muss. Wenn man dagegen gläubig ist, führt der Weg direkt ins Paradies.

Ein zentraler Bestandteil der Naturwissenschaften ist für Kingsley die genaue Beobachtung der verschiedenen Pflanzen und Tiere. Dieses Beobachten und Forschen dient der Weiterentwicklung des menschlichen Geistes. Auch Tom kann dies feststellen, als er im Wasser lebend zum ersten Mal in seinem Leben seine Umwelt genau betrachtet. Dies führt ihn zur folgender Feststellung: "So now he found that there was a great deal more in the world than he had fancied at first sight." (50-51). Es ist wichtig genau hinzuschauen, um seine Umwelt zu begreifen und so seinen eigenen geistigen Horizont zu erweitern.

Aber die Naturwissenschaften werden auch kritisch beleuchtet. Professor Ptthmllnsprts, der zusammen mit Ellie Tom einfängt, aber der Überzeugung ist, dass es keine Waterbabies gibt, hat nach dem Aufgreifen Toms ein Problem. Eigentlich hätte es ihn interessiert, Tom mitzunehmen, ihn zu pflegen

"(...) and written a book about him, and given him two long names, of which the first would have said a little about Tom, and the second all about himself." (90). Professor Ptthmllnsprts gehört zu den Wissenschaftlern, die gerne ihre eigene Person in den Vordergrund stellen und weniger der Sache dienen.

Ellie, die sich bei dem Versuch Tom wieder einzufangen verletzt hat, ruft in der Woche bevor sie stirbt immer wieder nach dem Waterbaby. Der Professor erzählt niemandem, was geschehen ist, weil er sich schämt, da er die Existenz des Waterbabies verschwiegen hat. Eine alte Fee findet dies heraus und bestraft den Professor für seine Unaufrichtigkeit. Da er nicht mit den Dingen zufrieden ist, wie sie sind, füllt die Fee seinen Kopf mit Dingen, die es nicht gibt. Weil er nicht an Waterbabies glaubt, obwohl er eines gesehen hat, lässt ihn die Fee an noch unglaublichere Dinge glauben, wie Einhörner und Kobolde. Der Professor wird wahnsinnig und muss von mehreren Ärzten untersucht werden. Deren Ergebnis ist ein völlig unverständlicher Bericht. Die langen Wörter in diesem Bericht machen der Mutter von Ellie, die "My Lady" genannt wird, große Angst. Daraufhin wendet sich Sir John an den Finanzminister, damit dieser Steuern auf lange Wörter erhebt und Wörter mit mehr als fünf Silben ganz verbietet. Die Gesetzesvorlage scheitert allerdings an den irischen und schottischen Abgeordneten. Die Behandlung des Professors geht weiter und es finden sich wieder Listen von unzähligen wissenschaftlichen Ausdrücken. Letztendlich schreibt der Professor ein Buch, das zu seinen früheren Ansichten völlig konträr ist. Danach geht es ihm besser.

Diese kleine Geschichte über den Professor zeigt, dass sich nach Kingsleys Verständnis der Naturwissenschaften ein Wissenschaftler nicht selbst in den Vordergrund stellen sollte. Ein Wissenschaftler sollte immer die Sache und die Erweiterung seines Wissenstandes im Blick haben und nicht vordringlich an seine eigene Person und möglichen Ruhm denken. Auch nützen die Erkenntnisse der Wissenschaften niemandem, wenn sie in unverständlichen Abhandlungen festgehalten werden. Wahre Wissenschaft muss sich in den Dienst aller Menschen stellen und nicht einzelnen Personen zur ihrer Selbstdarstellung dienen.

5.3.5. Das Ideal des englischen Gentleman

Kingsleys Erziehungsideale und seine Ansichten über das Selbstverständnis eines Wissenschaftlers verweisen bereits auf sein Ideal des englischen Gentleman, das er in seinem Kunstmärchen an mehreren Stellen entwickelt. Wenden wir uns zunächst den erwachsenen Figuren in *The Water - Babies* zu. Außer den Feen, finden sich in dem Kunstmärchen nur zwei Erwachsene, die gut sind: die alte Lehrerin von Vendale und Sir John. Als man Toms Leiche findet, macht Sir John sich schreckliche Vorwürfe. Die Tatsache, dass Tom vielleicht zu Unrecht verdächtigt wurde und deshalb sterben musste, macht ihn sehr betroffen. Sir John verhält sich so, da er ein echter Gentleman ist. Die herausragenden Qualitäten eines Gentlemans sind Aufrichtigkeit, Bildung, Höflichkeit und Ehrfurcht vor Gott. Diese Fähigkeiten kann man, nach Ansicht des Erzählers, besser durch die Kenntnis der Bibel erlernen als in einem Londoner Salon. Eine christlich geprägte Moral sollte die Grundlage für das Verhalten eines Gentlemans sein. Überdies wird ebenfalls an der Figur von Sir John deutlich, welche Bildung ein Gentleman besitzen sollte. Ein echter Gentleman zeichnet sich nicht nur durch die Bildung in den klassischen Fächern aus, sondern er kennt sich ebenso in den Naturwissenschaften aus. Dies unterscheidet einen englischen von einem französischen Gentleman. Sir John pflegt zu sagen:

> 'If they want to describe a finished young gentleman in France, I hear, they say of him "*He knows his Rabelais*".[118] But if I want to describe one in England, I say, "*He knows his Bewick.*"[119] And I think that is the higher compliment.' (67)

Auch Toms Begegnung mit einem Lachspaar zeigt, wie sich ein wahrer Gentleman verhalten soll. Der Lachs wird als König der Fische bezeichnet. Er ist ruhig, drückt sich gewählt aus, fügt niemandem Schaden zu und liebt seine Frau. Nur auf die Forellen sind die Lachse nicht gut zu sprechen, denn früher waren die Forellen den Lachsen ebenbürtig, doch dann wurden sie faul und bequem. Anstatt wie die Lachse einmal im Jahr zum Meer zu reisen, blieben sie lieber in ihrem Fluss. Im Meer werden die Lachse groß und stark. Diese Erfahrung fehlt nun den Forellen und deshalb sind sie hässlich geworden und benehmen sich schlecht. Auch hier wird der Charakter mit dem äußeren Erscheinungsbild gleichgesetzt. Hässlichkeit geht einher mit Faulheit und Unwissenheit. Die Lachse dagegen bilden sich aktiv durch ihre Reise zum Meer, besitzen einen guten Charakter und daher gegenüber den Forellen auch eine intellektuelle Überlegenheit.

Der ideale Gentleman zeichnet sich also durch eine breit gefächerte Bildung aus und sein Verhalten orientiert sich an christlichen Werten. Nicht die Zugehörigkeit zu einer bestimmten Gesellschaftsschicht entscheidet darüber, ob

---

118 François Rabelais (? 1483 - 1553); französischer Schriftsteller; sein bekanntestes Werk ist der fünfteilige Romanzyklus Gargantua et Pantagruel, der zwischen 1532 und 1536 erschienen ist.

119 Thomas Bewick (1753 - 1828); bekannt für seine Holzschnitte; eines seiner bekanntesten Werke ist die History of British Birds (1797 - 1804).

man ein Gentleman ist, sondern vor allem charakterliche Qualitäten. So kann ein Naturwissenschaftler, wenn er die Eigenschaft der Selbstaufopferung besitzt, also sein Wissen für den Fortschritt der Menschheit einsetzt, ein Gentleman sein.[120] Dieser ideale Gentleman ist auch für die gesamte Gesellschaft wichtig. Solche Menschen sollten gemäß Kingsleys Überzeugung eine führende Rolle in der Gesellschaft übernehmen und durch ihr Wissen und ihr Verhalten positive Entwicklungen auslösen. Sie sind es, die die Geschichte einer Nation bestimmen. In seiner Antrittsvorlesung in Cambridge 1860 formuliert Kingsley dies so:

> So that instead of saying that the history of mankind is the history of its masses, it would be much more true to say, that the history of mankind is the history of its great men; and that a true philosophy of history ought to declare the Laws (...) by which great minds have been produced into the world, as necessary results, each in his place and time.[121]

Dieses Geschichtsverständnis entspricht dem von Thomas Carlyle. Auch Carlyle begreift die Geschichte als Abfolge von einzelnen, großen Persönlichkeiten. Sie bestimmen das Fortschreiten einer Nation, nicht die Massen. Der ideale Gentleman, der diese Rolle erfüllen kann, verbindet durch seine Erziehung und seine Bildung die Naturwissenschaften mit seinem christlichen Glauben. Dies alles wiederum kommt dann der gesamten Gesellschaft zu Gute.

5.3.6. Angemessenes Verhalten in der Gesellschaft

Aus der Fülle der kleinen Geschichten und Erlebnisse, die Tom auf seinen Reisen macht, möchte ich noch zwei Begebenheiten herausgreifen, die sich ganz allgemein mit dem Verhalten von Menschen befassen. Wir haben bereits gesehen, dass Kingsleys Ideal eines Gentlemans vorbildliches Verhalten beinhaltet, das sich an christlichen Werten orientiert. Generell ist es für den Einzelnen wichtig, sich in Gesellschaft anderer angemessen zu verhalten. Dies verdeutlichen die Geschichten über den Moorhahn und die Köcherfliegen.

Auf seiner Flucht von Harthover Place scheucht Tom einen Moorhahn auf. Dieser ist gerade damit beschäftigt, sich im Sand zu baden, als er von Tom erschreckt wird. Er springt unter wildem Gegackere auf, verkündet, dass das Ende der Welt komme, rennt davon und lässt seine Frau mit den Kindern zu-

---

120 Siehe hierzu: Charles Kingsley, Glaucus, or the Wonders of the Shore, S.41-42.

121 Charles Kingsley, The Limits of Exact Science as Applied to History (London: Macmillan, 1860) S.45.

rück. Nach einer Stunde kommt er zu seiner Familie zurück und erklärt, dass das Ende der Welt erst übermorgen kommen werde. Seine Frau misst dem Ganzen keinerlei Bedeutung bei, da sie ihren Mann kennt und schließlich eine Familie zu versorgen hat. Eine unbedeutende Kleinigkeit bringt den Moorhahn außer Fassung und hat eine völlig übertriebene Reaktion zur Folge. Das Moorhuhn dagegen, das sich in erster Linie um seinen Nachwuchs sorgt, ist viel praktischer veranlagt und bewahrt einen kühlen Kopf.

Diese kleine Geschichte veranschaulicht, wie wichtig nach Kingsleys Ansicht ein der Situation angemessenes Verhalten ist. Der Moorhahn nimmt sich selbst und seine unbegründeten Befürchtungen zu wichtig und vergisst dabei die anderen. Das Moorhuhn dagegen konzentriert sich in erster Linie auf ihre Aufgabe als Glucke. Sie verliert nicht den Blick für das Wesentliche. Kingsley kritisiert hier die Eitelkeit des Moorhahns und bewertet demgegenüber die Bescheidenheit des Moorhuhns positiv.

In ähnlicher Weise zeigen die Beobachtungen Toms der Larven der Köcherfliege und der Kommentar des Erzählers dazu, dass Eitelkeit keine erstrebenswerte Eigenschaft sein kann. Zu Beginn seines Lebens als Waterbaby beobachtet Tom die Larven der Köcherfliege. Hierbei handelt es sich um eitle, selbstgefällige Wesen, die immer mit ihrem Aussehen beschäftigt sind. Den ganzen Tag verbringen sie damit, sich mit den verschiedensten Materialien und Dingen zu schmücken, ohne dabei Rücksicht auf ihrer Umwelt zu nehmen. Sobald eine etwas Besonderes hat, ahmen es alle anderen nach. Jede möchte die andere übertreffen. Es entstehen so absurde Modetrends. Tom belustigt dies, aber der Kommentar des Erzählers gibt dieser komischen Geschichte einen kritischen Unterton: "(...) Tom laughed at them till he died, as we did. But they were quite right, you know; for people must always follow the fashion, even if it be spoon-bonnets." (50). Die unkritische Übernahme von Meinungen, die von der Mehrheit für gut befunden werden, wird hier am Beispiel der Mode kritisiert. Kingsley warnt hier vor dem unüberlegten Nachahmen von Trends.

Das Verhalten, das Kingsley in diesen beiden Geschichten kritisiert, ist nicht durch christliche Werte gekennzeichnet. Eitelkeit und eine unkritische Übernahme anderer Meinungen sind kein angemessenes Verhalten in einer Gemeinschaft. Diese beiden Geschichten ergänzen die bereits dargestellten Erziehungsideale und Verhaltensrichtlinien für den britischen Gentleman nach Kingsleys Vorstellungen. Die beiden Geschichten sollen auch zeigen, wie Kingsley immer wieder kleinere Geschichten in seine Erzählung einbaut, um seine Meinungen und Vorstellungen darzulegen. So auch im folgenden Beispiel, in dem es um die Bewertung des Fortschritts geht.

5.3.7. Fortschrittsglaube

Ich habe bereits darauf hingewiesen, dass die fortschreitende Entwicklungen der Naturwissenschaft und die zunehmende Industrialisierung im 19. Jahrhundert viele Menschen verunsicherten und daher auch kritisch beurteilt wurden. Die oben erläuterten Aussagen von Carlyle haben gezeigt, wie bereits im ersten Drittel des 19. Jahrhunderts die zunehmende Mechanisierung der Gesellschaft und der Verlust der Traditionen kritisiert wurden. Kingsley versuchte die Erkenntnisse der Naturwissenschaften mit traditionellen christlichen Werten in Einklang zu bringen. Dies wurde bereits in 5.3.4. dargestellt. In dem folgenden Erlebnis von Tom auf seiner Reise versucht Kingsley dem Leser ein Beispiel dafür zu geben, dass der Fortschritt auch positive Auswirkungen haben kann.

Auf seiner Suche nach dem Other-End-of-Nowhere kommt Tom an dem Allalonestone vorbei, auf dem ein Vogel der Gattung Gairfowl sitzt. Es ist der letzte Vogel dieser Art und er beklagt, dass heutzutage alle fliegen möchten, obwohl sie gar nicht dazu geeignet sind. Sie erheben sich so über ihre Stellung. Die gute, alte Zeit, in der noch jeder seinen festen Platz hatte, ist unwiederbringlich vorüber (151-152). Doch wenn Tom das nächste Mal am Allalonestone vorbei kommen wird, wird der Vogel verschwunden sein. An seiner Stelle wird es bessere Dinge geben und der Fortschritt hat Einzug gehalten. Es wird Fischer aus Irland, Schottland und von den Orkney - Inseln geben, die von Kriegsschiffen bewacht werden und von einem Leuchtturm geleitet werden (154). Kingsley nimmt hier eine positive Haltung gegenüber den durch technischen Fortschritt ausgelösten Veränderungen ein. Zwar existiert die alte Gesellschaft, der der Vogel nachtrauert, nicht mehr, doch sorgen mehr Fischer durch die Steigerung der Quantität ihres Fangs für eine Verbesserung der Ernährung der Bevölkerung und ein Leuchtturm erleichtert das Navigieren der Schiffe. Kingsley verweist hier auf die Möglichkeit, dass althergebrachte Meinungen und Strukturen durch neuere, modernere Erkenntnisse ersetzt werden können und diese Entwicklungen zum Wohle der gesamten Gesellschaft dienen können.

5.3.8. Kingsleys Demokratieverständnis

In dem biographischen Abschnitt über Kingsley wurde bereits auf sein soziales Engagement hingewiesen. Obwohl sich Kingsley sehr für die unteren Schichten einsetzte, kann man ihn politisch eher zum konservativen Lager rechnen. Trotz seiner Begeisterung für die Naturwissenschaften und seines Fortschrittsglaubens folgen seine politischen Ansichten traditionellen Vorstellungen. Dies wird folgende Geschichte veranschaulichen.

Tom wird auf seiner Reise auch Zeuge der alljährlichen Versammlung der Krähen. Jede Krähe brüstet sich mit den Schandtaten, die sie im vergangen Jahr begangen haben. Nur eine Krähendame hat sich geweigert, Böses zu tun. Es gibt eine Verhandlung des Krähengerichtes und die Krähendame wird nach Krähengesetz für schuldig befunden und von den anderen Krähen umgebracht. Die Feen greifen ein und machen aus der getöteten Krähendame einen wunderschönen Paradiesvogel. Mrs. Bedonebyasyoudid sorgt dafür, dass die anderen Krähen von einem vergifteten Hundekadaver essen und alle daran sterben. Interessant an dieser Geschichte ist, dass die Krähen mit den Republikanern und den Amerikanern verglichen werden:

> But they are true republicans, these hoodies, who do every one just what he likes, and make other people do so too; so that, for any freedom of speech, thought, or action, which is allowed among them, they might as well be American citizens of the new school. (156)

Jede der Krähen macht, was sie will. Gedanken- und Redefreiheit können auch, wenn sie ohne jede Regel ablaufen, negative Auswirkungen haben. Die kleine Geschichte zeigt, dass Mehrheitsentscheide nicht immer richtig sein müssen. Nach Kingsleys Meinung wird die amerikanische Demokratie durch die Massen bestimmt und dies lehnt er ab. Er ist nicht der Einzige, der solche Bedenken gegenüber "zuviel" Demokratie äußert. Auch Ruskin und Carlyle sprechen sich für Demokratie und politische Reformen aus, aber keiner von ihnen möchte den unteren Schichten zu viel Mitspracherecht einräumen.

In dem Vorwort zu seinem Roman *Alton Locke* (1850), das an die Studenten von Cambridge gerichtet ist, vergleicht Kingsley die amerikanische Demokratie mit der englischen. Seiner Ansicht nach ist die amerikanische Demokratie nicht gut, da sie "(...) leaves the conduct of affairs to the uneducated and unexperienced many (...)"[122]. Die britische Regierungsform, die die erbliche Monarchie und das House of Lords besitzt, ist dem amerikanischen Modell vorzuziehen. Kingsley möchte eine gebildete Elite beibehalten, die den anderen vorsteht, wobei er hier die Mittelschichten nicht ausschließt. Kingsley ist dafür, dass auch begabte Schüler aus der Arbeiterklasse studieren können (Kingsley, (1850) 1896, S.xxx -xxxi), aber stellt dies für ihn die Ausnahme dar. Auch sieht er die Forderung nach der Ausweitung des Wahlrechts, wie dies u.a. von John Stuart Mill gefordert wurde, nicht als notwendig an. Seiner Meinung nach ist diese Forderung zwar weise, aber er sieht diese Schichten bereits im bisherigen System als ausreichend repräsentiert an. Der Monarch

---

122 Charles Kingsley, Alton Locke. Tailor and Poet. An Autobiography (Ed. London: Macmillan, 1896), S.xxxiii.

kann seine Berater aus den gebildeten Schichten des ganzen Landes berufen und nicht alle Sitze im House of Lords sind vererbbar (Kingsley, (1850) 1896, S.xxxiii-xxxiv). So besteht keine Notwendigkeit, die unteren Schichten mit einem Wahlrecht auszustatten, da ihre Meinung bereits in Regierungsentscheidungen über diese Wege einfließt. Kingsley setzt auf die Fähigkeiten der gebildeten Schichten, sich den Veränderungen in der Gesellschaft anzupassen und durch ihre privilegierte Ausbildung und Stellung die Probleme anderer Bevölkerungsschichten zu erkennen und darauf zu reagieren.

5.4. Gesellschaftskritik in *The Water - Babies*

In *The Water - Babies* hat Kingsley auf über zweihundert Seiten die Geschichte des Jungen Tom erzählt. Ein Märchen über einen Jungen, der viele unterschiedliche Erfahrungen macht, durch die er geistige Reife erlangt und erwachsen wird. Kingsley nimmt das Kunstmärchen als Verpackung, um über die Fragen zu schreiben, die ihm am Herzen liegen. Seine in *The Water - Babies* geäußerte Gesellschaftskritik betrifft drei große Themenbereiche. Erstens werden die Lebensbedingungen von Kindern, bzw. den unteren Schichten in den Städten und die damit verbundenen Auswirkungen auf den Charakter und die Gesundheit der Menschen. Sauberkeit und Hygiene angesprochen und an vielen Stellen die negativen Auswirkungen von Schmutz und Armut beschrieben. Neben den äußeren Bedingungen kommt es Kingsley auch auf eine gute Erziehung der Kinder an, damit sie später keinen schlechten Charakter entwickeln wie Mr. Grimes. An Toms Beispiel wird gezeigt, wie die Veränderung der äußeren Lebensumstände und die Vermittlung der christlichen Moralvorstellungen einen guten Charakter hervorbringen können.

Zweitens betrifft die Kritik Kingsleys das politische System. Er sieht die Notwendigkeit von Reformen und Veränderungen, aber auf keinen Fall möchte er eine Demokratie nach amerikanischem Vorbild. Die Gesellschaft braucht neue Leitbilder, aber keine Demokratie, die durch die Massen bestimmt wird. Der umfassend gebildete Gentleman, der nicht mehr notwendigerweise ein Aristokrat sein muss, ist in der Lage, eine führende Rolle in der Gesellschaft zu übernehmen und die Geschicke der Nation zu leiten.

Drittens verbindet Kingsley die Erkenntnisse der Naturwissenschaften mit dem christlichen Glauben. Die Bibel, deren Inhalt interpretiert als ontologische Wahrheit im 18. Jahrhundert noch nicht hinterfragt wurde, wird aufgrund der Erkenntnisse der Naturwissenschaften im 19. Jahrhundert immer stärker angezweifelt. Es verbreitet sich immer mehr die Auffassung, dass die Bibel nicht als Offenbarung Wort für Wort ausgelegt und geglaubt werden kann, sondern dass sie in allegorischer und symbolischer Weise über Gott und seine Taten spricht. Kingsley versucht einen Mittelweg zu finden, indem er die Erkenntnisse der Naturwissenschaften als Hilfe betrachtet, mehr über die Schöpfung Gottes zu erfahren. Gott aber bleibt als Schöpfer aller Dinge in seiner Allmacht unangetastet. Kingsley muss daher konsequenterweise die Evolutionstheorie ablehnen, wie er dies in *The Water - Babies* tut, obwohl er Darwin und dessen Forschungen schätzt.

Aus dem bisher Gesagten geht hervor, dass Kingsley hinsichtlich der politischen Organisationsform, der Wert- und Moralvorstellungen konservative Ansichten vertrat. Als Beispiel dafür soll die Diskussion über den Gouverneur von Jamaika, Sir John Eyre, dienen, bei der Kingsley Partei für den Gouverneur ergriff. Der Vorfall auf Jamaika, der die britische Öffentlichkeit in den sechziger Jahren beschäftigte, bestand darin, dass der Gouverneur Sir John Eyre als Reaktion auf eine Rebellion einen baptistischen Priester und hunderte weitere Rebellen hinrichten ließ. Eine daraufhin eingesetzt Kommission veröffentlichte dann im April 1866 den Beschluss, Eyre als Gouverneur zu entlassen und seine Pension einzubehalten. Es bildeten sich zwei Gruppen: John Stuart Mill u.a. unterstützten diese Entscheidung. Carlyle, Kingsley und Ruskin zeigten Sympathie für den Gouverneur und sein hartes Durchgreifen.[123]

In *The Water – Babies* entwirft Kingsley das Idealbild des englischen Gentlemans. Am Beispiel Toms wird gezeigt, wie durch eine an christlichen Werte ausgerichtet, moralische Erziehung in Verbindung mit Kenntnissen auch aus den Naturwissenschaften ein idealer Typ hervorgebracht werden kann, der dann in der Gesellschaft führende Aufgaben übernimmt. Im Prinzip ersetzt Kingsley den Adel durch eine Bildungselite, die die Geschicke der Nation lenken soll. Politisch vertritt Kingsley eine antidemokratische Haltung, wie dies in der Krähengeschichte ausgedrückt wird. Theologisch ist er ein überzeugter Anglikaner, für den die katholische Kirche durchaus einen Fremdkörper für die britische Gesellschaft darstellt.

Andererseits vertrat Kingsley hinsichtlich theologischer Fragen und Erziehungsfragen eine für seine Zeit sehr liberale Haltung. In gleicher Weise versuchte er mit der Verbindung von Naturwissenschaften und Religion sich seiner Zeit anzupassen. Es ist also schwierig, Kingsley eindeutig festzulegen. Ähnlich wie Ruskin bezieht er die Basis für seine Ideen und Meinungen aus einer konservativen Haltung, die aber immer wieder von erstaunlich modernen

---

123 Brenda Colloms, Charles Kingsley. The Lion of Eversley (London: Constable, 1975) S.292-293.

Gedanken und Ansätzen durchbrochen wird. Allerdings ist Kingsley von seinen theologischen Ansichten stark überzeugt und lässt in dieser Hinsicht keine tolerante Sichtweise zu.

6. George MacDonald: At the Back of the North Wind

George MacDonald, mit dem ich mich im nächsten Kapitel beschäftigen werde, durchlief wie Charles Kingsley eine Ausbildung zum Geistlichen. Er predigte, hielt Vorträge und verfasste mehrere fantastische Erzählungen und Kunstmärchen für Erwachsene und Kinder. Darunter die bis heute bekannten Werke wie *The Princess and the Goblin* (1872) und *The Princess and Curdie* (1871). Aus der Fülle seiner fantastischen Erzählungen habe ich das Kunstmärchen *At the Back of the North Wind* (1871) ausgesucht, da es die fantastische Märchenwelt mit der Realität des 19. Jahrhunderts verbindet und offenkundig Kritik an der viktorianischen Gesellschaft enthält. George MacDonald schrieb nicht nur fantastische Erzählungen, sondern auch einige Romane, die in seiner schottischen Heimat spielen.

6.1. George MacDonald

George MacDonald wurde im Dezember 1824 im schottischen Huntly geboren. Er stammte aus einer großen Familie: aus der ersten Ehe seines Vaters hatte er drei Brüder und aus der zweiten Ehe seines Vaters drei Schwestern. Er selbst hatte mit Louisa Powell, die er 1851 heiratete, elf Kinder. Nachdem er das King's College in Aberdeen beendet hatte, ging er 1845 nach London. 1848 besuchte er das Highbury Theological College, um sich zum kongregationalistischen Pfarrer ausbilden zu lassen. Bereits vor dem Ende seiner Ausbildung trat er 1850 eine Pfarrstelle in Arundel an. Doch schon 1853 musste er die Gemeinde wieder verlassen, da seine Ansichten den Gemeindemitgliedern zu liberal waren. Von nun an begann ein bewegtes Leben für seine immer größer werdende Familie. Zeit seines Lebens hatte George MacDonald mit finanziellen Schwierigkeiten zu kämpfen. Er veröffentlichte zahlreiche Romane, Kunstmärchen, Zeitungsartikel und verdiente Geld als Prediger und Lehrer. Aber seine Gesundheit zwang ihn immer wieder zu längeren Aufenthalten in milderen Klimazonen Südeuropas. Neben den Einkünften aus seiner schriftstellerischen Tätigkeit finanzierte sich die Familie mit selbst einstudierten Theateraufführungen, wie z.B. einer Adaptation von Bunyans *The Pilgirm's Progress*. Auch fanden sich immer wieder Freunde und Bewunderer, die MacDonald finanziell unterstützten, wie z.B. Lady Byron oder John Ruskin. Die letzten Jahre verbrachte die Familie vor allem in Brodighera, Italien, wo George und Louisa MacDonald auch begraben wurden.

Sein Prosawerk lässt sich in zwei Gruppen einteilen: einerseits schrieb MacDonald über zwanzig Romane, die oft autobiographische Züge seiner Kindheit und Jugend in Schottland enthielten. Hierzu gehören die Werke *David El-*

ginbrod (1863), *Alec Forbes of Howglen* (1865) oder *Robert Falconer* (1868). Zur anderen Gruppe zählen seine Kunstmärchen und Fantasieerzählungen, zu denen auch *At the Back of the North Wind* gehört. Die meisten dieser Erzählungen haben den kindlichen Leser als Hauptadressaten, richten sich aber auch an den erwachsenen Leser wie die anderen hier behandelten Kunstmärchen. Was MacDonald von den anderen Kunstmärchenautoren des 19. Jahrhunderts unterscheidet, ist, dass er zwei Kunstmärchen verfasst hat, die ausschließlich für ein erwachsenes Lesepublikum bestimmt waren: *Phantasts* (1858) und *Lilith* (1895) (Petzold, 1981, S.161).

George MacDonald war ein Mensch mit einem eigenwilligen Charakter. Seine Ansichten wichen häufig von den gängigen Meinungen ab. Seine literarischen Kenntnisse waren sehr umfangreich. Neben dem Interesse für die englischen Dichter der Romantik und Shakespeare faszinierten ihn auch ausländische Schriftsteller wie Dante, Goethe, Novalis und E. T. A. Hoffmann. 1851 verbreitete er zunächst in einem kleinen Kreise seine Übersetzung von zwölf Erzählungen Novalis unter dem Titel *Twelve of the Spiritual Songs of Novalis*.[124] MacDonalds theologischer Hintergrund war durch den Calvinismus bestimmt, der ihm während seiner Kindheit vermittelt wurde, doch wandte er sich bereits in jungen Jahren von dem strengen Glauben seiner Eltern ab. Für ihn standen nicht so sehr die theoretischen Fragen des Glaubens im Vordergrund, sondern die Möglichkeit, durch einen individuellen Glauben an Gott das Leben meistern zu können. In einem 1851 an seinen Vater geschriebenen Brief beschrieb MacDonald seinen Glauben folgendermaßen:

> I firmly believe people have hitherto been a great deal too much taken up about doctrine and far too little about practice. The word *doctrine*, as used in the Bible, means teaching of duty, not theory. I preached a sermon about this. We are far too anxious to be definite and to have finished, well-polished, sharp-edged *systems* - forgetting that the more perfect a theory about the infinite, the surer it is to be wrong, the more impossible is it to be right. I am neither Arminian[125] nor Calvinist. To no system I would subscribe. (Greville MacDonald, 1971, S.155)

Gerade der letzte Satz zeigt, wie schwierig es ist George MacDonald einzuordnen. Er wollte sich keiner theologischen Richtung anschließen. Für ihn war

---

124 Greville MacDonald, George MacDonald and his Wife (1924, Ed. New York und London: Johnson Reprint Corporation, 1971) S.159.

125 Jacobus Arminius (1560 - 1609), richtiger Name: Jakob Harmensen; dänischer, protestantischer Theologe; er lehnte die absolute Prädestination ab, vertrat eher liberale Ansichten und beeinflusste die Methodisten und Wesleyaner in Großbritannien.

entscheidend, dass der christliche Glaube im Alltag umgesetzt wurde. Gegenüber der theoretischen Diskussion inhaltlicher Glaubensfragen, die während des ganzen 19. Jahrhunderts die Kirchen in Großbritannien bewegte, hatte er Vorbehalte. Er wollte die Menschen direkt erreichen, auf ihre Moral und ihr Verhalten Einfluss nehmen und ihnen einen Glauben an Gott vermitteln, der sie durch das Leben trägt und sie auf das Leben nach dem Tod vorbereitet.

6.2. George MacDonalds Kraft der Imagination

Neben seinen theologischen Ansichten bestimmt vor allem ein Faktor das schriftstellerische Schaffen MacDonalds: die Imagination. Sie ist für ihn eine wertvolle Fähigkeit des Menschen und dient als Quelle literarischen Schaffens. George MacDonald folgt hier der Linie, die von den romantischen Dichtern Wordsworth und Coleridge eingeschlagen wurde: Imagination als Basis der schriftstellerischen Kreativität, die dem Dichter von Gott geschenkt wird. Ich möchte nun anhand zweier Essays George MacDonalds Definition von Imagination und deren Bedeutung für seine schriftstellerische Tätigkeit erläutern.

In seinem 1867 verfassten Essay "The Imagination: Its Function and its Culture" definiert MacDonald Imagination als "(...) the faculty which gives form to thought (...)".[126] Diese Fähigkeit der Imagination, die der Mensch von Gott erhalten hat, bringt den Menschen Gott am nächsten. Gott und dessen Imagination bilden die Basis für alle Dinge, die den Menschen umgeben. Um die Welt zu verstehen, muss man sich zunächst mit der göttlichen Imagination auseinandersetzen, die den Schlüssel für das Verständnis der Umwelt bietet:

> The imagination of man is made in the image of the imagination of God. Everything of man must have been of God first; and it will help much towards our understanding of the imagination and its function in man if we first suceed in regarding aright the imagination of God, in which the imagination of man lives and moves and has its being. (MacDonald, 1895, S.3)

Hinter allem, was der Mensch schafft, ob es sich nun um Maschinen, Bilder oder Literatur handelt, steht also Gott. Gott ist die treibende Kraft des Menschen, bzw. der Mensch nur ein Gedanke Gottes (MacDonald, 1895, S.3-4). MacDonald glaubt, dass die Umgebung des Menschen die äußere Gestalt seines Geistes ist. Diese äußeren Formen tragen bereits eine Bedeutung in sich.

---

[126] George MacDonald, "Imagination: Its Function and its Culture" in: George MacDonald, A Dish of Orts. Chiefly Papers on the Imagination and Shakespeare (London: Sampson Low Martson & Company, 1895) S.2.

Der Mensch muss nun mit Hilfe der Imagination das Innere dieser Formen erhellen, um die Form und deren Bedeutung zu erkennen: "The man has but to light the lamp within the form: his imagination is the light, it is not the form. Straightway the shining thought makes the form visible, and becomes itself visible through the form." (MacDonald, 1895, S.5).

Nach George MacDonalds Ansicht wird diese Souveränität der Imagination als sinngebende Kraft in der Lyrik nicht mehr in Frage gestellt. MacDonald dehnt dies nun auf die Sprache insgesamt aus. Seiner Meinung nach ist die Hälfte der Sprache ein Werk der Imagination. Für ihn wird somit die Welt zum nach außen gekehrten Innenleben des Menschen: "All that moves in the mind is symbolized in Nature." (MacDonald, 1895, S.9). Hieraus ergibt sich dann konsequenterweise ein Misstrauen gegenüber den Naturwissenschaften. In seinem Essay lehnt MacDonald die Naturwissenschaften zwar nicht vollkommen ab, aber er ordnet sie eindeutig der Imagination unter. Gott und der Glaube an ihn sind die höchste Instanz, die es nicht in Frage zu stellen gilt. Am Anfang seines Essays formuliert er dies wie folgt:

> To inquire into what God has made is the main function of the imagination. It is aroused by facts, it is nourished by facts, seeks for higher and yet higher laws in those facts; but refuses to regard science as the sole interpreter of nature, or the laws of science as the only religion of discovery.(MacDonald, 1895, S.2)

Hier wird deutlich, dass sich MacDonald den Naturwissenschaften nicht ganz verschließt. Ähnlich wie für Charles Kingsley können auch für George MacDonald die Naturwissenschaften dazu dienen, die göttliche Schöpfung besser zu verstehen. Aber sie dürfen niemals an die Stelle der Religion als Erklärungsmodell für die menschliche Existenz als solche treten.

In dem zweiten Essay, der hier ausgesucht wurde, geht MacDonald auf das Verhältnis der Imagination zum Märchen ein und erläutert sein Verständnis dieser literarischen Gattung. Der Essay trägt den Titel "The Fantastic Imagination" und ist in derselben Sammlung wie oben zitierter Essay erschienen. Zu Beginn des Essays verweist MacDonald auf die Schwierigkeit, dass das Englische kein Wort für "Märchen" besitzt und man daher auf den Ausdruck "fairytale" zurückgreift, auch wenn die Erzählung nichts mit Feen zu tun hat.[127]

Welche Rolle spielt nun die Imagination beim Schreiben von Märchen? George MacDonald geht davon aus, dass die natürliche Welt bestimmten Ge-

---

[127] George MacDonald, "The Fantastic Imagination" in: George MacDonald, A Dish of Orts. Chiefly Papers on the Imagination and Shakespeare (London: Sampson Low Martson & Company, 1895)S.313.

setzmäßigkeiten folgt. Der Mensch kann eine kleine, eigene Welt erfinden, die durch ihre eigenen Gesetze bestimmt wird. Wenn solche Erfindungen nun alte Wahrheiten verkörpern, sind sie ein Produkt der Imagination. Sollten sie aber nur eine, wenn auch sehr schöne, Erfindung sein, sind sie Produkte der Fantasie (MacDonald, 1895, S.314). Dasselbe trifft auch für die Welt der Moral zu. Auch hier kann der Mensch neue Formen gestalten, indem er sich seiner Imagination bedient (MacDonald, 1895, S.315-316). Die Imagination ist also der Ausgangspunkt für die Erschaffung einer autonomen Märchenwelt. In den meisten Märchen folgt MacDonald diesem Anspruch und daher lassen sich bei der Mehrzahl der Märchen keine Hinweise auf zeitgenössische Orte, Personen oder Themen finden. Es geht MacDonald mehr um die Darstellung moralischer Fragen und deren Bewertung. *At the Back of the North Wind* bildet hier eine der wenigen Ausnahmen. Wie wir noch sehen werden, wird hier neben der imaginären Welt ein sehr realistisches Bild der zeitgenössischen Gesellschaft entworfen.

Ein Märchen, das nun in einer durch die Imagination erschaffenen Welt und gemäß einer durch die Imagination geprägten Moral entstanden ist, hat nach MacDonalds Ansicht einen Sinn. Jeder, der die Handlung des Märchens spüren kann, findet den Sinn, der seinem Charakter entspricht. Der Sinn, den ein Leser in einem Märchen findet, variiert demnach je nach dem Charakter des Lesers (MacDonald, 1895, S.316). Ein wahres Kunstwerk besitzt deshalb auch immer mehrere mögliche Sinndeutungen:

> A genuine work of art must mean many things; the truer its art, the more things it will mean (...) It is there not so much to convey a meaning as to wake a meaning. If it does not even wake an interest, throw it away. (MacDonald, 1895, S.317)

So kann jeder etwas anderes in einem Märchen finden. Es hängt von den charakterlichen und geistigen Voraussetzungen ab, wie der Leser das Märchen interpretiert. George MacDonald ist sich darüber im Klaren, dass für seine kindlichen Leser die Sinnsuche nicht so sehr im Vordergrund steht. Sollte ein Kind aber nach dem Sinn eines Märchens fragen, dann soll man die Sinndeutung weitergeben, die man selbst in der Erzählung gefunden hat (MacDonald, 1895, S.317).

Dieses Literaturverständnis birgt natürlich die Gefahr in sich, dass wenn jeder in einem Werk sehen kann, was ihm gefällt, eine falsche Interpretation entstehen kann und die Intention des Autors damit verloren geht. George MacDonald ist sich dieser Problematik bewusst. Für ihn ist aber der entscheidende Punkt, dass jeder das aus einem Werk zieht, was er kann, nicht was ihm gefällt. So wird ein "true man" auch nur "true things" herausfinden und dann ist es auch nicht entscheidend, ob diese vom Autor beabsichtigt waren oder nicht. Ein Mensch mit einem schlechten Charakter wird in jedem Werk Schlechtes finden (MacDonald, 1895, S.320). Der Autor hat somit nur bedingt Einfluss auf die Wirkung seiner Erzählung, da alles vom Leser und dessen Charakter abhängt. George MacDonald formuliert dies gegen Ende des Essays auf folgende Weise: "If any strain of my 'broken music' make a child's eyes flash, or his mother's grow for a moment dim, my labour will not have been in vain." (MacDonald, 1895, S.322).

Zusammenfassend kann man festhalten, dass der Glaube an Gott und die Imagination die beiden gedanklichen Grundlagen für MacDonalds Schaffen sind. MacDonald hatte eine Ausbildung zum Geistlichen gemacht, um seinen Glauben weiterzutragen. Die große Bedeutung, die er der Imagination in Verbindung mit Gott zuspricht, ergibt für ihn die Basis für seine fantastischen Erzählungen und Kunstmärchen. Das letzte angeführte Zitat zeigt, dass er vor allem auf der Gefühlsebene eine Wirkung erzielen möchte. Er möchte den Menschen über dessen Empfindungen ansprechen, zum Nachdenken animieren und so vielleicht eine Verhaltensänderung bewirken. Die Schaffung einer eigenen, kleinen Welt durch die Imagination bietet ihm dann die Möglichkeit, in *At the Back of the North Wind* die reale Welt mit einer Fantasiewelt zu verknüpfen, um so die Schwachstellen der viktorianischen Gesellschaft aufzuzeigen.

6.3. Der Inhalt von *At the Back of the North Wind*

Im Mittelpunkt des Kunstmärchens *At the Back of the North Wind* stehen zwei Figuren: Nordwind, eine feenartige Verkörperung des Nordwindes und Diamond, ein kleiner Junge, der einen außergewöhnlich guten Charakter hat und in armen Verhältnissen lebt. Das Kunstmärchen ist vergleichsweise lang und umfasst fast 300 Seiten. Ein Grund für diese Länge ist sicher, dass *At the Back of the North Wind* zunächst als Serienerzählung von November 1868 bis Oktober 1869 in der Zeitschrift *Good Words for the Young* erschien.[128] Ende 1870 erschien das Kunstmärchen dann in Buchform und wurde auf 1871 vordatiert (Petzold, 1981, S.201).

Wie bereits weiter oben angesprochen wurde, existieren in diesem Kunstmärchen zwei Welten nebeneinander. Auf der einen Seite eine reale Welt, die die Armut in London beschreibt, aber auch zeigt, dass es gute Menschen gibt, die gegenüber dem Schicksal der ärmeren Bevölkerung nicht gleichgültig sind. Und auf der anderen Seite die Begegnungen von Diamond mit Nordwind.

---

128 George MacDonald war von 1869 bis 1871 Herausgeber dieser Zeitschrift.

Diese Begegnungen und Gespräche von Diamond und Nordwind finden in einer Traumwelt statt. Außer Diamond hat niemand in der Erzählung Kontakt zu Nordwind oder jemals mit ihr gesprochen. Sie erscheint Diamond immer in Frauengestalt, hat lange, schwarze Haare und leuchtende Augen.

Die ersten drei Begegnungen Diamonds mit Nordwind geschehen immer nachts im Traum. Für Diamond erscheinen die Erlebnisse, die er mit Nordwind hat, und die Gespräche, die er mit ihr führt, real. Wenn er nach den Begegnungen aufwacht, befindet er sich nie an dem Ort, an dem ihn Nordwind zurückgelassen hat. Einmal wacht er in seinem Bett auf, ein anderes Mal befindet er sich auf der Wiese hinter Mr. Colemans Haus, der der Arbeitgeber von Diamonds Vater ist. Eine Angestellte von Mr. Coleman findet Diamond und alle nehmen an, dass er schlafwandelt. Seine Mutter macht sich große Sorgen um die Gesundheit ihres Sohnes und fährt mit ihm zu einer Tante nach Sandwich. Dort wird Diamond ernsthaft krank und seine Mutter fürchtet um sein Leben. Für Diamond ist das einwöchige Fieberdelirium ein Ausflug in das Land hinter Nordwind.

Diese Erfahrung verändert Diamond. Das Land hinter dem Rücken von Nordwind ist ein ruhiger, paradiesähnlicher Ort. Es gibt nach Auskunft des Erzählers noch zwei weitere Personen, die schon einmal in diesem Land waren. Es handelt sich hierbei um einen italienischen Dichter nobler Abstammung, der schon seit 500 Jahren tot ist, womit Dante gemeint ist. Und um einen schottischen Schäfer, der die Erfahrungen eines kleinen Mädchens namens Kilmeny in einem Gedicht wiedergibt. Kilmeny ist Teil der von dem schottischen Dichter James Hogg[129] geschriebenen Ballade *The Queen's Wake* (1813). Das Gedicht handelt von dem Verschwinden und plötzlichen Wiederauftauchens des Mädchens Kilmeny. Sie kann sich an nichts Genaues mehr erinnern und war an einem irrealen Ort. Kurz nach ihrer Rückkehr stirbt Kilmeny. Dieser Verweis auf zwei von George MacDonald sehr geschätzte Dichter zeigt, dass er sich ganz bewusst in die Tradition einer visionären Literatur stellt (Petzold, 1981, S.210). George MacDonalds literarisches Schaffen wird durch die Imagination bestimmt und er greift auch immer wieder auf sein Wissen über die schottische Literatur, Sagen und Mythen zurück.

---

129 James Hogg (1770-1835): schottischer Schäfer, der ab 1790 beginnt Gedichte, Balladen und Romane zu verfassen. Neben seinen vielen poetischen Werken wird heute sein Roman The Private Memoirs and Confessions of a Justified Sinner (1824) als sein Meisterwerk betrachtet. Hogg wurde von vielen seiner Zeitgenossen als Schriftsteller geschätzt, z.B. William Wordsworth, der ihn in dem Gedicht "Upon the Death of James Hogg" in Erinnerung behielt. (Siehe: The Cambridge Guide to Literature in English, S.469).

Das Land hinter dem Rücken von Nordwind ist hell, obwohl keine Sonne scheint. Ein Fluss singt Lieder in den Köpfen der Menschen. Diamond wird später immer wieder seinen jüngeren Geschwistern Lieder vorsingen, von denen er sagt, dass nicht er sie erfunden hat, sondern dass sie von jenem Fluss stammen. Diamond vermisst dort zwar seine Eltern, aber er empfindet trotzdem Ruhe und Frieden. Es ist weder kalt noch warm. Die Menschen sprechen zwar nicht, verständigen sich aber mit Blicken. Diamond geht noch einmal weg aus diesem Land, um am Ende der Geschichte endgültig durch Nordwind hindurchzugehen. Für seine Eltern und die anderen Figuren der Geschichte bedeutet dies Diamonds Tod. Nur der Erzähler, der Diamond kennengelernt hat und so überhaupt die Geschichte von Diamond und Nordwind aufschreiben konnte, betrachtet dies von einem anderen Standpunkt aus:

> I walked up the winding stair and entered his room. A lovely figure, as white as alabaster, was lying on the bed. I saw at once how it was. They thought he was dead. I knew that he had gone to the back of the north wind. (292) [130]

Hier wird dem Tod jeglicher Schrecken genommen. Das Sterben ist ein Mitgehen mit einer mütterlichen Feenfigur, die zwar ihre schreckliche Seiten hat, insgesamt aber ruhig und vertrauensvoll wirkt. Das Sterben bedeutet keinen Bruch mit dem Leben, sondern eine Art Heimkommen in eine andere Welt, die kein Leid kennt. Auch hier kann MacDonald auf eine literarische Tradition zurückgreifen, die sogenannten "Deathbed Tracts". Es handelt sich hierbei um Literatur, die den Tod von Kindern zum Inhalt hat. In der Zeit MacDonalds war die Kindersterblichkeit in Großbritannien noch hoch und für viele Kinder gehörte es zu ihrer Erfahrungswelt, dass Gleichaltrige starben. Religiös geprägte Autoren verfassten Erzählungen, die von guten Kindern handelten, die, da sie im Leben den Regeln der christlichen Moral folgten, den Tod gelassen hinnehmen konnten, da sie sicher einen Platz im Paradies hatten. Das Modell für diese Erzählungen war Janeways[131] Erzählung *A Token for Children, an Exact Account of the Conversion, Holy, and Exemplary Lives and Joyful Deaths of Several Young Children* (1671). Zu seiner Zeit war es eines der führenden Bücher in religiösen Kreisen und erlebte zwischen 1785 und 1830 in

---

130 Alle Zitate, die sich auf At the Back of the North Wind beziehen, werden in Klammern hinter dem Zitat angegeben und beziehen sich auf folgende Ausgabe: George MacDonald, At the Back of the North Wind (Ed. London: Octupus Books, 1979).

131 James Janeway (? 1636 - 1674) studierte am Christ Church College, Oxford; ab 1665 lebte er als nonkonformistischer Prediger in London.

bearbeiteter Form sieben Auflagen (Bratton, 1981, S.35). In seinem Vorwort stellt Janeway dem kindlichen Leser folgende Frage:
> Did you never hear of a little child that died? And if other children die, why may you not lie sick and die? And what will you do then, Child, if you should have no Grace in your Heart and be found like other naughty children? (Bratton, 1981, S.34-35)

Für heutige Leser erscheinen die Fragen brutal. Aber am Ende des 17. Jahrhunderts wurden Kinder als kleine Erwachsene betrachtet und dementsprechend behandelt. Bereits MacDonalds *At the Back of the North Wind* hat nichts mehr von dieser Brutalität und Direktheit. Auch dies ist ein Indiz dafür, wie sich die Wahrnehmnung von Kindern und der Umgang mit ihnen im Laufe des 19. Jahrhunderts veränderte. Der Tod erscheint bei MacDonald in Gestalt von Nordwind, die eher eine sympathische Figur ist. Ein Thema des Kunstmärchens ist die Vorbereitung Diamonds auf seinen Tod. Charles Kingsleys Tom stirbt ebenfalls in *The Water - Babies*, aber der Tod von Kindern ist kein Thema dieses Kunstmärchens. Die Entwicklung Toms vom schlechten Jungen zum Gentleman steht im Vordergrund. Diamond hingegen wird durch seine Begegnungen mit Nordwind auf seinen Tod vorbereitet, ohne zu wissen, was genau das ist. Er vertraut Nordwind, geht durch sie hindurch an einen Ort, den er schon einmal gesehen hat, ohne sich zu fürchten. Diamond besitzt einen sehr guten Charakter, ist immer hilfsbereit und hat daher nichts zu befürchten. Ungleich Janeway droht MacDonald seinen kleinen Lesern nicht. Der Tod in Gestalt von Nordwind wird als ein Begleiter, als Freund dargestellt, vor dem Diamond keine Angst hat. Im Gegenteil: Die Frauenfigur mit ihren schönen Augen und dem langen Haar strahlt für Diamond Ruhe und eine Art Geborgenheit aus.

Wie aber sieht nun die reale Welt in *At the Back of the North Wind* aus? Diamonds Vater arbeitet als Kutscher für Mr. Coleman. Das Pferd, mit dem er fährt, heißt ebenfalls Diamond. Diamonds Eltern sind zwar arm, haben aber einen guten Charakter. Als nun Mr. Coleman Bankrott geht, muss sich Diamonds Vater nach einer neuen Arbeit umschauen. Er kann das Pferd Diamond kaufen und macht sich so als Droschkenfahrer in London selbständig. Das Leben in der Stadt ist hart und das Geld immer knapp. Als Diamond eines Tages mit seinem Vater unterwegs ist und einem Straßenkehrermädchen namens Nanny in einer Auseinandersetzung hilft, lernt er Mr. Raymond kennen. Mr. Raymond verspricht Diamond sechs Pence und ein Buch, wenn dieser lesen lernt. Diamond lernt es von seinen Eltern und bekommt auch die Belohnung von Mr. Raymond. Dieser ist Schriftsteller, verfasst Märchen und erkennt sofort die besondere Begabung Diamonds. Von nun an ist Mr. Raymond für den

Verlauf des Lebens von Diamonds Familie mitverantwortlich. Als das Straßenkehrermädchen Nanny krank wird, gelingt es Diamond mit der Hilfe von Mr. Raymond, dass sie ein Krankenhaus aufsuchen kann und wieder gesund wird. Als Mr. Raymond sich mehrere Monate im Ausland aufhält, bittet er Diamonds Vater, sich um sein Pferd zu kümmern und es ab und zu als Droschkenpferd zu benützen. Diamonds Vater hat allerdings viel Ärger mit dem Pferd, da es lahmt und so nicht eingesetzt werden kann. Auch möchte Mr. Raymond, dass Nanny nach ihrem Krankenhausaufenthalt bei Diamonds Familie lebt, die in der Zwischenzeit neben Diamond noch zwei Kinder hat, und im Haushalt sowie bei der Kinderversorgung hilft, damit sie später als Kindermädchen arbeiten kann und nicht mehr auf die Straße zurück muss. Als Mr. Raymond von seiner Auslandsreise zurückkehrt, stellt sich heraus, dass er geheiratet hat. Er möchte mit seiner Frau aufs Land ziehen und benötigt einen Kutscher. Diamonds Vater übernimmt diese Arbeit und die ganze Familie, inklusive Nanny und ihrem lahmen Freund Jim, der ihre einzige Bezugsperson in London war, ziehen aufs Land. Somit wendet sich für alle Beteiligten alles zum Guten: Diamonds Eltern haben Arbeit, die Kinder leben auf dem Land und nicht in der dreckigen Stadt, und Nanny und Jim müssen nicht mehr auf der Straße leben. Dank Mr. Raymond haben alle ein Auskommen.

6.4. Themen in *At the Back of the North Wind*

Es sollen nun die zentralen Themen von George MacDonalds Kunstmärchen untersucht werden. Zunächst werden die Figur Diamonds, sein Charakter und seine Wirkung auf die Mitmenschen näher betrachtet. Danach soll die widersprüchliche Figur Nordwind analysiert werden. Da in *At the Back of the North Wind* die reale Welt mit einer Fantasiewelt vermischt wird, finden sich auch konkrete Aussagen über gesellschaftliche Themen des 19. Jahrhunderts in dem Kunstmärchen. Hier sind vor allem das Ideal des Gentlemans, wie es in dem Kunstmärchen dargestellt wird, und die Passagen über das Leben und die Not der ärmeren Bevölkerung von Interesse.

6.4.1. Diamond: Ein Engel auf Erden

Diamond wächst in armen Verhältnissen auf. Sein Vater arbeitet als Kutscher für Mr. Coleman und Diamond hat sein Bett über dem Pferdestall. Diamond ist ein naiver Junge, der nichts außer seinem direkten Umfeld kennt. Als Nordwind ihn das erste Mal besucht, zeigt die Unterhaltung über seinen Namen, dass er nicht einmal weiß, dass er wie ein Edelstein heißt:

> 'Diamond is a very pretty name,' persisted the boy, vexed that it should not give satisfaction.
> 'Diamond is a useless thing rather,' said the voice.
> 'That's not true. Diamond is very nice - as big as two - and so quiet all night! And doesn't he make a jolly row in the morning, getting up on his four legs! It's like thunder!'
> 'You don't seem to know what a diamond is.'
> 'Oh don't I just! Diamond is a great and good horse; and he sleeps right under me. He is Old Diamond and I am Young Diamond; (...) and I don't know which of us my father likes best.' (17)

Das Pferd Diamond ist ein zuverlässiges Arbeitstier, mit dem der Vater hervorragend arbeiten kann. Der Junge Diamond wird von seinen Eltern geliebt und ist für diese wertvoll. Hier wird deutlich, wie der Erzähler vermitteln möchte, dass der Wert einer Person oder eines Tieres nicht im Materiellen zu suchen ist. Die Beziehung zwischen Menschen oder zwischen Mensch und Tier ist von Bedeutung. Materielle Werte spielen, wenn überhaupt, nur eine untergeordnete Rolle. Diamond sieht in allen Menschen, denen er im Laufe der Geschichte begegnet, immer nur das Positive. Äußerlichkeiten oder die gesellschaftliche Stellung haben keine Bedeutung. Entscheidend ist der Charakter der Menschen. Seine Aussagen über seinen Namen und das Pferd zeigen, dass Diamond diese Bewertung von Menschen und Tieren offensichtlich von seinen Eltern vermittelt bekommen hat.

Diamond zeichnet sich nicht nur dadurch aus, dass für ihn materielle Dinge eine untergeordnete Rolle spielen, sondern auch durch seine Imagination. Wie bereits erläutert wurde, hat die Imagination für George MacDonald einen hohen Stellenwert. In seinem Kunstmärchen *At the Back of the North Wind* besitzen nur drei Figuren diese Imagination: Diamond, der Schriftsteller Mr. Raymond und der Erzähler. Nur Diamond kann Nordwind sehen und unterhält sich mit ihr. Alle anderen können mit Diamonds Erzählungen nichts anfangen, außer Mr. Raymond und dem Erzähler, die Diamond für ein besonders sensibles und kluges Kind halten. Die Imagination, die Diamond besitzt, lässt ihn nicht nur mit Nordwind in Kontakt treten, sondern macht ihn auch extrem empfänglich für seine Umwelt. Am Anfang der Erzählung wird geschildert, wie Diamond eine Zeit lang in der Wohnung bleiben muss, da er keine Schuhe mehr hat. Als dann seine Mutter das Geld für die Schuhe gespart hat, kann er endlich wieder hinaus. Die ganze Welt erscheint ihm wie neu:

> The sun was going down when he flew from the door like a bird from its cage. All the world was new to him. A great fire of sunset burned on the top of the gate that led from the stables to the house; above the fire in the sky lay a large lake of green light, above that a golden cloud

and over that the blue wintry heavens. And Diamond thought that, next to his own home, he had never seen any place he would like so much to live in as that sky. For it is not fine things that make home a nice place, but your mother and your father. (31)

Diamonds Imagination lässt ihm den Himmel wie ein Zuhause erscheinen. Für ihn besitzt der endlose Abendhimmel eine große Anziehungskraft. Nur sein eigenes Zuhause, das nicht durch schöne Dinge, sondern durch seine Eltern zum Zuhause wird, ist diesem Naturschauspiel an Bedeutung gleich. Der letzte Satz zeigt wiederum, dass der ideelle Wert einer Sache gegenüber dem materiellen Wert von Dingen höher bewertet wird. Zudem verdeutlicht diese Stelle bereits die Orientierung Diamonds zum Jenseits hin.

Diamond wird mit einem Vogel verglichen, der im Käfig eingesperrt war und nun wieder frei ist. Bei seinen Ausflügen mit Nordwind hält er sich in Nordwinds langen, schwarzen Haaren fest und fliegt über London. Als er später wieder auf dem Land wohnt, ist sein Zimmer ganz oben in einem Turm. Sein Lieblingsplatz ist oben im Wipfel eines Baumes, in den er oft hinaufklettert, um den Himmel besser sehen zu können. Diese Bilder ziehen sich durch das ganze Kunstmärchen und werden so dem Leser vertraut. Am Ende, als Nordwind Diamond abholt und er endgültig in das Land hinter Nordwind geht, empfindet der Leser dies eher als tröstlich, denn als traurig. Diamond hat in seinem Leben nur Gutes getan und letztendlich erfüllt sich mit dem Tod seine Sehnsucht nach dem Himmel, die ihn sein ganzes Leben lang prägte.

Diamond ist eigentlich ein Engel auf Erden. Er besitzt einen guten Charakter, tut nur Gutes, verhält sich immer gut gegenüber seinen Mitmenschen und in finanziell schweren Zeiten für seine Familie denkt er immer positiv und fährt sogar die Droschke, damit die Familie durch die Krankheit des Vaters keinen Verdienstausfall hat. Oft genügen allein schon Diamonds Anwesenheit und ein Gespräch mit ihm, damit sich die Menschen besser fühlen. Dies trifft beispielsweise für Miss Coleman zu, die Tochter des ersten Arbeitgebers von Diamonds Vater. Als sie sich von einer Krankheit erholt, lässt sie immer wieder nach Diamond schicken, um sich mit ihm zu unterhalten.

Auch in London wirkt Diamond auf seine Mitmenschen positiv ein. In Kapitel 18 bringt Diamond einen betrunken Droschkenfahrer zur Räson. Eines Nachts wird Diamond durch den Lärm aus der Nachbarwohnung geweckt. Der betrunkene Nachbar schreit seine Frau an und das Baby des Paares weint. Diamond geht in die Wohnung und beruhigt das Baby. Der Droschkenfahrer hört auf, seine Frau anzuschreien und alle beruhigen sich wieder. Diamond sieht die Not seiner Mitmenschen, schaut aber nicht weg, sondern handelt:

> Now the way most people do when they see anything very miserable is to turn away from the sight, and try to forget it. But Diamond began as usual to destroy the misery. The little boy was just as much one of God's messengers as if he had been an angel with a flaming sword, going out to fight the devil. The devil he had to fight just then was Misery. (142-143)

Durch seine Tat bewirkt Diamond, dass der betrunkene Droschkenfahrer sich bewusst wird, was er getan hat. Er sieht sein Fehlverhalten ein und hört damit auf. Diamond ist unter den Droschkenfahrern generell sehr beliebt. Sie achten sogar darauf, dass sie keine Schimpfwörter verwenden, wenn Diamond in der Nähe ist. Seine Anwesenheit hält die Menschen offensichtlich dazu an, sich besser zu verhalten. Die Droschkenfahrer nennen ihn deshalb auch "God's baby".

In gleicher Weise schätzt Diamonds Mutter den guten Charakter ihres Sohnes. Er stellt seine eigenen Bedürfnisse zurück, handelt aus seinem Gefühl heraus und verhält sich so automatisch richtig. Ob es nun darum geht, die Stube zu fegen oder das Baby zu beruhigen, Diamond ist dann glücklich, wenn er andere glücklich machen kann. Auch seine Mutter erkennt, dass dies eine Besonderheit ist:

> 'Why, Diamond, child!' said his mother at last, 'you're as good to your mother as if you were a girl - nursing the baby, toasting the bread, and sweeping up the hearth! I declare a body would think you had been among the fairies.' Could Diamond have had a greater praise or pleasure? You see when he forgot his Self his mother took care of his Self, and loved and praised his Self. (125)

Diamonds Charakter wird durch die Tatsache geprägt, dass er schon einmal im Land hinter Nordwind war. Sein feiner Charakter wurde dadurch noch sensibler für seine Mitmenschen und deren Bedürfnisse. Er hilft immer und stellt seine eigenen Bedürfnisse hinten an. Doch die Beurteilung Diamonds fällt unterschiedlich aus und ist nicht immer positiv. Nicht jeder versteht die selbstlose Art Diamonds. Der Erzähler der Geschichte lernt Diamond kennen, als dieser mit seiner Familie für Mr. Raymond arbeitet und wieder aufs Land zieht. Er fasst die Wirkung Diamonds auf seine Mitmenschen wie folgt zusammen:

> I saw him often after this, and gained so much of his confidence that he told me all I have told you. I cannot pretend to account for it. I leave that for each philosophical reader to do after his own fashion. The easiest way is that of Nanny and Jim, who said often to each other that Diamond had a tile loose. But Mr. Raymond was much of my opinion concerning the boy; while Mrs. Raymond confessed that she

> often rang her bell just to have once more the pleasure of seeing the lovely stillness of the boy's face, with his blue eyes which seemed rather made for other people to look into than for himself to look out of. (268)

Nanny und Jim halten Diamond für verrückt, weil das ihrer Meinung nach die einfachste Erklärung für sein außergewöhnliches Verhalten ist. Der Erzähler und Mr. Raymond, der Diamond seine neu verfassten Märchen lesen lässt und auf dessen Urteil viel Wert legt, erkennen die außergewöhnliche Sensibilität und Imaginationskraft des Jungen. Mrs. Raymond empfindet, wie Miss Coleman, allein schon die Anwesenheit Diamonds als beruhigend. Diamonds kurzes Leben, das er auf der Erde verbringt, ist eine Aneinanderreihung von guten Taten. Er lebt und sieht viel Elend, aber er verzweifelt nicht daran, sondern verbessert die Situation seiner Mitmenschen. Auf seinem Weg begleitet ihn auch Nordwind. Nun drängt sich natürlich die Frage auf, wer oder was Nordwind ist.

6.4.2. Nordwind

Bei der ersten Begegnung von Diamond und Nordwind, wird sie als eine schöne Frauengestalt mit blassem Gesicht und langen, schwarzen Haaren beschrieben. Im Verlauf des Märchens wird sie ihre Gestalt immer wieder verändern, mal erscheint sie als Mädchen oder so klein wie eine Fee. Von Anfang an hat Diamond Vertrauen zu diesem Wesen. So ist er auch bereit, gleich bei der ersten Begegnung mit ihr zu gehen. Nordwind aber warnt ihn davor, nur mit ihr zu gehen, weil sie so schön sei und er deshalb denke, dass sie nicht schlecht sein könne:

> 'Well, please, North Wind, you are so beautiful, I am quite ready to go with you.'
> 'You must not be ready to go with everything beautiful all at once, Diamond.'
> 'But what's beautiful can't be bad. You're not bad, North Wind?'
> 'No, I'm not bad. But sometimes beautiful things grow bad by doing bad, and it takes some time for their badness to spoil their beauty. So little boys may be mistaken if they go after things because they are beautiful.' (20)

Nordwind warnt Diamond deutlich davor, Schönheit mit einem guten Charakter gleichzusetzen. Es wird bald deutlich, dass Nordwind auch eine bedrohliche Seite innewohnt. Auf einem gemeinsamen Ausflug erklärt Nordwind Diamond, dass sie eine unangenehme Aufgabe zu erledigen habe. Sie nimmt die Gestalt eines Wolfes an, um ein Kindermädchen zu erschrecken, das getrunken und ein Kind schlecht behandelt hat. Diamond sorgt sich, dass auch das Kind den Wolf gesehen haben und ebenfalls erschreckt worden sein könnte. Aber Nordwind erklärt ihm, dass nur das Kindermädchen den Wolf gesehen habe, weil sie sich schlecht verhalten habe. Das Kind, das nichts Böses getan hat, sieht auch den Wolf nicht. Nordwind belehrt Diamond:

> 'Why should you see things', returned North Wind, 'that you wouldn't understand or know what to do with? Good people see good things; bad people, bad things.'
> 'Then you are a bad thing?'
> 'No. For you see me, Diamond, dear', said the girl, and she looked down at him, and Diamond saw the loving eyes of the great lady beaming from the depth of her falling hair. (36)

Ob etwas gut oder schlecht ist, hängt also vom Betrachter ab. Nordwind bestraft nur das Kindermädchen, das es verdient hat. Die Frage, ob Nordwind nun gut oder schlecht ist, wird nicht eindeutig geklärt. Sie hat zwei Seiten und ihre Wirkung verändert sich nach dem Charakter der Person, mit der sie zu tun hat. Für Diamond ist Nordwind zweifelsfrei gut, denn Diamond argumentiert folgendermaßen: "I love you and you love me, else how did I come to love you?" (62). Diamonds Naivität und sein unerschütterlicher Glaube an das Gute lassen für ihn keinen anderen Schluss zu.

An einer weiteren Stelle kommt noch einmal Nordwinds dunkle Seite zum Tragen. Diamond wird von Nordwind abgeholt und sie erklärt ihm, dass sie in dieser Nacht ein Schiff versenken müsse. Diamond kann nicht verstehen, dass Nordwind das Schiff mit seinen Passagieren untergehen lassen will. Diamond lässt sich von Nordwind absetzen, bevor diese das Schiff versenkt. Er möchte nicht dabei sein. Nordwind erklärt Diamond, dass sie die Leute lediglich in das Land hinter ihrem Rücken bringen werde. Nordwind kümmert sich nur um ihre Arbeit, ohne diese zu werten. Auf die Frage Diamonds, warum sie diese Tat als ihre Arbeit ansieht, antwortet sie:

> 'Ah, I can't tell you. I only know it is, because when I do it I feel all right, and when I don't I feel all wrong. East Wind says - only one does not exactly know how much to believe of what she says, for she is very naughty sometimes - she says it is all managed by a baby; but whether she is good or naughty when she says that I don't know. I just stick to my work.' (53)

Nordwind tut die Dinge demnach nicht weil sie gut oder schlecht sind, sondern weil sie sie tun muss. Den genauen Grund kennt sie nicht und die Vermutung des Ostwindes, die nicht unbedingt eine verlässliche Quelle ist, dass ein Baby hinter all dem steht, kann Nordwind nicht bestätigen. Das Versenken des Schiffes wird von Diamond als grausam empfunden. Für Nordwind aber ist es einfach ihre Arbeit, die richtig ist. Die Anspielung auf das Baby, das hinter all dem steht, ist eine Anspielung auf Jesus Christus und damit auf Gott. Nordwind wäre somit eine ausführende Kraft des Willen Gottes. Später in der Erzählung erfährt der Leser, dass das versenkte Schiff Mr.Coleman gehört hat. Zu dem Zeitpunkt als das Schiff unterging, hatte er sich bereits beträchtlich verspekuliert und griff zu unehrenhaften Methoden, um seine Haut zu retten. Der Untergang des Schiffes brachte ihm den endgültigen Bankrott, ist also mithin die Strafe für sein unehrenhaftes Verhalten. Eine Lektion, aus der er für sein künftiges Leben lernen wird.

Gegen Ende des Kunstmärchens wird die Identität von Nordwind eindeutig aufgeklärt. Diamond ist sich nicht sicher, ob Nordwind vielleicht doch nur ein Traum ist. Nordwind selbst sagt Diamond daraufhin alles, was sie über ihre Person weiß:

> '(...) I will tell you all I know about it then. I don't think I am just what you fancy me to be. I have to shape myself various ways to various people. But the heart of me is true. People call me by dreadful names, and think they know all about me. But they don't. Sometimes they call me Bad Fortune, sometimes Evil Chance, sometimes Ruin; and they have another name for me which they think the most dreadful of all.'
> 'What is that?', asked Diamond, smiling up in her face.
> 'I won't tell you that name. Do you remember having to go through me to get into the country at my back?'
> 'Oh, yes, I do. How cold you were North Wind! And so white, all but your lovely eyes! My heart grew like a lump of ice, and then I forgot for a while.'
> 'You were very near knowing what they call me then. Would you be afraid of me if you had to go through me again?'
> 'No. Why should I? Indeed I should be glad, if it was only to get another peep of the country at your back.' (282)

Hier wird deutlich, dass Nordwind nicht nur als Naturgewalt den Willen Gottes ausführt, sondern auch für den Tod steht. Das Land hinter ihrem Rücken, in das sie die Menschen bringt, ist das himmlische Paradies. Diamond hat es schon einmal gesehen und Vertrauen zu Nordwind gefasst. Noch einmal dorthin zu gehen macht ihm keine Angst. Nordwind ist eine übernatürliche Figur, die nur für Diamond existiert. Diamond ist die einzige Figur, die sich in *At the Back of the North Wind* in beiden Welten, der realen und der fantastischen, bewegt. Werfen wir nun einen Blick auf die reale Welt in *At the Back of the North Wind* und die Gesellschaft mit ihrem Wertesystem.

6.4.3. Moralisches Wertesystem: der ideale Gentleman im Gegensatz zum selbstgefälligen Unternehmer

Bisher wurde vor allem an der Figur Diamonds gezeigt, welche Eigenschaften ein Mensch haben sollte: Selbstlosigkeit, Bescheidenheit und Hilfsbereitschaft. Der Mensch sollte einen festen Glauben an Gott haben und auf ihn vertrauen. Wäre Diamond erwachsenen geworden, wäre er der ideale Gentleman geworden. In *At the Back of the North Wind* wird ein Gentleman nicht durch seine gesellschaftliche Stellung charakterisiert. Wie wir bereits in dem Abschnitt über Diamond gesehen haben, zählen die inneren Werte. Diamonds Vater ist ein bescheidener, ehrlicher Mann. Er ist gegenüber seinem Arbeitgeber absolut loyal. So vermeidet er sogar gegenüber Diamond über persönliche Dinge zu sprechen, die die Familie Coleman betreffen. Nordwind erklärt Diamond, was ein Gentleman ist. Bei ihrer ersten Begegnung war Nordwind schon weg, als Diamond mit Verspätung in den Hof kam, um sie dort zu treffen. Auf die Frage Diamonds, warum Nordwind nicht mehr da war, erklärt sie ihm bei ihrem nächsten Treffen:

> 'Yes, but that was your fault,' returned North Wind. 'I had a work to do; and, besides, a gentleman should never keep a lady waiting.'
> 'But I'm not a gentleman,' said Diamond, scratching away the paper.
> 'I hope you won't say so in ten years after this.'
> 'I'm going to be a coachman, and a coachman is not a gentleman,' persisted Diamond.
> 'We call your father a gentleman in our house,' said North Wind.
> 'He doesn't call himself one,' said Diamond.
> 'That's of no consequence: every man ought to be a gentleman, and your father is one.' (32-33)

Jeder kann sich wie ein Gentleman verhalten und sollte dies auch tun. Die gesellschaftliche Stellung oder der Beruf spielen dabei keine Rolle. Wichtig ist auch, dass derjenige, der ein Gentleman sein möchte, dies nicht zur Schau trägt. Außer Diamonds Vater dient auch Mr. Raymond als Beispiel für einen Gentleman in *At the Back of the North Wind*. Er kümmert sich um Nanny, während sie krank ist und engagiert Diamonds Vater sowie die ganze Familie, als er Personal für seinen Landsitz braucht. Er verhält sich immer korrekt und tut Gutes, ohne dies besonders hervorzuheben.

Dieses Ideal des Gentlemans kontrastiert George MacDonald mit dem Bild vom selbstgefälligen Unternehmer. Wie wir im vorigen Kapitel über Nordwind gesehen haben, versenkt Nordwind Mr. Colemans Schiff, weil dieser zu unehrenhaften Geschäftsmethoden gegriffen hat. Aber Mr. Coleman ist nicht der alleinige Schuldige. Der Verlobte seiner Tochter, Mr. Evans, griff auch zu unlauteren Methoden. Er verfügte seiner Meinung nach nicht über genügend finanzielle Mittel, um Miss Coleman zu heiraten und ihr den gewohnten Lebensstil zu bieten. Er stieg deshalb in Mr. Colemans Firma ein und versuchte, sich zu profilieren. Anstatt darauf zu bauen, dass Miss Coleman ihn um seiner selbst willen liebe, wollte er schnell reich werden, um sie zu beeindrucken. Er befand sich auf dem erwähnten Schiff, als es unterging. Er überlebte und versuchte eine Zeit lang, wieder zu Reichtum zu gelangen. Dies gelang ihm aber nicht. Durch Zufall hilft er Diamond bei einer Streiterei, als dieser allein für seinen kranken Vater die Droschke fährt. Zum Dank bringt Diamond Mr. Evans zu den Colemans. Nachdem Mr. Evans so viel durchgemacht hat, hat er nun eingesehen, dass nur seine Liebe zu Miss Coleman von Bedeutung ist und nicht das Geld. Der Erzähler kommentiert die Lehre, die Mr. Evans aus seinem Schicksal gezogen hat, wie folgt:

> Before he got home again, he had even begun to understand that no man can make haste to be rich without the will of God, in which case it is the one frightful thing to be successful. So he had come back a more humble man, and looking to ask Miss Coleman to forgive him. (196)

Mr. Evans wirtschaftlicher Misserfolg hat ihn bescheidener und einsichtiger gemacht. Er hat erkannt, dass die Gefühle am wichtigsten sind und die materiellen Dingen von geringerer Bedeutung. MacDonald folgt hier der calvinistischen Annahme, dass der wirtschaftliche Erfolg eines Menschen mit seinem Glauben und seinem Verhalten zusammenhängt und Gott nur gläubige, gute Menschen mit materiellem Erfolg belohnt.

Selbstgefälligkeit und Eitelkeit dagegen führen in den wirtschaftlichen Ruin. Dies wird in *At the Back of the North Wind* noch durch ein weiteres Beispiel veranschaulicht. Als Diamond mit seiner Mutter in Sandwich verweilt, wird die Stadt vom Erzähler so beschrieben:

> Everything looked very strange, indeed; for here was a town abandoned by its nurse, the sea, like an old oyster left on the shore till it gaped for weariness. It used to be one of the five chief seaports in England, but it began to hold itself too high, and the consequence was the sea grew less and less intimate with it, gradually drew back, and kept more to itself, till at length it left it high and dry: Sandwich was a seaport no more; the sea went on with its own tide-business a long way off, and forgot it. Of course it went to sleep, and had no more to do with ships. That's what comes to cities and nations. And boys and girls, who say, 'I can do without *your* help. I'm enough for myself.' (79)

Sandwich, die einst blühende Hafenstadt ruiniert sich selbst durch Eitelkeit und Selbstüberschätzung. Das Meer zieht sich von ihr zurück und so wird aus ihr ein unbedeutendes Städtchen. Am Ende des obigen Zitats wird die Geschichte von Sandwich auf Städte allgemein, aber auch auf Nationen und Kinder übertragen. Eine Gemeinschaft, gleich ob es sich um eine Familie, Bewohner einer Stadt oder um eine Nation handelt, kann nur funktionieren, wenn der Einzelne seine Interessen nicht über die der anderen stellt. Gegenseitige Unterstützung kommt der ganzen Gemeinschaft zu Gute und rettet sie vor dem Abrutschen in die Bedeutungslosigkeit. Auch ein ausgeglichenes Verhältnis zwischen Arm und Reich ist für eine Gesellschaft wichtig. MacDonald sieht wie viele seiner Zeitgenossen das Auseinanderdriften der Gesellschaft in zwei Extreme und thematisiert dies in *At the Back of the North Wind*.

6.4.4. Die Lebensumstände der ärmeren Bevölkerung

Mr. Coleman und Mr. Raymond gehören zur oberen Mittelschicht und leben auf dem Land. Diamond und seine Familie leben zwar in bescheidenen Verhältnissen, aber unter beiden Arbeitgebern leben sie auf dem Land besser als in der Stadt. Als sich Diamonds Vater als Droschkenfahrer selbständig macht und die Familie in einen Vorort Londons zieht, verschlechtern sich die Wohnsituation und die Lebensumstände. Umgeben von oft betrunkenen Droschkenfahrern hat die Familie häufig mit finanziellen Schwierigkeiten zu kämpfen. Das Geld reicht meist nicht einmal dazu, genügend Essen einzukaufen. Eines Abends, nachdem die ganze Familie wieder nur sehr wenig gegessen hat, lässt der Vater seine Verzweiflung und seinen Ärger über die schlechten Lebensbedingungen an der Mutter aus. Der Erzähler erklärt dieses Verhalten folgendermaßen:

> It is a strange thing how pain of seeing the suffering of those we love will sometimes make us add to their suffering by being cross with them. This comes of not having faith enough in God, and shows how necessary this faith is, for when we lose it, we lose the kindness which alone can soothe the suffering. (245)

Diamonds Vater, der eigentlich einen guten Charakter besitzt, wird durch die Not und die Armut, die auf der Familie lasten, dazu gebracht, dass er sich gegenüber seiner Frau ungerecht verhält. In diesem Moment hat er seinen Glauben an Gott vergessen und kann deshalb sein Schicksal nicht mehr ertragen. Ein fester Glaube an Gott stärkt den Gläubigen in seinem Vertrauen darauf, dass sich alles zum Besseren wenden wird. Diamond hat dieses Vertrauen und denkt immer positiv. Die Armut und das verlorene Vertrauen in Gott bringen Diamonds Vater, der sich sonst wie ein Gentleman verhält, dazu, sich schlecht zu verhalten. Bedenklich an dieser Stelle ist der implizite Fatalismus: Wenn man arm ist und hungert, hilft einem ein fester Glaube, die Situation zu ertragen. Das Elend, das auf der Erde durchlebt werden muss, wird am Ende des Lebens von einem gerechten Gott mit dem Paradies belohnt.

In *At the Back of the North Wind* gibt es Menschen wie Mr. Coleman, die für ihre Habgier bestraft werden, und Menschen wie Mr. Raymond, die Gutes tun und den ärmeren Menschen helfen. Der Glaube an Gott und die Ausrichtung auf das Jenseits stehen durch die Figur Diamonds in diesem Kunstmärchen im Vordergrund. Aber an der Figur von Mr. Raymond wird deutlich, wie jemand, der zu einer der oberen Schichten zählt, die Not der ärmeren Bevölkerung lindern kann, wobei es sich um einzelne Aktionen handelt. George MacDonald prangert zwar die Armut und deren Folgen für den Menschen an, fordert aber keine politischen Reformen oder grundlegende Veränderungen der Gesellschaftsstruktur. Er appelliert hingegen an das Verantwortungsgefühl der oberen Schichten, sich für die Verbesserung der Lebensumstände der unteren Schichten einzusetzen.

Die Auswirkungen von Armut werden am einprägsamsten an der Figur Nanny dargestellt. Sie muss bereits als Kind als Straßenkehrerin hart für ihren Unterhalt arbeiten. Sie hat keine Eltern, kennt diese auch nicht, und lebt bei einer Trinkerin namens Old Sal, die sie abends oft nicht einmal in die Wohnung lässt. So ist Nanny es gewohnt, auf der Straße zu übernachten. Dies alles ändert sich durch die Bekanntschaft mit Diamond und ihren Aufenthalt im Krankenhaus. Am Anfang des Kapitels 27 "The Children's Hospital" kritisiert der Erzähler, dass es viel zu wenige Krankenhäuser gibt, in denen arme Kinder wie Nanny behandelt werden können. Dort werden die Kinder liebevoll gesund gepflegt. Dies ist für Nanny eine bis dahin unbekannte Erfahrung. Sie wird wieder gesund und erfährt zum ersten Mal in ihrem Leben Fürsorge und Geborgenheit. Dies verändert nicht nur ihr Äußeres, sondern auch ihren Charakter. Als Diamond sie besucht, erkennt er sie zuerst gar nicht wieder:

> The old Nanny, though a good girl, and a friendly girl, had been rough, blunt in her speech, and dirty in her person (...) now it [Nanny's face] was so sweet, and gentle, and refined, that she might have had a lady and a gentleman for a father and mother. (201)

Der Einfluss, den der Krankenhausaufenthalt auch auf Nannys Charakter ausübt, bringt diese dazu, das Angebot anzunehmen, bei Diamonds Mutter im Haushalt zu helfen, damit sie später als Kindermädchen arbeiten kann. Sie selbst möchte nicht mehr zurück auf die Straße. Der Aufenthalt im Krankenhaus und die Fürsorge, die sie dort erfahren hat, verhalfen ihr zu einer Perspektive, die auch zur Verbesserung ihrer Lebenssituation beiträgt.

6.5. Gesellschaftskritik in *At the Back of the North Wind*

George MacDonald verbindet in seinem Kunstmärchen *At the Back of the North Wind* die fantastische Welt Nordwinds mit realen Erlebnissen seiner Hauptfigur Diamond. Nordwind symbolisiert den Tod und die nächtlichen Ausflüge, die Diamond mit Nordwind unternimmt, bereiten den Jungen auf seinen eigenen Tod vor. Am Ende schreitet er durch Nordwind hindurch ins Paradies. Nordwind führt aber auch, gesehen als Naturgewalt, den Willen Gottes in der Welt aus. Schlechte Menschen werden bestraft und gute Menschen wie Diamond mit dem Paradies belohnt. MacDonald zeichnet hier das Bild eines gerechten, aber harten Gottes.

Diamond dient als Vorbild für moralisches Verhalten. MacDonald entwirft die Figur Diamonds mit einem fast überirdischen, göttlichen Charakter. Diamond tut nur Gutes, hilft jedem und bewirkt bei seinen Menschen positive Verhaltensänderungen. Er wird mit einem Engel verglichen und von den Droschkenfahrern "God's baby" genannt. Sein früher Tod verliert dadurch seinen Schrecken, dass ein so gutes Kind nur in den Himmel kommen kann. Implizit stellt dies eine Aufforderung an kleine Leser da, sich entsprechend christlicher Wertvorstellungen zu verhalten. MacDonald wurde zum Geistlichen ausgebildet und für ihn stellten Gott und der Glaube an ihn die zentralen Aspekte menschlichen Lebens dar. MacDonald personifiziert in der Figur Diamonds die Hoffnung auf ein besseres Leben nach dem Tod.

MacDonalds Kritik an der zeitgenössischen Gesellschaft zeigt in vieler Hinsicht Parallelen zu Ruskin und Kingsley auf. Diamond und seine Angehörigen leben auf dem Land besser und zufriedener als in der Stadt. Ihr Leben in der Stadt ist durch Armut und Elend gekennzeichnet. Darüber hinaus zeigt die Darstellung des Droschkenfahrermilieus, wie sich in den unteren Schichten der Stadt Alkoholismus und Gewalt als Folge des Vertrauensverlustes in Gott ausbreiten. MacDonald sieht die Not in den Städten, aber seiner Meinung nach kann auch hier ein fester Glaube an Gott helfen, den harten Alltag zu bewältigen. Diamond und auch sein Vater zeigen in *At the Back of the North Wind* wie dies funktionieren kann. An den Figuren Nanny und Jim stellt MacDonald dar, wie vor allem Kinder von diesen Missständen betroffen sind. Mangelnde Zuwendung, harte Arbeitsbedingungen und ein Leben auf der Straße lassen Nanny bereits in frühen Jahren hart werden. Doch auch hier zeigt MacDonald, dass man durch ein besseres Umfeld für die Kinder auch ihren Charakter verbessern kann.

MacDonald vertraut wie Ruskin und Kingsley auf einzelne Aktionen gebildeter Menschen, die die Not ihrer Mitmenschen lindern. Mr. Raymond ist hier das Vorbild. Er kümmert sich darum, dass Nanny in ein Krankenhaus kommt, als sie krank ist. Er animiert Diamond dazu, Lesen zu lernen. Er gibt der Familie am Ende der Geschichte wieder Arbeit auf dem Land und ermöglicht allen damit ein besseres Leben. Eine grundsätzliche Veränderung der gesellschaftlichen oder politischen Strukturen wird von MacDonald nicht in Betracht gezogen. MacDonald appelliert an das Verantwortungsbewusstsein und auch das Mitleid der führenden Schichten.

MacDonald ist von den hier behandelten Autoren derjenige, der die meisten fantastischen Erzählungen geschrieben hat. Eingangs wurde bereits darauf verwiesen, dass er einerseits Romane über seine schottische Kindheit schrieb und andererseits mehrere Kunstmärchen und fantastische Erzählungen verfasst hat. Auch wurde schon dargestellt, wie wichtig für MacDonald die Imagination als Quelle literarischen Schaffens war. Da er die Imagination als eine dem Menschen von Gott gegeben Fähigkeit betrachtet, misst er seinem Glauben den entscheidenden Stellenwert für sein Leben bei. In *At the Back of the North Wind* gelingt es MacDonald, seine christlichen Überzeugungen und Wertvorstellungen mit Kritik an den Lebensumständen der unteren Schichten in einem Kunstmärchen zu verbinden. Er kann so an das soziale Gewissen seiner Mitmenschen appellieren.

MacDonalds Popularität bei seinen Zeitgenossen war groß. Nach seinem Tod geriet er etwas in Vergessenheit, bis C.S.Lewis[132] 1946 eine Anthologie von MacDonald herausgab.[133] Im Vorwort zu dieser Anthologie beschreibt Lewis MacDonald als seinen Lehrmeister, der jedes seiner Werke beeinflusst hat (Lewis, 1946, S.20). Lewis sieht das Verdienst MacDonalds nicht so sehr in seinem literarischen Stil, den er allenfalls für mittelmäßig erachtet (Lewis, 1946, S.14), sondern in der Fähigkeit MacDonalds, fantastische Geschichten zu schreiben: "What he [MacDonald] does best is fantasy - fantasy that hovers between the allegorical and the mythopoetic." (Lewis, 1946, S.14). Auch andere Schriftsteller wie J.R.R. Tolkien oder W.H. Auden unterstützen Lewis Urteil (Petzold, 1981, S.161). Die Besonderheit und Wirkung MacDonalds auf nachfolgende Schriftsteller lag darin, dass er in seinen fantastischen Erzählungen Welten entwirft, die der gegenwärtigen Welt als idealistische Utopie gegenüber gestellt werden können. So beeinflussten seine Kunstmärchen und die in oben zitierten Essays formulierten Ansichten über Märchen und Imaginati-

---

132 Clive Staples Lewis (1898-1963): englischer Schriftsteller, Kritiker und christlicher Apologet; verfasste kritische Werke, theologische Schriften und Kinderbücher.

133 C.S. Lewis, George MacDonald: An Anthology (London: Geoffrey Bles: The Centenary Press, 1946).

on die Entwicklung der fantastischen Literatur im 20. Jahrhundert nachhaltig. Petzold fasst diese besondere Haltung MacDonalds gegenüber der Gattung Märchen folgendermaßen zusammen:

> MacDonald nahm das Märchen als Gattung ernster als irgendein anderer Autor seiner Zeit. Das Verfassen von Märchen war für die anderen eine Gelegenheitsarbeit, oft für ein bestimmtes Kind. Man tat es zum Vergnügen, zuweilen als ein leicht frivoles Spiel mit belächelten Konventionen, oder aber man betrachtet das Märchen als ein Mittel zur moralischen Erziehung der Jugend. MacDonald ist der einzige, der so etwas wie eine Theorie des Märchens entwickelt und in seinem Schreiben angewandt hat. (Petzold, 1981, S.163)

Die Eigenschaften des Kunstmärchens kamen MacDonald deshalb so entgegen, da er in dieser Gattung seiner Imagination freien Lauf lassen konnte. Seinen Glauben richtete er nicht nach Dogmen oder Theorien aus, sondern betonte immer die spirituelle Seite des Menschen. In seinem Kunstmärchen *At the Back of the North Wind* verband er diese Überzeugung mit seiner Kritik an der sozialen Ungerechtigkeit, die in der zeitgenössischen Gesellschaft herrschte.

7. Oscar Wilde: The Happy Prince und The Young King

Oscar Wilde steht als letzter Autor dieser Arbeit für das ausgehende 19. Jahrhundert. Er ist sicherlich der bekannteste der hier behandelten Autoren. Sein schriftstellerisches Werk ist umfangreich und beinhaltet von Lyrik, Prosa, Drama bis hin zu Essays viele verschiedene literarische Gattungen. Hier soll den beiden Märchensammlungen *The Happy Prince and Other Tales* (1888) und *A House of Pomegranates* (1891) Beachtung geschenkt werden. Aus beiden Sammlungen wurde jeweils ein Kunstmärchen ausgewählt, das in den Kontext dieser Arbeit passt, da Wilde darin die ungleiche Verteilung von Reichtum thematisiert. Die anderen Kunstmärchen der Sammlungen beschäftigen sich eher mit der Beziehung von Menschen zueinander in einer allgemeinen Form.

7.1. Oscar Wilde

Über das Leben Oscar Wildes existieren unzählige Biographien. Er scheint durch sein außergewöhnliches Leben, das zu seiner Zeit jeglicher Konvention zuwiderlief, auch auf die Nachwelt einen enormen Eindruck hinterlassen zu haben. Wilde reiste viel und hatte zu vielen bekannten Zeitgenossen Kontakt. Ich möchte mich hier darauf beschränken, nur die wichtigsten Daten seines Lebens zu nennen.

7.1.1. Biographie Wildes

Oscar Fingal O'Flatherie Wills Wilde wurde am 16. Oktober 1854 in Dublin geboren. Sein Vater, Sir William Wilde (1815 - 1876), war Arzt. Er verfasste nicht nur Bücher über medizinische Themen, sondern widmete sein Interesse auch anderen Naturwissenschaften, der Volkskunde sowie irischen Mythen und Sagen. Wildes Mutter, Jane Francisca Elgee (1826 - 1896), war eine überzeugte irische Nationalistin und veröffentlichte Gedichte und Artikel in der Zeitschrift *The Nation*. Unter ihrem Pseudonym Speranza erschien 1871 ein Gedichtband *Poems by Speranza*. 1887 veröffentlichte sie die von ihrem Mann gesammelten irischen Sagen und Legenden unter dem Titel *Ancient Legends, Mystic Charms, and Superstitions in Ireland*. Oscar Wilde hatte noch einen älteren Bruder, William, und eine jüngere Schwester, Isola, die allerdings bereits 1867 als Kind verstarb. Oscar Wilde wuchs in einem Umfeld auf, in dem der irischen Tradition und Literatur viel Beachtung geschenkt wurde. Obwohl Wilde später in London lebte, viel auf dem Kontinent reiste und seine letzten Jahre in Frankreich verbrachte, blieb er Irland sein Leben lang verbunden.

Nachdem Wilde 1874 das Trinity College in Dublin beendet hatte, ging er nach Oxford. Von 1874 bis 1879 studierte er am Magdalen College. Zu dieser Zeit unterrichtete auch John Ruskin in Oxford und so wurde Wilde mit dessen Schriften und Gedankengut vertraut. Wilde nahm an dem von Ruskin geleiteten Projekt teil, eine Straße in Ferry Hinksey zu bepflanzen.[134] Einer der Versuche Ruskins, seine Theorien über die Verbesserung des Umfelds des Menschen in ästhetischer Hinsicht zu verwirklichen. In dieser Zeit wurden Wildes Ansichten nicht nur stark durch Ruskin geprägt, sondern auch durch Walter Pater.[135] Mit Ruskin und Pater stand Wilde zu dieser Zeit immer in Kontakt. Trotz dieses prägenden Einflusses entwickelte Wilde früh seinen eigenen Stil, nicht nur hinsichtlich seiner ästhetischen Ansichten und seines Literatur- und Kunstverständnisses, sondern auch hinsichtlich seiner Kleidung. Oscar Wilde kreierte das Gesamtkunstwerk Wilde, mit dem er von nun an durch die Welt ziehen sollte.

1882 begab er sich auf eine Vortragsreise durch die USA, die sehr erfolgreich war. Zurück in Großbritannien lebte er vorwiegend in London und reiste immer wieder auf den Kontinent, vor allem nach Paris. 1884 heiratete er Constance Lloyd und ein Jahr später wurde sein erster Sohn Cyril geboren. 1886 kam sein zweiter Sohn Vyvyan zur Welt. Von 1887 an fungierte Wilde für knapp zwei Jahre als Herausgeber der Zeitschrift *Woman's World*. 1888 veröffentlichte er die Märchensammlung *The Happy Prince and Other Tales*, die ein großer Erfolg wurde. Von diesem Zeitpunkt an begann Wildes produktive Schaffensphase, die mit seiner Inhaftierung im April 1895 endete. In diesem Zeitraum entstanden seine bis heute bekannten Werke wie *The Picture of Dorian Gray* (1891) sowie die Theaterstücke *Lady Wintermere's Fan* (1892) und *The Importance of Being Ernest* (1895). In seinen Gesellschaftskomödien kritisierte Wilde die Heuchelei der viktorianischen Mittel- und Oberschichten. In trivial wirkenden Dialogen zeichnete Wilde ein satirisches Bild seiner Zeitgenossen. Da Wilde auch nicht davor zurückschreckte, strittige Themen auf die Bühne zu bringen, war er immer wieder Ziel heftiger Kritik. So wurde z.B. die Aufführung seines Theaterstückes *Salomé* in London im Juni 1895 untersagt, da es eine biblische Figur auf der Bühne darstellte. Erst zwei Jahre später, am 9. Februar 1897, erschien eine englische Übersetzung der französischen Ausgabe.

---

134 Richard Ellmann, Oscar Wilde (London: Hamish Hamilton, 1987) S.48.

135 Walter Pater (1839 - 1894): englischer Essayist und Schriftsteller; Vertreter des Ästhetizismus; sein bekanntester Roman ist Marcus the Epicurean (1885). Wilde war vor allem von der 1873 veröffentlichten Essaysammlung The Renaissance begeistert.

1895 begann der Verleumdungsprozess, den Oscar Wilde gegen Lord Queensberry, den Vater seines Geliebten Lord Alfred Douglas,[136] anstrebte, der ihn der Homosexualität bezichtigt hatte. Der Prozess endete mit einem Freispruch Queensberrys und die Beweislage wandte sich gegen Wilde. So fand sich Oscar Wilde auf der Anklagebank wieder und wurde nach zwei Strafprozessen zu zwei Jahren Haft verurteilt. Wildes Homosexualität wurde publik gemacht und von der Öffentlichkeit verurteilt. Seine Frau trennte sich von ihm und so hatte er keinen Kontakt mehr zu seinen Söhnen. Nach seiner Entlassung aus der Haft am 19. Mai 1897 ging er zunächst nach Dieppe. Er verbrachte die letzten drei Jahre seines Lebens in Paris und auf einigen Reisen durch Frankreich, Italien und die Schweiz. In dieser Zeit entstand nur noch die *Ballade of Reading Goal* (1898), in der Wilde die unmenschlichen Bedingungen im Gefängnis zur Sprache brachte. Einige loyale Freunde wie Max Beerbohm und Robert Ross hielten noch Kontakt mit ihm. Wilde versöhnte sich auch wieder mit Alfred Douglas. Nach kurzer Krankheit starb Wilde am 30. November 1900 im Hôtel d'Alsace in Paris, nachdem er noch kurz zuvor der katholischen Kirche beigetreten war.

Wilde polarisierte die spätviktorianische Gesellschaft. Sein Esprit und seine extravagante Erscheinung machten ihn einerseits zu einem beliebten Gast bei gesellschaftlichen Ereignissen, andererseits aber auch zum Ziel von Spott und Karikatur. Wilde sah in der Ästhetik, der Kunst, ein erstrebenswertes, höheres Ziel des Menschen. Für die Heuchelei und Verlogenheit seiner Zeitgenossen hatte er nur Verachtung übrig. Als er dann wegen seiner Homosexualität verurteilt wurde, zog er sich ganz von dieser Gesellschaft zurück. Bevor wir uns nun den beiden ausgewählten Kunstmärchen widmen, möchte ich noch Wildes ästhetische Ansichten erläutern.

7.1.2. Ästhetizismus: das Verhältnis von Kunst und Wirklichkeit

Wilde hat an vielen Stellen in seinem Werk über das Verhältnis von Kunst und Wirklichkeit geschrieben. In seinem 1889 erschienen Essay *The Deacy of Lying* unterhalten sich zwei Figuren, Cyril und Vivian, über den Kunstbegriff und moderne Literatur. Aus dem Munde Vivians stammt auch der häufig zitierte Satz: "(...) it is none the less true that Life imitates Art far more than Art imitates Life.".[137] Nach Wildes Verständnis dient die Wirklichkeit nicht als

---

136 Lord Alfred Bruce Douglas (1870 - 1945): englischer Schriftsteller; Geliebter von Oscar Wilde; übersetzte Wildes Theaterstück Salomé ins Englische.

137 Oscar Wilde, The Deacy of Lying (Ed. Oscar Wilde, Complete Works. Collins Classic. Glasgow: Harper Collins Publishers, 1994). S.1082.

Vorlage für die Kunst. Die Kunst entsteht unabhängig von äußeren Gegebenheiten und ist zunächst nur auf sich selbst zu beziehen. Diese Kunstauffassung wurde zuerst in Frankreich, vor allem durch Théophile Gautier (1811 - 1872), formuliert. Gautier spricht sich im Vorwort zu seinem Roman *Mademoiselle de Maupin* (1835) für eine von äußeren Einflüssen freie Kunst aus, die aus sich selbst begriffen wird und das Ideal des Schönen anstrebt. Für die Literatur bedeutet dies, dass man nie den Charakter und die Ansichten der Figuren mit denen des Autors verwechseln darf. Literarische Figuren denken und handeln vom Autor, d.h. von den äußeren Bedingungen, unabhängig.[138] Des Weiteren formuliert Gautier in seinem Vorwort den Widerspruch zwischen Nützlichkeit und Schönheit, bzw. Kunst. Alles, was dem Menschen im Alltag nützlich ist, ist hässlich. Er schreibt: "L'endroit le plus utile d'une maison, ce sont les latrines." (Gautier, (1835) 1979, S.58). Kunst muss schön sein und ist deshalb dem alltäglichen Leben des Menschen enthoben. Kunst und Literatur existieren ohne einen direkten Bezug zur Realität und beziehen sich daher nur auf sich selbst. So die Ansprüche Gautiers an die Literatur.

Oscar Wilde war ein hervorragender Kenner der französischen Literatur und auch der Lyrik der Parnassiens[139] und des Symbolismus[140], die sich auf die von Gautier formulierten Forderungen bezogen. Auch Wilde selbst verarbeitete diese theoretischen Überlegungen. In seinem Essay *The Decay of Lying* erklärt Vivian die Natur der Kunst: "Art finds her own perfection within, and not outside herself. She is not to be judged by any external standard of resemblance. She is a veil, rather than a mirror." (Wilde, (1889) 1994, S.1082). Wilde knüpft hier direkt an die von Gautier gestellten Forderungen an die Kunst an. Die Vollendung findet die Kunst in sich selbst. Die äußeren Umstände haben keine Bedeutung für das Kunstwerk. So kann ein Kunstwerk auch nur aus sich selbst heraus beurteilt werden. Von außen kommende Kriterien können einem Kunstwerk nicht gerecht werden. Wilde sieht die Kunst als einen Schleier, der sich über die Wirklichkeit legt, diese aber nicht widerspiegelt oder abbildet. Aber was soll dann die Kunst leisten? Wenn sie eine Aufgabe hat, worin besteht diese?

---

138   Théophile Gautier, Mademoiselle de Maupin (Ed. Paris: Imprimerie nationale, 1979) Vorwort, S.53.

139   Parnassiens: französische Dichtergruppe in der 2.Hälfte des 19.Jahrhunderts um Théophile Gautier und Leconte de Lisle, die sich gegen die romantische Dichtung aussprachen.

140   Literarische Strömung um den französischen Dichter Mallarmé. Ziel der Dichtung ist es, über das Gegenständliche hinauszugehen und den hinter den Dingen existierenden Ideen Ausdruck zu verleihen.

Die Antwort auf diese Frage findet sich an mehreren Stellen in Wildes Werk. Wilde veröffentlichte 1890 seinen Essay *The Critic as Artist*. In diesem Essay geht es nicht nur um die Aufgaben eines Kunstkritikers, sondern auch unweigerlich um den Kunstbegriff als solchen. Dieser Essay ist ebenso wie *The Deacy of Lying* als Dialog zwischen zwei Figuren, hier Gilbert und Ernest, aufgebaut. Da die Kunst nicht die Realität abbildet, sondern die Darstellung des Schönen und Wahren zum Ziel hat, kann sie auch nicht mit moralischen Kriterien beurteilt werden. Kunst ist demnach frei von Moral. Allein das Erfassen und Darstellen von Gefühlen ist Gegenstand der Kunst. In der Unterhaltung von Gilbert und Ernest wird dies so formuliert:

> GILBERT: All art is immoral.
> ERNEST: All art?
> GILBERT: Yes. For emotion for the sake of emotion is the aim of art, and emotion for the sake of action is the aim of life; and of that practical organisation of life that we call society.[141]

Diesem Anspruch an die Kunst und auch an die Literatur als Kunstform kann man in der Lyrik eher entsprechen als in anderen literarischen Gattungen. Wie bereits oben erwähnt wurde, wirkten sich die Ideen Gautiers in Frankreich vor allem auf die Lyrik aus. Die Sprache, die Gestaltung der Verse und die Wortwahl erlangen dabei die größte Bedeutung, um ein Gefühl auszudrücken. Der Bezug zur Realität dagegen wird vernachlässigt. Generell steht jedoch jeder Autor vor dem Problem, dass sich, egal ob er diesen Anspruch in Lyrik oder Prosa umsetzen möchte, streng gesehen ein Realitätsbezug nicht vermeiden lässt. Dies rührt daher, dass die Sprache nur über eine gewisse Anzahl von Wörtern verfügt, mit denen ein Schriftsteller arbeiten kann. So kann der Leser oder Zuschauer immer einen Bezug zur Realität herstellen. Kunst muss also nicht vorrangig als ein Abbild der Realität gesehen werden, aber sie kann sich nie ganz davon frei machen. Dies trifft besonders für die Literatur zu. Ein Künstler bzw. Schriftsteller lebt in einer bestimmten Zeit und Umgebung und diese werden immer Einfluss auf sein Schaffen nehmen und so wird sich die Realität in einer mehr oder weniger starken Form in seinem Kunstwerk oder Text wiederfinden. Eine vollkommene Autonomie der Kunst und Literatur ist daher nicht zu verwirklichen.

Kunst und Literatur ohne Moral und ohne Realitätsbezug sind das von Wilde angestrebte Ideal. Das Ziel ist vor allem die Darstellung von Schönheit. Vergleicht man Wildes Auffassung mit der von Ruskin, so steht bei beiden die Kunst und vorrangig die Darstellung des Schönen und Wahren im Mittel-

---

141 Oscar Wilde, The Critic as Artist (Ed. Oscar Wilde, Complete Works. Collins Classics. Glasgow: Harper Collins Publishers, 1994) S.1136.

punkt. Ruskin aber sieht die Kunst, bzw. Architektur, immer im Zusammenhang mit dem Menschen. Der Mensch lebt mit der Kunst, den schönen Dingen, die ihn im Alltag umgeben, und diese sind so ein Teil der menschlichen Realität. Da Ruskin stark durch seine christliche Erziehung geprägt wurde, sind seine Ansichten und die Beurteilung von Kunst auch immer durch eine christliche Moral bestimmt. Wilde dagegen strebt ein Loslösen von dieser christlichen Moral an, die das Leben und Denken der viktorianischen Gesellschaft und vieler der zeitgenössischen Schriftsteller prägte. Ruskin, aber auch Kingsley und MacDonald räumen Gott und dem christlichen Glauben die zentrale Bedeutung für den Menschen ein. Wilde versucht nun an diese Stelle ein ästhetisches Empfinden zu setzten, das ohne eine christliche Moral ein Umfeld für den Menschen schafft, in dem er frei und glücklich leben kann. Schon 1882 drückt Wilde diesen Unterschied zu Ruskin aus, den Wilde dennoch als einen seiner Lehrmeister betrachtet. Wilde schreibt in den von ihm verfasstem Vorwort zu dem Gedichtband *Rose Leaf and Apple Leaf* von Rennell Rodd (1858 - 1941):

> Master [Ruskin] indeed of the knowledge of all noble living and of the wisdom of all spiritual things will he be to us ever, seeing that it was he who by the magic of his presence and the music of his lips taught us at Oxford that enthusiasm for beauty which is the secret of life (...). But to us the rule of art is not the rule of morals. In an ethical system, indeed of any gentle mercy good intentions will, one is fain to fancy, have their recognition; but those that would enter the serene House of Beauty the question that we ask is not what they had ever meant to do, but what they have done. Their pathetic intentions are of no value to us but their realised creations only.[142]

Hier wird deutlich, wie stark Ruskin den jungen Oxfordstudenten Wilde beeindruckt hat. Dennoch versucht Wilde weiter zu gehen. Er möchte nur das realisierte Kunstwerk betrachten, ohne sich von anderen Einflüssen leiten zu lassen. Moral soll bei der Bewertung eines Kunstwerkes keine Rolle spielen. Die Ziele und Absichten der älteren Generation sind für Wilde nicht mehr von Bedeutung. Ihm sind die von ihnen bereits umgesetzten Werke wichtig. Darauf kann er aufbauen und seine Ideen weiterentwickeln. Eine Kunst oder Literatur ohne Moral ist wahrscheinlich unmöglich. Wilde hat jedenfalls in seinen Kunstmärchen diesen Anspruch nicht erfüllt. Wir werden bei der Analyse der zwei ausgewählten Kunstmärchen sehen, dass diese durchaus eine Moral be-

---

142 Oscar Wilde "L'Envoi" in: Oscar Wilde, Miscellanies (Ed. London: Methuen, 1908) S.31-32.

sitzen und Kritik an der viktorianischen Gesellschaft üben, also einen Bezug zur Realität haben.

7.2. Die Märchensammlungen Wildes

Im Mai 1888 erschien die Märchensammlung *The Happy Prince and Other Tales*, die von Anfang an sehr erfolgreich war. Wilde schickte u.a. Kopien an John Ruskin und W.E. Gladstone.[143] In Wildes Briefen finden sich einige Aussagen über seine Kunstmärchen. So schrieb er in dem Begleitbrief zu der Kopie an Gladstone, dass es sich um Geschichten für Kinder handele: "It is only a collection of short stories, and is really meant for children (...).".[144] In einem anderen Brief an G. H. Kersley[145] erweiterte Wilde aber seine Zielgruppe: "They are studies in prose, put for Romance's sake into a fanciful form: meant partly for children, and partly for those who have kept the childlike faculties of wonder and joy, and who find in simplicity a subtle strangeness." (Hart-Davis, 1962, S.219). Wilde bezog hier noch Erwachsene als Adressaten ein, die sich eine kindliche Imaginationskraft bewahrt haben. Er selbst bezeichnete seine Kunstmärchen als "Studien in Prosa", was bereits darauf hinwies, dass er sich in den Kunstmärchen ausgewählten Themen widmen wollte. So auch den Problemen, die er in der viktorianischen Gesellschaft zu sehen glaubte.

In einem weiteren Brief erläuterte Wilde, warum er die literarische Gattung der Kunstmärchen für diese Studien gewählt hatte. Die Adressatin war Amelie Rivers Chanler,[146] die auch eine Kopie der Märchensammlung erhielt. Wilde schrieb: "The former [*The Happy Prince and Other Tales*] are an attempt to mirror modern life in a form remote from reality - to deal with modern problems in a mode that is ideal and not imitative (...)." (Hart-Davis, 1962, S.237). Er sah das Kunstmärchen als ideale Form, die ihm erlaubte, über Probleme der modernen Zeit zu sprechen, ohne dabei die Realität imitieren zu müssen. Er konnte eine Märchenwelt kreieren, sich so von der Wirklichkeit distanzieren

---

143 William Ewart Gladstone (1808 - 1898): britischer Politiker; Führer der Liberal Party; war vier Mal Premierminister.

144 Ruppert Hart-Davis (Hrsg.), The Letters of Oscar Wilde (London: Rupert Hart-Davis Ltd., 1962) S.218.

145 George Herbert Kersley: zwischen 1885 und 1897 veröffentlichte er fünf Gedichtbände.

146 Amelie Rivers Chanler (1863 - 1945): amerikanische Schriftstellerin und Dichterin.

und trotzdem aktuelle Fragen ansprechen. Wilde versuchte so seinen Anspruch umzusetzen, dass die Kunst nicht die Realität abbilden soll.

Diese Meinung Wildes über seine Kunstmärchen manifestiert sich ferner in dem Brief von Wilde an Thomas Hutchinson.[147] Es geht darin um die Interpretation des Kunstmärchens *The Nightingale and the Rose*. Die Geschichte handelt von einem Studenten, der seiner Angebeteten eine rote Rose schenken möchte, damit diese ihn zum Ball begleitet. Eine Nachtigall hört seinen Kummer und möchte ihm gerne helfen, die Rose zu bekommen. Sie fliegt zu mehreren Rosensträuchern, die aber alle eine andere Farbe haben. Zuletzt findet sie einen Strauch mit roten Rosen. Dieser Strauch hat aber aufgrund von Frost- und Sturmschäden dieses Jahr keine Blüten. Die einzige Möglichkeit, eine Blüte zu bekommen, besteht darin, dass die Nachtigall ihr schönstes Lied singt und dabei ihr Herz in den Dorn des Strauches drückt, damit so eine rote Blüte entsteht. Die Nachtigall singt die ganze Nacht und stirbt am nächsten Tag. Der Student findet die wunderschöne Rose und bringt sie sofort seiner Angebeteten, die die Tochter eines Professors ist. Diese hat aber bereits Juwelen von einem anderen Verehrer, dem Neffen des Kammerherrn, bekommen und geht mit diesem zum Ball. Der Student ist entsetzlich enttäuscht und wütend und die wunderschöne Rose, die die Nachtigall mit ihrem Leben bezahlt hat, landet im Rinnstein. Wilde schreibt über dieses Märchen:

> I am afraid that I don't rather think as much of the young Student as you do. He seems to me rather a shallow young man and almost as bad as the girl he thinks he loves. The nightingale is the true lover, if there is one. She, at least, is Romance, and the Student and the girl are, like most of us, unworthy of Romance. So, at least, it seems to me, but I like to fancy that there may be many meanings in the tale, for in writing it I did not start with an idea and clothe it in form, but began with a form and strove to make it beautiful enough to have many secrets and answers. (Hart-Davis, 1962, S.218)

In diesem Märchen geht es um die "wahre Liebe". Wilde interpretiert seine Figuren anders als Hutchinson. Aber Wilde bewertet es positiv, dass seine Geschichte mehrere Interpretationen zulässt. Interessant ist auch, dass Wilde behauptet, er hätte mit der Form begonnen und daraufhin wäre erst der Inhalt entstanden. Es ging also nicht die Idee der Form voraus, sondern umgekehrt. Wilde hätte so seinen Anspruch verwirklicht, dass die Form den Inhalt bestimmt und ihr damit die wichtigere Position bei der Schaffung eines literarischen Werkes zukommt.

---

147 Thomas Hutchinson (1856 - 1938), Schulleiter der Pegswood Voluntary School, Northumberland.

Wildes zweite Märchensammlung *A House of Pomegranates* erschien im November 1891. Leider finden sich in seinen Briefen fast keine Bemerkungen über diese zweite Sammlung. Auf eine etwas unfreundliche Rezension der *Pall Mall Gazette*, in der der Kritiker sich die Frage stellt, ob Wilde beim Verfassen der Märchen die Absicht gehabt hätte, die britischen Kinder zu erfreuen, antwortet Wilde: "(...) in building this House of Pomegranates I had about as much intention of pleasing the British child as I had of pleasing the British public." (Hart-Davis, 1962, S.301-302). Im Gegensatz zu seiner ersten Sammlung scheint Wilde nicht vorrangig an Kinder als Zielpublikum gedacht zu haben. Die Kunstmärchen der zweiten Sammlung sind im Vergleich zu denen der ersten auch länger, der Handlungsaufbau ist komplexer und der Satzbau häufig komplizierter. Dennoch erinnern Wildes Kunstmärchen hinsichtlich ihrer Figuren und ihres Handlungsaufbaus an Märchen und vor allem an die Kunstmärchen von Hans Christian Andersen. Auch die gewählten Motive und der schlichte, etwas melancholische Erzählton gleichen Andersens Kunstmärchen (Apel, 1978, S.247). Vor allem das Kunstmärchen *The Fisherman and His Soul* greift direkt Andersens Märchen der kleinen Meerjungfrau auf. Nur dass bei Wilde der Fischer aus Liebe in das Reich der Meerjungfrau geht und dafür seine Seele verkaufen muss. Bei Andersen dagegen opfert die Meerjungfrau ihre schöne Stimme, um ein Leben an Land führen zu können.[148]

Dieter Petzold verweist in diesem Zusammenhang auch auf die Bedeutung von Hans Christian Andersen als generelles Vorbild für die Kunstmärchenautoren des ausgehenden 19. Jahrhunderts. Autoren wie Mary DeMorgan, Laurence Housman, William Morris und auch Oscar Wilde orientierten sich an der Einfachheit, die sie in Andersens Märchen wie auch im Volksmärchen fanden (Petzold, 1981, S.293). Für Petzold entspricht das Volksmärchen in künstlerischer Hinsicht den Ansprüchen, die diese Autoren an das Kunstmärchen haben. Eine charakteristische Eigenschaft des Volksmärchens ist seine Autonomie im Vergleich zu anderen Prosaformen. Es ist nur seinen eigenen Formgesetzen unterworfen, der Zeit enthoben und ohne eine sichtbare Verbindung zur Realität (Petzold, 1981, S.293). Dies trifft uneingeschränkt für alle Kunstmärchen Wildes zu. Keines der Märchen beider Sammlungen besitzt genaue Orts- oder Zeitangaben. Die Figuren werden meist mit ihrer Funktion bezeichnet: Prinz, Student, usw. oder haben einfache Namen, wie Hans in *The Devoted Friend*. Auch die im Volksmärchen häufig anzutreffende Dreierstruktur findet sich bei Wilde. Obwohl auch Wildes Kunstmärchen in einer

---

148 Ausführliche Interpretation von The Fisherman and His Soul in: Volker Klotz, 1985, S.311-323.

autonomen Märchenwelt spielen, finden sich Bezüge zu Problemen der zeitgenössischen Gesellschaft. Dies soll nun an zwei Märchen gezeigt werden, in denen Wildes Gesellschaftskritik besonders zum Tragen kommt.

7.3. Themen in *The Happy Prince*

The Happy Prince ist das einzige Kunstmärchen der ersten Sammlung, das das Thema der Armut zum Inhalt hat. Die anderen Erzählungen der Sammlung handeln von Liebe, menschlichem Verhalten im Allgemeinen, dem Verhältnis der Kunst zur Realität und zur Gesellschaft. In einem Brief an Leonard Smithers[149] mit Poststempel vom 13. Juli 1888 schreibt Wilde über *The Happy Prince*: "The story is an attempt to treat a tragic problem in a form that aims at delicacy and imaginative treatment: it is a reaction against the purely imitative character of modern art (...)." (Hart-Davis, 1962, S.221). Wilde bringt hier klar zum Ausdruck, dass er in seinem Märchen das Ziel verfolgt hat, nicht die Wirklichkeit nachzuahmen. Er strebte keine realitätsgetreue Schilderung an. Wilde wollte ein ernstes Problem in eine Form bringen, die seinen ästhetischen Ansprüchen entsprach. In *The Happy Prince* kritisiert Wilde das Verhältnis von Arm und Reich und das Kunstverständnis der Gesellschaft. Sein Kunstmärchen hat zwei Hauptfiguren: eine Prinzenstatue und eine Schwalbe, die dem Leser diese Problematik näher bringen. Zuerst sollen diese beiden Figuren untersucht werden.

7.3.1. Der Prinz und die Schwalbe

Die Schwalbe, die zum Boten des Prinzen wird, hält sich zu einer Jahreszeit in nördlichen Gefilden auf, zu der ihre Artgenossen schon längst in den Süden geflogen sind. Sie hat sich während des Sommers in ein Schilfgras verliebt und blieb den ganzen Sommer bei ihm. Jetzt da die Zeit für sie gekommen ist abzureisen, stellt sie fest, dass das Schilfgras sie nicht begleiten wird. Enttäuscht macht sie sich auf den Weg und kommt auf ihrer Reise in die Stadt, in der die Statue des glücklichen Prinzen steht. Sie legt sich zwischen seine Füße und will so geschützt die Nacht verbringen. Die Tränen des Prinzen, die sie zuerst für Regen hält, lassen sie mit dem Prinzen ins Gespräch kommen. Der glückliche Prinz ist traurig und weint, weil er das Elend seiner Bevölkerung sieht. Als er noch ein Mensch war, lebte er in seinem schönen Palast Sans-Souci und kannte kein Leid. Von schönen Dingen umgeben verbrachte er seine Tage sorglos. Nun aber sieht er, wie die einfachen Menschen Not leiden und möchte ihnen helfen. Da er aber unbeweglich ist, überredet er die

---

149 Leonard Smithers (1861 - 1907): Anwalt in Sheffield.

Schwalbe, für ihn seine Edelsteine zu verteilen. Die Statue ist mit Goldblättchen überzogen, die Augen des Prinzen sind zwei Saphire und sein Schwert ziert ein Rubin. All diese Juwelen werden auf Wunsch des Prinzen von der Schwalbe verteilt. Als er auch seine beiden Augen für die armen Menschen gibt, beschließt die Schwalbe, bei ihm zu bleiben, da er nichts mehr sieht. Der Winter kommt und die Schwalbe muss sterben.

Zu Beginn der Überredungsversuche möchte die Schwalbe nicht bei dem Prinzen bleiben. Als der Prinz sie bittet, den ersten Edelstein zu einer armen Näherin mit einem kranken Jungen zu bringen, lehnt die Schwalbe zunächst ab. Sie würde in Ägypten erwartet, sei sowieso schon zu spät dran und mit Jungen hätte sie die Erfahrungen gemacht, dass sie mit Steinen nach Schwalben werfen. Aber das Bitten des Prinzen weckt Mitleid in ihr und so erfüllt sie den Auftrag. Als sie zurückkommt, empfindet sie die Kälte nicht mehr so stark. Der Prinz meint, dass dies daran läge, dass sie etwas Gutes getan habe. Die Schwalbe bleibt bei dem Prinzen und es entwickelt sich eine tiefe Freundschaft zwischen den beiden, die erst mit dem Tod endet.

Obwohl Wildes Kunsttheorie eine Kunst ohne Moral fordert, steckt offensichtlich in diesem Märchen die christliche Moral der Nächstenliebe. Auch die Belohnung der guten Taten wird noch hervorgehoben. Die Schwalbe und der Prinz helfen gemeinsam den ärmeren Menschen, bezahlen dafür aber am Ende der Geschichte mit ihrem Leben. Am Ende belohnt Gott dieses Verhalten. Er schickt einen Engel auf die Erde, der ihm die beiden wertvollsten Dinge bringen soll, die er findet. Der Engel bringt Gott die tote Schwalbe und das gebrochene Bleiherz des Prinzen, das nach dem Einschmelzen der Statue übrig blieb und auf den Müll geworfen wurde. Die völlige Selbstaufopferung wird so am Ende durch die Anerkennung Gottes belohnt.

7.3.2. Armut in *The Happy Prince*

Ein Thema, das Oscar Wilde in *The Happy Prince* aufgreift, ist die Armut der Stadtbevölkerung. Der erste Auftrag, den die Schwalbe erhält, besteht darin den Rubin aus dem Schwert zu einer Näherin zu bringen, die ein krankes Kind hat. Als die Schwalbe durch das offene Fenster fliegt und der Näherin den Stein auf den Tisch legt, ist diese vor Erschöpfung über ihrer Arbeit eingeschlafen. Auf dem Weg zu der Näherin fliegt die Schwalbe an einem Balkon vorbei, auf dem ein junges Paar steht und sich unterhält. Der Staatsball findet bald statt und die junge Dame hat sich bei der Näherin, zu der die Schwalbe fliegt, ein Kleid für diesen Anlass bestellt. Während die Näherin vor Erschöpfung einschläft, ist die einzige Sorge der jungen Dame: " 'I hope my dress will be ready for the State-ball,' she answered; 'I have ordered passion-flowers to be embroidered on it; but the seamstresses are so lazy.' "(273).[150] Die viele Arbeit, die die Näherin annehmen muss, um sich und ihr Kind zu versorgen, führt sie an ihre körperliche Leistungsgrenze. Die Dame der Oberschicht, die über die tatsächlichen Verhältnisse der Näherin nicht orientiert ist, interpretiert diese Verzögerung als Faulheit. Hier werden nicht nur die Armut und ihre Folgen kritisiert, sondern auch die Ignoranz der Oberschicht angeprangert, die sich nur für ihre eigenen Bedürfnisse interessiert.

Der zweite Auftrag führt die Schwalbe in die Dachkammer eines Studenten, der am Verhungern ist. Daher ist er zu schwach, ein Theaterstück fertig zu schreiben, das ihm ein Einkommen sichern könnte. Er bekommt den ersten Saphir. Den zweiten Saphir bringt die Schwalbe zu einem Mädchen, das völlig verzweifelt ist, da es noch keine Streichhölzer verkauft hat. Sie fürchtet sich, nach Hause zu gehen, da sie von ihrem Vater Schläge dafür bekommen wird, nichts verkauft zu haben.[151] Mit dem funkelnden Stein in der Hand traut sie sich dann wieder nach Hause.

Daraufhin beschließt die Schwalbe, bei dem Prinzen zu bleiben. Da er nichts mehr sieht, erzählt sie von ihren vielen Reisen, um den Prinzen zu unterhalten. Der Prinz hat aber ein anderes Anliegen und bittet die Schwalbe: " 'Dear little Swallow,' said the Prince, 'you tell me of marvellous things, but more marvellous than anything is the suffering of men and women. There is no Mystery so great as Misery. Fly over my city, little Swallow, and tell me what you see there.' "(275). So fliegt die Schwalbe über die Stadt und berichtet dem Prinzen, was sie sieht. Sie sieht wie die Reichen es sich in ihren schönen Häusern gut gehen lassen, während die Bettler vor deren Türen sitzen. Sie sieht bleiche, hungrige Kinder in dunklen Gassen. Unter einem Torbogen sieht sie zwei frierende, hungernde Jungen, die von einem Polizist in den Regen hinaus getrieben werden. So verteilt die Schwalbe das Blattgold des Prinzen, damit die armen Kinder Brot essen können.

Die Darstellung der Armut ist knapp und prägnant und wird mit dem Reichtum der Oberschicht kontrastiert. Die Grundbedürfnisse der ärmeren Bevölkerung sind nicht gestillt und ihr Leben ist durch Hunger, Krankheit und Kälte gekennzeichnet. Die Gründe dafür und die Verhältnisse in der Gesellschaft

---

150 Oscar Wilde, The Happy Prince. (Ed. Oscar Wilde, Complete Works. Collins Classic. Glasgow: Harper Collins Publishers, 1994). S.272-273. Die Seitenzahlen der Zitate, die sich direkt auf den Primärtext beziehen, werden hinter dem Zitat in Klammern angegeben.

151 Diese Mädchenfigur erinnert an Hans Christian Andersens Kunstmärchen vom Mädchen mit den Zündhölzern.

werden nicht weiter analysiert. Das Gold, das die Schwalbe verteilt, schafft Abhilfe, aber eine Lösung ist dies nicht. Es wird an das Verantwortungsgefühl und Mitleid der oberen Schichten appelliert. Wilde möchten darauf hinweisen, dass die ärmeren Bevölkerungsschichten auf Hilfe angewiesen sind. Er fordert aber keine grundsätzliche Veränderung der Gesellschaft, lediglich die Not soll gelindert werden.

7.3.3. Kunst und Nützlichkeit

Außer der Not der ärmeren Bevölkerung spricht Wilde auch noch die Rolle der Kunst in der Gesellschaft an. Am Anfang und am Ende der Erzählung thematisiert Wilde das Verständnis von Kunst. Die Statue des Prinzen strahlt in Gold und ist mit Edelsteinen verziert. Zu Beginn des Märchens wird gesagt, dass die Statue aufgrund ihrer Schönheit viel bewundert wird. Ihre Wirkung auf vorübergehende Menschen ist unterschiedlich. Zuerst kommt eine Mutter mit ihrem weinenden Sohn vorbei und fragt diesen, warum er nicht so sein könne wie der glückliche Prinz, der niemals weint. Als nächstes geht ein enttäuschter Mann vorüber, betrachtet die Statue und denkt bei deren Anblick, dass es wenigstens einen auf dieser Welt gibt, der einigermaßen glücklich ist. Für die Kinder der Armenschule, die an der Statue vorbeigehen, ist der glückliche Prinz ein Engel. Ihr Mathematiklehrer fragt die Kinder, woher sie wüssten, wie ein Engel aussähe. Die Kinder antworten, dass sie Engel in ihren Träumen gesehen hätten.

Die Wirkung der Statue ist unterschiedlich, aber immer positiv. Das Betrachten eines schönen Kunstwerkes löst beim Betrachter positive Gefühle und Gedanken aus. Kunst kann für viele Teile der Bevölkerung von Nutzen sein, ohne dass die Zugehörigkeit zu einer bestimmten Schicht eine Rolle spielen würde. Es kommt eher auf den Charakter des Menschen an. Der Mathematiklehrer kann mit der Statue und der Aussage der Kinder nichts anfangen. Hier wird auch ganz versteckt darauf angespielt, dass zuviel Naturwissenschaft dem Menschen den Blick für die Schönheit der Kunst und damit für einen wesentlichen Teil des Lebens versperrt. Engel und Träume haben für den Mathematiklehrer keine Bedeutung. Später kommt auch noch ein Ornithologe ins Spiel, der sich wundert, so spät im Jahr noch eine Schwalbe zu sehen. Er schreibt darüber einen unverständlichen Artikel für die Lokalzeitung, der später überall zitiert wird. Der Naturwissenschaftler erkennt zwar das Phänomen, dass die Schwalbe zu spät noch im Norden ist, kann aber den wahren Grund dafür nicht erkennen. Auch dies verdeutlicht, dass eine rein naturwissenschaftliche Ausrichtung des Menschen einen negativen Einfluss haben und die immaterielle Seite des Menschen verkümmern lässt.

Interessant ist auch, wie die Stadträte und der Bürgermeister mit der Prinzenstatue umgehen. Einer der Stadträte sagt über die Statue:

> 'He is as beautiful as a weathercock,' remarked one of the Town Councillors who wished to gain a reputation for having artistic tastes; 'only not quite so useful,' he added, fearing lest people should think him unpractical, which he really was not. (271)

Der Stadtrat möchte sich als Kunstexperte profilieren, allerdings sollte seiner Ansicht nach die Kunst immer einen praktischen Nutzen haben. Auch diesem Mann fehlt, ähnlich wie dem Mathematiklehrer, das Gespür für den wahren Nutzen von Kunst. Das zeigt bereits sein Vergleich der Statue mit einem Wetterhahn. Nicht die Wirkung der Kunst ist für den Stadtrat entscheidend, sondern ihre Nützlichkeit. Er erkennt nicht, dass ein Kunstwerk für sich alleine stehen kann und keinem praktischen Zweck unterworfen sein muss. Er repräsentiert mit dieser Äußerung genau die gegenteilige Kunstauffassung von Wilde oder Gautier.

Am Ende des Märchens kommen der Bürgermeister und die Stadträte an der Statue vorbei, als das ganze Gold und die Edelsteine verteilt sind. Für den Bürgermeister sieht die Statue jetzt aus wie ein Bettler und muss so schnell wie möglich entfernt werden. Die Statue wird eingeschmolzen und daraufhin entbrennt eine heftige Diskussion zwischen den Stadträten und dem Bürgermeister, wer nun als Statue dargestellt werden soll. Jeder möchte sich verewigt sehen und der Streit bleibt ohne Lösung. Wilde kritisiert hier die Engstirnigkeit der oberen Schichten. Der Bürgermeister und die Stadträte haben gesellschaftlich verantwortungsvolle Positionen inne und zeigen weder ein Verständnis für Kunst, noch erkennen sie die Bedeutung von Kunst in der Gesellschaft. Kunst muss für sie einen praktischen, fassbaren Nutzen haben. Sie verwenden die Kunst, bzw. das Beurteilen von Kunst, dazu, sich vor anderen zu profilieren und zeigen gerade dadurch, dass sie nichts von Kunst verstehen.

Kunst sollte nicht zweckgebunden sein. Nach Wildes Verständnis bietet ein Kunstwerk dem Betrachter die Möglichkeit, sich selbst in dem Werk wiederzufinden. Dies geschieht im Falle der Mutter, des enttäuschten Mannes und der Kinder der Armenschule. Der Mathematiklehrer, der Bürgermeister und die Stadträte sind dazu nicht in der Lage. Ein Kunstwerk wird dazu geschaffen, dass es schön ist und bewundert wird. Wie die Statue des glücklichen Prinzen am Anfang des Märchens. Daher ist wahre Kunst 'nutzlos', da sie keinen praktischen Zweck erfüllt. Kunst kann durch ihre Schönheit im Betrachter positive Gefühle auslösen und erzielt dadurch ihre Wirkung. Verliert sie allerdings ihre Schönheit, verliert sie auch diese Wirkung. Ein Kunstprofessor kommentiert gegen Ende von *The Happy Prince* das Aussehen der Statue: "

'As he is no longer beautiful he is no longer useful,' (...)." (276). In seinem Vorwort zu *The Picture of Dorian Gray* fasst Wilde diesen Aspekt der Kunst sehr einprägsam zusammen:

> We can forgive a man for making a useful thing as long as he does not admire it.
> The only excuse for making a useless thing is that one admires it intensely.
> All art is quite useless.[152]

Wahre Kunst erfüllt keinen Nutzen. Sie soll nur aus sich selbst heraus begriffen werden. Sie dient dem Betrachter dazu, sich selbst in dem Kunstwerk zu finden. Wilde verpackt hier seine ästhetischen Forderungen in sehr subtiler Weise in seinem Kunstmärchen.

7.3.4. Moral in *The Happy Prince*

Trotz Wildes Anspruch an die Kunst, frei von Moral zu sein, finden sich in *The Happy Prince* christliche Moralvorstellungen. Der Prinz erkennt erst nach seinem Leben als Mensch die Not seiner Bevölkerung. Als er noch lebte, verhielt er sich wie weite Teile der Oberschicht: Er sah die Armut nicht, da er mit ihr nicht in Berührung kam, und befasste sich daher nicht mit dieser Problematik. Als Statue sieht er die armen Menschen und die Schwalbe berichtet ihm von den sozialen Missständen. Sein Mitleid wird erweckt und er gibt alles, was er hat, um die Not zu lindern. Der Prinz und die Schwalbe werden zu Vorbildern für die selbstlose Aufopferung im Dienste der Gemeinschaft. Am Ende belohnt Gott dieses Verhalten.

Die christlichen Moralvorstellungen sind zwar noch vorhanden, aber Wilde rückt auch die Ignoranz der Oberschicht in den Mittelpunkt. Soziale Not kann nur gelindert werden, wenn man sie wahrnimmt. Gerade hier scheitern die Angehörigen der Oberschicht in *The Happy Prince*. Das Beispiel der Dame aus der Oberschicht zeigt, wie diese Gesellschaftsschicht nur mit sich selbst beschäftigt ist. Diese Ignoranz betrifft auch das Kunstverständnis der führenden Gesellschaftsschicht. Die Diskussion über die Prinzenstatue entlarvt die Eitelkeit und Selbstgefälligkeit des Bürgermeisters und der Stadträte. Ihr Charakter versperrt ihnen den Blick für das Schöne und daher können sie auch keinen Nutzen aus der Kunst ziehen.

---

152 Oscar Wilde, The Picture of Dorian Gray (Ed. Oscar Wilde, Complete Works. Collins Classics. Glasgow: Harper Collins Publishers, 1994) S.17.

7.4. Themen in *The Young King*

Das zweite Kunstmärchen Wildes, das Armut und soziale Ungerechtigkeit thematisiert, stammt aus der zweiten Sammlung *A House of Pomegranates*. *The Young King* erzählt die Geschichte eines sechzehnjährigen Prinzen, der in der Nacht vor seiner Krönung drei Träume hat. Diese Träume haben zur Folge, dass der Prinz nicht in seiner Robe und mit Krone und Zepter zur Krönung geht. Stattdessen entscheidet er sich für seine Schafhirtenkleidung, die er trug, als er in den Palast kam. Bei dem Thronfolger handelt es sich um ein uneheliches Kind. Seine Mutter, die Tochter des Königs, und sein unbekannter Vater wurden nach seiner Geburt umgebracht und der junge König wuchs bei einem Bauernehepaar auf. Als nun der König, sein Großvater, im Sterben liegt, schickt er nach seinem Enkel, damit dieser seine Nachfolge antrete. Der Tag der Krönung kommt und in der Nacht davor lösen drei Träume bei dem jungen König eine Veränderung in seinem Bewusstsein aus. Wir wollen nun zunächst den Inhalt dieser Träume betrachten.

7.4.1. Die Träume des jungen Königs

Der junge König wuchs als Schafhirte im Wald auf. Als er in den Palast geholt wird, fühlt er sich umgeben von all den schönen Dingen, Kunstwerken und Juwelen sehr wohl. Er hat einen empfindsamen Charakter und geht gerne im Palast umher, um die schönen Kunstwerke zu betrachten. Dies bietet ihm den Ausgleich für seine Pflichten und die Staatsgeschäfte, die er zu erledigen hat: "(...) and wander from room to room, and from corridor to corridor, like one who was seeking to find in beauty an anodyne from pain, a sort of restoration from sickness." (214).[153] Kunst und Schönheit sind ein Labsal für die Seele des jungen Königs. Seine Wanderungen durch den Palast werden zu Entdeckungsreisen, die er am liebsten alleine vornimmt: "(...) but more often he would be alone, feeling through a quick instinct, which was almost a divination, that the secrets of art are best learnt in secret, and that Beauty, like Wisdom, loves the lonely worshipper." (214). Der junge König erfreut sich an den schönen Dingen und lässt sich aus der ganzen Welt Juwelen und edle Tücher in seinen Palast bringen (214). Am Abend vor seiner Krönung denkt er an die Robe, die er dann tragen wird. An diesem Abend fühlt er besonders intensiv die Wirkung von Schönheit auf ihn: "Never before had he felt so keenly, or

---

[153] Oscar Wilde, The Young King (Ed. Oscar Wilde, Complete Works. Collins Classic. Glasgow: Harper Collins Publishers, 1994). Die Seitenzahlen der Zitate, die sich direkt auf den Primärtext beziehen, werden hinter dem Zitat in Klammern angegeben.

with such exquisite joy, the magic and mystery of beautiful things." (215). Mit diesen Gefühlen und Gedanken schläft der junge König ein. Aber sein Schlaf wird von drei Träumen unterbrochen.

In seinem ersten Traum findet er sich in einer Weberei wieder. Er sieht ausgehungerte Kinder und abgemagerte Frauen. Die Luft ist schlecht und stickig und die Wände sind feucht. Der junge König beobachtet einen Weber bei seiner Arbeit. Der Weber denkt, dass der König ein Spion des Arbeitgebers sei, der die Arbeiter überwachen soll. Auf die Frage des jungen Königs, wer denn der Meister des Webers sei, antwortet der: "He is a man like myself. Indeed, there is but this difference between us - that he wears fine clothes while I go in rags, and that while I am weak from hunger, he suffers not a little from overfeeding." (216). Die Menschen sind demnach alle gleich. Erst die gesellschaftliche Stellung bedingt die Unterschiede. Der junge König argumentiert, dass der Weber doch ein freier Mann sei und nicht dazu gezwungen würde, für diesen Meister zu arbeiten. Der Weber aber beschreibt seine Situation so: " 'In war,' answered the weaver, 'the strong make slaves of the weak, and in peace the rich make slaves of the poor. We must work to live, and they give us such mean wages that we die.' " (216). Dem Weber bleibt letztendlich keine Wahl. Er muss arbeiten, damit er wenigstens ein bisschen Geld verdient. Da sich alle Arbeitgeber ähnlich verhalten und zu geringe Löhne bezahlen, können die Arbeiter kein besseres Leben führen. Der Weber ist zwar ein freier Mann, muss sich aber als Lohnsklave verdingen, um überhaupt ein Auskommen zu haben. Der junge König fragt noch, an was der Weber gerade arbeitet und erfährt so, dass es sich um sein golddurchwirktes Krönungsgewand handelt. Dann wacht der junge König auf.

Der junge König schläft wieder ein und hat seinen zweiten Traum. Er fährt auf einer Galeere. Sklaven rudern und als sie in einer Bucht anlegen, muss ein Sklave nach Perlen tauchen. Er holt mehrere Perlen hoch, doch als er das letzte Mal nach oben kommt und die schönste und größte Perle mitbringt, stirbt er aufgrund der Anstrengung. Die anderen Sklaven werfen den Toten, ohne große Betroffenheit oder Gefühle zu zeigen, einfach ins Meer. Die letzte Perle, die der Sklave nach oben geholt hat, soll das Zepter des Königs zieren. Wieder erwacht der König, schläft aber noch einmal ein.

Sein dritter und letzer Traum führt den jungen König in einen exotischen Wald. Er beobachtet viele Männer, die in einem ausgetrockneten Flussbett arbeiten. Aus einer Höhle heraus beobachten der Tod und der Geiz die Männer. Der Tod möchte unbedingt eines der drei Getreidekörner, die der Geiz in der Hand hält. Dann würde der Tod gehen. Er droht, die Arbeiter des Geizes umzubringen, wenn er keines der Körner bekommt. Der Geiz weigert sich und der Tod schickt zuerst Schüttelfrost, dann Fieber und als letztes die Pest zu den Arbeitern. Am Ende sind alle Arbeiter tot. Der junge König beobachtet all dies und fragt einen Pilger, wer diese Arbeiter waren und was sie in diesem Flussbett gemacht haben. Der Pilger antwortet ihm, dass sie nach Rubinen für den König gegraben hätten. Wieder wacht der junge König auf und es ist bereits morgen.

Die drei Träume zeigen dem jungen König, wie die Luxusgüter, mit denen er sich umgibt, entstehen. Die Weber haben schlechte Arbeitsbedingungen und bekommen zu wenig Lohn, die Sklaven werden rücksichtslos ausgenützt, um an die Perlen zu kommen, und die Minenarbeiter kommen durch Krankheiten ums Leben. Sein Reichtum kommt durch die Ausbeutung anderer Menschen zustande. Diese Erkenntnis bewegt den jungen König so sehr, dass er auf die Luxusgüter verzichtet und in seinem einfachen Schafhirtengewand zur Krönung geht. Dies wiederum löst in allen Teilen der Bevölkerung Verwirrung und Unverständnis aus.

7.4.2. Reaktionen auf das Verhalten des jungen Königs

Der junge König teilt seinen Entschluss dem Hofstaat mit und stößt damit auf völliges Unverständnis. Er erzählt von seinen drei Träumen, um seine Entscheidung zu begründen. Die Höflinge denken, dass er verrückt geworden sei, da sie keinen Zusammenhang zwischen den Kleidern und Juwelen einerseits und den Lebens- und Arbeitsbedingungen der Arbeiter andererseits sehen. Das alles geht sie nichts an: "(...) And what have we to do with the lives of those who toil for us? Shall a man not eat bread till he has seen the sower, nor drink wine till he has talked to the vinedresser?" (219). Der Kammerherr versucht den jungen König davon zu überzeugen, seine schönen Kleider anzuziehen, denn: "For how shall the people know that thou art a king, if thou hast not a king's raiment?" (219). Auch dieses Argument kann den jungen König nicht überzeugen. Er glaubt, dass mehr als Kleider dazugehören, um ein König zu sein. Der Adel ist über das Verhalten des jungen Königs völlig entsetzt.

Aber auch die Bevölkerung versteht das Verhalten ihres neuen Königs nicht. Sie lachen ihn aus. Auch ihnen erzählt der junge König von seinen Träumen, doch auch hier findet er kein Verständnis. Ein Mann aus dem Volke erklärt dem König seine Sicht der Dinge: "Sir, knowest thou not that out of the luxury of the rich cometh the life of the poor? By your pomp we are nurtured, and your vices give us bread. To toil for a master is bitter, but to have no master to toil for is more bitter still." (220). Die Lebensweise der Reichen gibt den unteren Schichten die Möglichkeit, Geld zu verdienen. Für diesen Mann ist ein schlechter Arbeitgeber immer noch besser als kein Arbeitgeber. Die bestehenden Gesellschaftsstrukturen, an denen der König durch sein Verhalten Kritik üben will, sollen auch durch dieses Argument eines einfachen Mannes nicht geändert werden. Not und Elend werden akzeptiert, da man es ja noch schlechter haben könnte.

Als letzter Teil der Gesellschaft kommt die Kirche ins Spiel. Der junge König kommt in der Kathedrale an und auch der Bischof ist von seiner Kleidung schockiert. Der junge König erzählt dem Bischof seine Träume. Aber der Bischof hat dafür ebenfalls kein Verständnis. Der Bischof argumentiert, dass viele schlimme Dinge auf der Welt geschähen: Piraten überfallen Schiffe, Löwen lauern Karawanen auf und fressen die Kamele, Leprakranke leben in Armut, usw. Der Bischof gibt dem jungen König Folgendes zu bedenken:

> Is not He who made misery wiser than thou art? (...) And as for thy dreams, think no more of them. The burden of this world is too great for one man to bear, and the world's sorrow too heavy for one heart to suffer. (221)

Gott, der über allem steht, hat auch das Leid geschaffen. Also sollte sich nicht ein einzelner Mensch anmaßen, das Elend der Welt allein beseitigen zu können. Da Gott hinter allem steht, steht er auch hinter dem Elend und dem Leid und alles folgt seiner göttlichen Weisheit, die der Mensch nicht nachvollziehen kann. Selbst die Kirche versteht den jungen König mit seinen Träumen nicht. Der kirchliche Würdenträger verweist auf eine höhere Macht und entzieht sich so seiner gesellschaftlichen Verantwortung. Alle Bevölkerungsschichten erwarten einen strahlenden, in prunkvolle Gewänder gekleideten König, der sich nicht mit Armut, Hunger und sozialer Ungerechtigkeit befasst. Das letzte Argument des Bischofs, dass ein Mann allein nicht das Elend der Welt auf sich nehmen könne, lässt den jungen König vor dem Bildnis von Jesus Christus niederknien. Jesus Christus als Hirte der Gläubigen muss auf dem Weg zur Kreuzigung als König mit Dornenkrone den Spott der Bevölkerung hinnehmen. Auch in *The Young King* trägt der junge König Hirtenkleider auf dem Gang zu seiner Krönung, den Hirtenstab als Zepter und windet sich aus Dornen einen Kranz. Auch er wird verspottet und niemand nimmt seine Überlegungen ernst. Sogar die Kirche verweigert diesem König der Armen die Anerkennung. Doch plötzlich steht der junge König in einem Lichtstrahl und alle fallen auf ihre Knie, selbst der Bischof zittert und erkennt: "A greater than I hath crowned thee (...)". Der junge König schreitet unbehelligt durch die Menge nach draußen und hat das Gesicht eines Engels (222). Gott krönt diesen König der Armen und belohnt damit seinem Mut, sich gegen die Konventionen zu stellen.

Die sozialen Missstände werden an drei verschiedenen Beispielen aufgezeigt. Die Unterschiede, die zwischen Arm und Reich bestehen, sieht der Weber im Traum des Königs als ungerecht an. Alle Menschen sind gleich und nur die Struktur der Gesellschaft bedingt die Unterschiede. Der Mann aus dem Volk sieht dies zwar auch so, fürchtet aber, dass es ihm noch schlechter gehen könnte. Der Adel wiederum ignoriert die Zusammenhänge zwischen Reichtum und Arbeit: jeder hat seine Aufgabe zu erfüllen. Die Kirche letztendlich sieht Not und Elend als von Gott gegeben an und vertritt die Ansicht, dass es nicht in der Macht des Menschen stehe, dies zu ändern. Doch trotz alledem lässt sich der König nicht beirren und findet schließlich Gottes Anerkennung. Wie der glückliche Prinz gelangt er zu der Einsicht, dass man gegen Armut und Ungerechtigkeit etwas unternehmen muss. Mit dem Gang zur Krönung im Hirtengewand verleiht er dieser Erkenntnis einen öffentlichen Ausdruck, der allerdings von seinen Untertanen nicht verstanden wird. Der glückliche Prinz und der junge König sind Idealfiguren, die mit der Verständnislosigkeit ihrer Umwelt zu kämpfen haben und allein von Gott ihre Anerkennung erfahren.

7.5. Wildes Gesellschaftskritik

In den beiden analysierten Kunstmärchen thematisiert Wilde vor allem die Diskrepanz zwischen Arm und Reich. Dabei wird nicht nur die Armut und Not geschildert, sondern auch die Gleichgültigkeit der oberen Gesellschaftsschichten gegenüber den sozialen Missständen kritisiert. Überdies versucht er, in den Märchen seine Ansprüche an die Kunst zu formulieren und die Bedeutung von Kunst für die Gesellschaft darzustellen. Wildes Gesellschaftskritik wird auch in dem im gleichen Jahr wie *A House of Pomegranates* veröffentlichten Essay *The Soul of Man under Socialism* deutlich zum Ausdruck gebracht. Schon einige Jahre zuvor begann Wilde, sich für sozialistische Ideen zu interessieren und unterstützte z.B. durch seine Unterschrift eine von Bernhard Shaw[154] initiierte Petition, die sich für die gerechte Behandlung der Anarchisten der Haymarket Aufstände in Chicago einsetzte.[155] Am 4. Mai 1886 war bei einer Arbeiterdemonstration in Chicago eine Bombe in die Menge geworfen worden, worauf sich ein Schusswechsel mit der Polizei ergeben hatte. Mehrere Menschen waren verletzt und zwei Zivilisten getötet worden. Es wurden acht Anarchisten für den Bombenanschlag verantwortlich gemacht

---

154 George Bernhard Shaw (1856 - 1950): irischer Dramatiker und Kritiker; lebte seit 1876 in England; erhielt 1925 den Nobelpreis für Literatur.

155 Norman Page, An Oscar Wilde Chronology (Boston: G. K. Hall & Co., 1991) S.33.

und sieben davon zum Tode verurteilt. Nach der Verurteilung kritisierten verschiedene Persönlichkeiten, darunter der Gouverneur von Illinois, John Peter Altgeld, die Verurteilung, weil der Bombenwerfer nicht zweifelsfrei festgestellt werden konnte.

1888 besuchte Wilde mehrere Treffen der *Fabian Society* (Ellmann, 1987, S.273). Um 1883/1884 war dieser lockere Zusammenschluss britischer Intellektueller entstanden, zu denen u.a. Bernhard Shaw und H. G. Wells gehörten. Diese Gruppe lehnte sowohl den Manchester Liberalismus als auch den Marxismus ab. Sie befürworteten einen gemäßigten Sozialismus. Sie wollten keinen totalen Umsturz des politischen Systems, sondern eine schrittweise Verbesserung der Lebensumstände der ärmeren Schichten erreichen. 1906 war diese Gruppe an der Gründung der Labour Party beteiligt und hatte auch Einfluss auf deren Programm. Ebenso begleitete Wilde seine Frau Constance am 1.September 1889 zu einer Demonstration in den Hyde Park, die die seit dem 19. August streikenden Hafenarbeiter unterstützte (Page, 1991, S.39). Wilde interessierte sich demnach Ende der achtziger Jahre für die Belange der Arbeiter und die Diskussion über Sozialismus und Marxismus. Seine Meinung hierzu entwickelte sich zu einer Mischung aus Sozialismus und christlichen Wertvorstellungen. Die Zustände in der von ihm entwickelten Idealgesellschaft weisen Ähnlichkeiten mit Vorstellungen des himmlischen Paradieses auf. In seinem Essay *The Soul of Man under Socialism* (1891) wird dies deutlich.

Wie wir auch bereits in den beiden Kunstmärchen gesehen haben ist der zentrale Punkt von Wildes Gesellschaftskritik die Diskrepanz zwischen Arm und Reich. Seiner Vorstellung nach müsste die Gesellschaft so umgeformt werden, dass es keine Armut mehr gäbe: "The proper aim is to try and reconstruct society on such a basis that poverty will be impossible.".[156] Hierzu müsste man das Privateigentum abschaffen. Nach Wildes Ansicht wird in Großbritannien eine Person durch ihren Besitz definiert: man ist, was man besitzt. Das sieht man auch daran, dass die britische Justiz ein Vergehen an fremdem Eigentum härter bestrafte als ein Vergehen an einem Menschen (Wilde, (1891) 1994, S.1177-1178). Wilde schreibt in seinem Essay:

> With the abolition of private property, then, we shall have true, beautiful Individualism. Nobody will waste his life in accumulating things, and the symbols of things. One will live. To live is the rarest thing in the world. Most people do exist, that is all. (Wilde, (1891) 1994, S.1178)

---

156 Oscar Wilde, The Soul of Man under Socialism (Ed. Oscar Wilde, Complete Works. Collins Classics. Glasgow: Harper Collins Publishers, 1994) S.1174.

Das Ansammeln von Besitz, von Dingen ist Wildes Ansicht nach Zeitverschwendung. Besitz lenkt den Menschen davon ab zu leben. Viel zu wenige Menschen leben wirklich. Wilde geht hier natürlich davon aus, dass man über genug zu Essen, ein Dach über dem Kopf und ausreichend Kleidung verfügen kann. Für viele seiner Zeitgenossen sind jedoch gerade diese Grundbedürfnisse nicht befriedigt. Wenn man nun das Privateigentum abschafft und allen alles gemeinsam gehört, würde keine Ungerechtigkeit mehr durch die unterschiedlichen Besitzverhältnisse entstehen. Alle Menschen wären gleich. Aber wer verrichtet dann die nötigen, aber anspruchslosen Arbeiten? Auch hier hat Wilde einen Vorschlag. Jeder Mensch sollte das arbeiten, was ihm Freude macht. Eine Straßenkreuzung zu fegen, gehört sicherlich nicht dazu. Diese Arbeit müsste dann von einer Maschine übernommen werden: "Man is made for something better than disturbing dirt. All work of that kind should be done by a machine." (Wilde, (1891) 1994, S.1183). Zwar steht zurzeit die Maschine noch in Konkurrenz zum Menschen. Doch für Wilde wird die Zukunft bringen, dass die Maschinen immer mehr unangenehme Arbeiten für den Menschen verrichten. Das Leben der Menschen sähe dann so aus:

> (...) so while Humanity will be amusing itself, or enjoying cultivated leisure - which, and not labour, is the aim of man - or making beautiful things, or reading beautiful things, or simply contemplating the world with admiration and delight, machinery will be doing all the necessary and unpleasant work. (Wilde, (1891) 1994, S.1183)

In Wildes Idealwelt erledigen Maschinen alle unangenehmen Arbeiten, während der Mensch sich ausschließlich geistigen Vergnügungen widmen kann. Für den Ästheten Wilde sieht so die perfekte Gesellschaft aus: ohne Besitz, ohne schmutzige Arbeit, ausgefüllt nur noch durch Lesen, Denken, Genießen. Interessant ist auch, dass Wilde bei der Entwicklung hin zu dieser Gesellschaft das Christentum nicht ausschließt. Für Wilde ist diese Entwicklung mit oder ohne die Kirche denkbar. Sozialismus und Christentum schließen sich seiner Ansicht nach nicht aus (Wilde, (18918) 1994, S.1179).

Aber auch der Mensch als Individuum ist wichtig. Für Wilde führt Sozialismus zu Individualismus. Eigentlich ein Widerspruch, doch sieht Wilde in einer klassenlosen Gesellschaft das Individuum als entscheidenden Bestandteil an. Da es keinen Privatbesitz mehr gibt und die unangenehmen Arbeiten von Maschinen erledigt werden, kann sich der Einzelne ganz auf sich selbst konzentrieren. Wilde hat seinem Essay den Titel *The Soul of Man under Socialism* gegeben, weil es ihm um die Seele des Menschen, um sein geistiges Wohlbefinden geht. Oben wurde bereits aus dem Essay zitiert, dass der Mensch nur lebt, wenn er ausreichend Zeit hat, sich den Künsten zu widmen. Dies wäre das Ziel der gesellschaftlichen Entwicklung nach Wildes Modell. Auch er erkennt, dass der Mensch im 19. Jahrhundert Veränderungen äußerer und somit auch innerer Natur ausgesetzt ist. Das System, in dem der Mensch lebt, sollte dieser Entwicklung Rechnung tragen. Wilde schreibt:

> The only thing that one really knows about human nature is that it changes. Change is the one quality we can predicate of it. The systems that fail are those that rely on the permanency of human nature, and not on its growth and development. (Wilde, (1891) 1994, S.1194)

Der Mensch unterliegt ständig Veränderungen. So sollte sich das System, in dem er lebt, diesen Veränderungen anpassen. Wilde hatte für die Literatur und Kunst die Gedanken von Gautier, Pater und Ruskin weiterentwickelt und seinen eigenen Ästhetizismus entworfen. Parallel hierzu beschäftigte er sich Ende der achtziger Jahre und Anfang der neunziger mit gesellschaftlichen Fragen, wobei er vor allem die Unterschiede zwischen Arm und Reich hervorhob. Er kritisierte, dass die oberen Schichten auf Kosten der unteren Schichten leben und die Probleme, die aus der Armut entstehen, ignorieren. Eine gerechte Verteilung des Besitzes und ein Teilhaben aller Bevölkerungsschichten an Kunst und Kultur sollten in Wildes idealer Gesellschaft möglich sein. Wilde führte in seiner Gesellschaftskritik somit sozialistische Gedanken, christliche Moral und seine ästhetischen Ansprüche zu einer Synthese.

Wildes Blick auf die viktorianische Gesellschaft war vor allem in seinen Komödien von Distanz und Ironie geprägt. Auch in seinen Kunstmärchen stellte er die Eitelkeit und Selbstgefälligkeit der Menschen bloß. Etwa wenn in *The Happy Prince* Bürgermeister und Stadträte über die neue Statue diskutieren. Wilde bezog von Anfang seiner Karriere an eine Außenseiterrolle in der Londoner Gesellschaft, die ihm diese distanzierte, ironische Perspektive ermöglichte. In den kurzen Anmerkungen zu Wildes Biographie wurde bereits darauf hingewiesen, dass sich Wildes Eltern beide mit der irischen Mythologie und Sagenwelt beschäftigten. Dies hat Wilde sicherlich geprägt. David Upchurch untersucht den Einfluss dieses keltischen Erbes vor dem Hintergrund von Wildes Roman *The Picture of Dorian Gray*.[157] So verweist Upchurch beispielsweise darauf, dass der Wunsch Dorians, ewig jung zu bleiben, eines der zentralen Motive des Romans, auch in der irischen Folkloretradition zu finden ist (Upchurch, 1992, S.23-24). Wildes Quellen und Anregungen für jedes seiner Werke genau zu bestimmen, ist sicherlich sehr schwierig. Aber die Argumentation Upchurchs, dass irisch-keltische Motive und einzelne Erzählungen,

---

157 David A. Upchurch, Wilde's Use of Irish Celtic Elements in The Picture of Dorian Gray (New York, Berlin, Bern, Frankfurt a.M., Paris: Peter Lang Verlag, 1992).

die Wilde mit großer Wahrscheinlichkeit durch seine Eltern kannte, ihm neben anderen literarischen Quellen als Inspiration dienten, ist zweifellos richtig. Für die Kunstmärchen ist ein direkter Bezug zur der irischen Tradition nicht so offensichtlich herzustellen.

Wilde war Ire und mit der irischen Tradition vertraut. Als Wilde zum Studium nach Oxford ging, musste er an sein Umfeld gewisse Zugeständnisse machen, um sich in der britischen Gesellschaft in Oxford und London bewegen zu können. Ellmann verweist darauf, dass Wilde seinen irischen Akzent in Oxford ablegte und seinen eigenen englischen Sprachstil entwickelte, der seine Zuhörer immer wieder begeisterte (Ellmann, 1987, S.37). Trotzdem fühlte sich Wilde immer als Ire und nicht als Brite. In dem Begleitbrief, den Wilde mit einer Ausgabe von *The Happy Prince* an W. E. Gladstone schickte, dessen Eltern beide aus schottischen Familien stammten, schrieb Wilde:

> Dear Mr Galdstone,
> Will you do me the honour of accepting a copy of a little book I have just brought out, called *The Happy Prince*? It is only a collection of short stories, and is really meant for children, but I should like to have the pleasure of presenting it, such as it is, to one whom I, and all who have Celtic blood in their veins, must ever honour and revere, and to whom my country is so deeply indebted.
> (Hart-Davis, 1962, S.218)

Wilde fühlte sich nicht als Teil der viktorianischen Gesellschaft und konnte so deren Schwächen ironisch darlegen. Dies erklärt auch, warum Wilde nach seiner Entlassung aus dem Gefängnis seine letzten Jahre in Frankreich verbrachte. Er fühlte sich in der britischen Gesellschaft nicht verstanden. Die irische Abstammung und Klutur, die Wildes Kindheit prägten, finden sich zwar nicht explizit in seinem Werk wieder, aber zusmmane mit seiner Homosexualität verhindern sie, dass sich Wilde als ein Teil der britischen Gesellschaft fühlt.

8. Von Ruskin zu Wilde: ein Vergleich der Autoren

Am Ende der Arbeit soll nun ein Vergleich der Autoren und ihrer Kunstmärchen erfolgen. Bei der Analyse der einzelnen Kunstmärchen wurde deutlich, wo Ruskin, Kingsley, MacDonald und Wilde die Schwachstellen der viktorianischen Gesellschaft sahen und welche möglichen Lösungen sie für diese Probleme vorschlugen. In einem ersten Schritt sollen deshalb die in den einzelnen Kunstmärchen entworfenen Gesellschaften und das zugrunde liegende Menschenbild miteinander verglichen werden. Danach werden die unterschiedlichen Märchenkonzepte der Autoren erläutert. Die Kunstmärchen werden dabei in Bezug auf das Gesamtwerk und die Intention des Autors betrachtet. Dabei werden auch die formalen Unterschiede der Kunstmärchen in diesem Zusammenhang berücksichtigt, um so die Unterschiede zwischen den Autoren herauszuarbeiten.

Nach diesem inhaltlichen und formalen Vergleich werde ich im Kapitel 8.3. Überlegungen über die Wirkung der in den Kunstmärchen enthaltenen Gesellschaftskritik anstellen. Dabei soll die Verbreitung der Kunstmärchen und das von den Autoren intendierte Lesepublikum einbezogen werden. Am Ende schließlich wird die ideengeschichtliche Entwicklung der Gesellschaftskritik von Ruskin zu Wilde dargestellt.

8.1. Die Gesellschaftsentwürfe der Autoren

Ruskin, Kingsley, MacDonald und Wilde sprechen in ihren Kunstmärchen verschiedene gesellschaftliche Probleme ihrer Zeit an. Entscheidend ist bei allen vier Autoren, dass durch die in den Kunstmärchen formulierte Kritik bestimmte Wertvorstellungen vermittelt werden. Im Folgenden werden zuerst diese unterschiedlichen Wertvorstellungen der Autoren vergleichend erörtert. Danach wird das Menschenbild, das sich aus diesen Wertvorstellungen in den Kunstmärchen ergibt, erläutert.

Eine Gemeinsamkeit der Kunstmärchen ist, dass in allen der Gegensatz zwischen der armen und reichen Bevölkerung thematisiert wird. Alle vier Autoren entwerfen eine Gesellschaft, die von mehr sozialer Gerechtigkeit geprägt sein soll. Allerdings unterscheiden sich die vier Autoren in der Darstellung der Armut und deren Ursachen. Entsprechend ziehen sie auch unterschiedliche Konsequenzen für das Zusammenleben der Menschen in der Gesellschaft aus ihren Erkenntnissen.

Auf dem Weg in eine sozial gerechtere Gesellschaft lassen sich bei den einzelnen Autoren unterschiedliche Lösungsansätze finden. Die Vermittlung von

Werten ist hier der zentrale Gesichtspunkt. Ruskin orientierte sich mit der Figur Gluck an konservativen, durch die religiösen Ansichten seiner Mutter geprägten Moralvorstellungen. *The King of The Golden River* entstand 1841, also zu einer Zeit, in der Ruskin noch stark unter dem Einfluss seiner Eltern stand. Sein Vater gehörte zu der aufstrebenden Schicht der Unternehmer, die durch ihre eigene Arbeit ihren Wohlstand erwirtschafteten. Zusammen mit der strengen, religiösen Erziehung seiner Mutter kamen so Ruskins Moralvorstellungen zustande, die er in *The King of the Golden River* darlegte.

Glucks Erfolg beruht auf seinem selbstlosen, bescheidenen Verhalten und seinen Wohlstand erwirtschaftet er durch seine eigene Arbeit. Der König des goldenen Flusses agiert gemäß der Vorstellung eines harten, aber gerechten Gottes. Dies erinnert an die calvinistische Prädestinationslehre, in der Menschen wie Gluck, die sich durch ihr Verhalten auszeichnen, zu den Auserwählten gehören, die auch mit wirtschaftlichem Erfolg belohnt werden. Ruskin spiegelt eine im 19. Jahrhundert weit verbreitete Meinung des Bürgertums wider, dass harte Arbeit zusammen mit einem moralischen Verhalten zu wirtschaftlichem Erfolg führt.[158] Der Name König des goldenen Flusses deutet zwar auf die mögliche Existenz von Gold im Überfluss hin, doch wird Gluck nicht mit materiellen Reichtümern überhäuft, sondern erhält die Voraussetzung dafür, dass er sein Tal wieder bewirtschaften kann. Das Wertesystem, das hier dargestellt wird, setzt auf die Leistung des Einzelnen, der für seine Arbeit und sein christliches Verhalten durch wirtschaftlichen Erfolg belohnt wird.

Auch Kingsleys Wertesystem folgt traditionellen christlichen Moralvorstellungen. Mehr noch als für Ruskin stehen für ihn der Glaube an Gott und die Religion im Mittelpunkt des menschlichen Lebens. An Toms Entwicklung und seiner Erziehung durch die Feen verdeutlicht Kingsley die christlichen Wertmaßstäbe, die seiner Meinung nach für den Menschen und das Zusammenleben in Gesellschaften wichtig sind. Ein Aspekt, den besonders Kingsley betont, ist die Notwendigkeit einer umfassenden Bildung. Die Erkenntnisse der Naturwissenschaften werden von Kingsley als eine Ergänzung seiner christlichen Überzeugungen betrachtet. Kingsley ist auch der einzige der hier behandelten Autoren, der den technischen Fortschritt positiv bewertet, wie die kurze Geschichte über den aussterbenden Vogel Gairfowl zeigt. Das Resultat von Bildung und Erziehung soll ein umfassend gebildeter, nach christlichen

---

158 Siehe hierzu: Walter E. Houghton, The Victorian Frame of Mind: 1830 - 1870 (New Haven: Yale University Press, 1957) "The Commercial Spirit", S.183 ff.

Grundsätzen lebender Mensch sein, der dann auch in der Lage ist, führende Positionen in Gesellschaft und Politik einzunehmen.

Ähnlich wie Kingsley vertrat MacDonald die Ansicht, dass es für Kinder wichtig sei, in einem natürlichen Umfeld aufzuwachsen, das durch christliche Wertvorstellungen geprägt ist. Kingsley betonte die praktische Seite des Glaubens in Verbindung mit den Naturwissenschaften. MacDonald hingegen betrachtete den Mensch und dessen Umfeld mehr von einem metaphysischen Standpunkt aus. Daher betonte MacDonald auch in *At the Back of the North Wind* den ideellen Wert von Menschen und Tieren. Diamond findet Geborgenheit in seinem Zuhause, weil er mit seinen Eltern zusammenlebt und nicht aufgrund materieller Dinge. Genauso bezeichnet Nordwind Diamonds Vater als einen Gentleman. Er qualifiziert sich dafür durch seinen Charakter, nicht durch seinen Beruf oder Besitz. Ein Verhalten nach christlichen Grundsätzen ermöglicht so dem Menschen nach MacDonalds Darstellung auch wirtschaftlich schwierige Zeiten zu überstehen. Kommt die Verbesserung nicht im irdischen Leben, gibt es immer noch die Aussicht auf das himmlische Paradies.

Für Kingsley und MacDonald war der christliche Glaube an Gott das Fundament der Gesellschaft. Kingsley wollte seinen Glauben dadurch der zeitgenössischen Gesellschaft anpassen, dass er ganz im Sinne der *Christian Socialists* versuchte, alltägliche Probleme mit Hilfe seiner christlichen Überzeugungen zu meistern. MacDonald dagegen betonte die ideelle Seite des christlichen Glaubens, die dem Menschen mehr bieten konnte als die Ausrichtung des menschlichen Lebens auf rein materielle Ziele. Ruskin sah in einer christlichen Moral die Basis für das menschliche Handeln. Bei Wilde trat diese Rolle des christlichen Glaubens vollkommen zurück. Seine Figuren handeln zwar nach einer christlichen Ethik, aber Gott hat keine zentrale Bedeutung mehr. Gott symbolisiert das Gute an sich. Wilde räumte der Kunst mehr Raum in der Gesellschaft ein. Er orientierte seine Idealvorstellungen an einer Mischung aus sozialistischen und christlichen Ideen, ohne jedoch einem der beiden Systeme den Vorzug zu geben. Letzten Endes waren für ihn Kunst und Ästhetik die entscheidenden Kriterien für die Bewertung des Lebens. Die Idealgesellschaft, wie er sie in seinem Essay *The Soul of Man under Socialism* darstellte, befreit den Menschen von allen niedrigen Arbeiten und ermöglicht ihm, sich ausschließlich den Künsten zu widmen.

Alle vier Autoren orientierten ihre Wertvorstellung an einer christlichen Ethik. Verantwortungsbewusstsein, Mitleid und Nächstenliebe sind Eigenschaften, die in allen hier ausgewählten Kunstmärchen für das Zusammenleben in einer Gemeinschaft wichtig sind. Alle vier Autoren legten diesen Wertvorstellungen ein positives Menschenbild zugrunde. Sie setzten auf die Fähigkeit des Menschen über sich selbst zu reflektieren, um dann schlechte Eigenschaften abzulegen. Kingsleys Tom durchläuft in *The Water - Babies* am deutlichsten diese Entwicklung. Der glücklich Prinz und der junge König sind zwar nicht grundsätzlich schlechte Menschen, aber dennoch können sie erst durch das Wissen um das Elend der unteren Schichten eigenständig zum Wohle anderer handeln. Ruskin und MacDonald dagegen stellen in ihren Kunstmärchen mit Gluck und Diamond Idealfiguren dar, die bereits einen vorbildlichen Charakter besitzen und unterstreichen die besondere Wirkung solcher Menschen auf ihre Umwelt.

Ausgehend von diesem Menschenbild formulierten die einzelnen Autoren ihre Wertvorstellungen und Gesellschaftskritik. Wie bereits erwähnt wurde, war die Forderung nach mehr sozialer Gerechtigkeit bei allen vier Autoren vorhanden. Daher thematisierte jeder der vier Autoren die Diskrepanz zwischen Arm und Reich in seinem Kunstmärchen. Allerdings wird dieses Missverhältnisses in der Gesellschaft unterschiedlich dargestellt und die Konsequenzen, die sich für den Einzelnen und die Gesellschaft daraus ergeben, werden von jedem Autor anders bewertet.

In Ruskins *The King of the Golden River* wird das moralische Verhalten eines Individuums in Bezug zu seinem wirtschaftlichen Erfolg gesetzt. Armut und Reichtum existieren in der bestehenden Gesellschaft, aber Ruskin fordert keine Aufhebung dieses Gegensatzes. Für ihn ist es legitim, Reichtum und Besitz zu erwerben. Der Einzelne muss sich allerdings an einer christlichen Ethik orientieren und darf Menschen oder die Natur nicht ausnutzen. Die Brüder Glucks haben dies getan und werden dafür bestraft. Geht ein wohlhabender Mensch verantwortungsvoll mit seinem Besitz und Vermögen um, profitieren auch die unteren Schichten davon. Es entsteht so trotz der unterschiedlichen Besitzverhältnisse keine Unzufriedenheit in der Gesellschaft.

Kingsley konzentriert sich am Beispiel des Schornsteinfegerjungen Tom auf die Schilderung der unteren Schichten in Städten. Schmutz, Armut, Gewalt und Alkoholismus prägen das Umfeld. Vor allem Kinder haben so keine Chance, sich zu guten Menschen entwickeln. Kingsley sieht einen Zusammenhang zwischen den äußeren Lebensbedingungen und dem Charakter der Menschen. Er fordert immer wieder in zahlreichen Artikeln und Essays, dass vor allem die sanitären Bedingungen in den Städten verbessert werden müssen. Darüber hinaus ist eine an christlichen Werten orientierte Erziehung die zweite Voraussetzung, damit vor allem Kinder einen guten Charakter entwickeln können. Gerade bei den unteren Schichten sieht Kingsley Handlungsbedarf. Zusätzlich füllt dann der ideale, umfassend gebildete Gentleman in Kingsleys Gesellschaftsentwurf führende Rollen in Gesellschaft und Politik aus. Kingsley zeigt so konkrete Lösungen für die sozialen Probleme seiner Zeit auf.

In *At the back of the North Wind* schildert MacDonald ganz ähnlich wie Kingsley die Notsituation der unteren Schichten in den Städten. Er wählte das Droschkenfahrermilieu für die Darstellung der Folgen von Armut und Gottlosigkeit. Auch MacDonald setzt ähnlich wie Ruskin und Kingsley auf das Verantwortungsbewusstsein einer Bildungselite, die sich an christlichen Grundsätzen orientiert. Mr. Raymond beeinflusst entscheidend das Schicksal der Familie Diamonds und des Straßenkehrermädchens Nanny. MacDonald betont mehr noch als die beiden anderen Autoren die metaphysische Seite des menschlichen Daseins. Besitz oder gesellschaftliche Stellung sind für die Bewertung eines Menschen nicht entscheidend. Sein Charakter, sein Verhalten und sein Glauben sind die wichtigen Bestandteile seines Lebens. Auch arme Menschen müssen sich nach diesen Idealen ausrichten, um spätestens nach ihrem Tod für ihr Verhalten belohnt zu werden. MacDonald verlagert die Perspektive für die Lösung der sozialen Probleme teilweise ins Jenseits.

Auch in Wildes Kunstmärchen *The Happy Prince* wird die Not der ärmeren Bevölkerung durch einzelne, aus Mitleid und Nächstenliebe motivierte Handlungen gelindert. In *The Young King* jedoch mischen sich bereits fatalistische Untertöne: Der junge König erkennt die sozialen Ungerechtigkeiten in der Gesellschaft und möchte seiner Erkenntnis durch seine Kleidung Ausdruck verleihen. Er möchte die bestehende Gesellschaft und ihre Denkstrukturen ändern, scheitert aber am Unverständnis, das Mitglieder jeder gesellschaftlichen Schicht ihm entgegen bringen. Alle Teile der Gesellschaft, auch die ärmere Bevölkerung, finden sich mit dem Status quo ab und fügen sich in ihr Schicksal.

Der Darstellung der Armut in den Städten stellen Kingsley und MacDonald das Leben auf dem Land als idealisiertes Gegenbild gegenüber. Das Leben auf dem Land wird aus einer nostalgischen Perspektive heraus positiver bewertet als das Leben in den Städten. In der ländlichen Idylle gibt es keine Verschmutzung, keine Armut, keine Gewalt. Missernten, soziale Ungerechtigkeiten unter der Landbevölkerung, Ausbeutung durch Gutsherren und ähnliches werden hingegen nicht thematisiert. Kingsley und MacDonald entsprechen mit dem von ihnen in ihren Kunstmärchen entworfenen ländlichen Idyll der im Zeitalter der Industrialisierung weitverbreiteten Sehnsucht des in den Städten lebenden Bürgertums nach einem Leben auf dem Lande.

Auch Ruskin zeichnet mit seinen Landschaftsbeschreibungen in *The King of the Golden River* ein positives Bild der Natur. Ruskin, Kingsley und MacDonald sehen in den natürlichen Lebensbedingungen ein besseres Umfeld für die

Entwicklung des Menschen, das er in der Stadt nicht vorfinden kann. Lediglich in den beiden Kunstmärchen Wildes finden sich keine Aussagen über das Leben auf dem Land, bzw. die Bevorzugung des ländlichen Umfeldes gegenüber dem städtischen. Der Grund dafür lässt sich in Wildes ästhetischen Ansichten finden, da er generell die Kunst der Natur vorzieht. So ist das luxuriöse Umfeld des jungen Königs, der bei den Wanderungen durch seinen Palast und dem Betrachten der Kunstschätze einen Ausgleich zu seinen Regierungspflichten findet, an die Stelle der Natur getreten.

Trotz dieser Unterschiede ist allen vier Autoren gemeinsam, dass sie keine radikalen Veränderungen der bestehenden Gesellschaftsordnung oder des politischen Systems anstreben. Am deutlichsten drückt hier Kingsley seine politische Haltung aus, indem er in der Krähengeschichte eindeutig eine Demokratie nach amerikanischem Muster ablehnt. Alle setzen auf eine Bildungselite, die ihr Verhalten an christlicher Ethik orientiert und so dazu beiträgt, dass die sozialen Spannungen der zeitgenössischen Gesellschaft nach und nach abgebaut werden. Sie gehen von einem idealistischen Menschenbild aus, das die Möglichkeit des Individuums betont, sein Verhalten immer ändern zu können.

Die Gesellschaftsentwürfe aller vier Autoren richten sich stark nach den Bedürfnissen der Mittelschichten. Moral und christliche Tugenden sollen allen Bereichen des menschlichen Lebens in einer Gesellschaft zugrunde gelegt werden. Die sozialen Ungleichheiten und die Unzufriedenheit der unteren Schichten werden dann automatisch verschwinden, wenn das gebildete Bürgertum seiner Führungsrolle gerecht wird. Arnold kritisierte in seinen Essays die Mittelschichten dahingehend, dass ihnen ein übergeordnetes Ideal fehlt. Ruskin, Kingsley und MacDonald versuchen in ihren Kunstmärchen moralische Werte zu vermitteln, die den Mittelschichten ermöglichen sollten, ihrer gesellschaftlichen Verantwortung gerecht zu werden. Wilde hingegen beginnt bereits damit, die christliche Ethik des Bürgertums kritisch zu hinterfragen.

8.2. Unterschiedliche Märchenkonzepte bei Ruskin, Kingsley, MacDonald und Wilde

Nachdem die Unterschiede und Gemeinsamkeiten der Gesellschaftsentwürfe der Autoren dargestellt wurden, sollen nun deren unterschiedliche Märchenkonzepte betrachtet werden. Hierbei sollen die Kunstmärchen in Beziehung zum Gesamtwerk der Autoren gesetzt werden. Gemeinsam mit den Aussagen der einzelnen Autoren über ihre Kunstmärchen beeinflussten diese Faktoren auch formale Aspekte der einzelnen Kunstmärchen. Daraus ergeben sich unterschiedliche Konzepte, die den einzelnen Kunstmärchen zugrunde liegen.

Ruskins Vorbilder waren Dickens und die Gebrüder Grimm. Sein Kunstmärchen *The King of the Golden River* erinnert durch seinen Handlungsaufbau, seine Sprache und seine Figuren stark an Grimms Märchen. Einfach und prägnant wird die Geschichte von Gluck erzählt. Es gibt keine eingeschobenen Erzählungen. Ruskin erarbeitete sich die Themen, über die er schrieb systematisch. Bevor er eines seiner kritischen Werke veröffentlichte, hatte er recherchiert, sich die Architektur und Kunst vor Ort angeschaut, Notizen gemacht, andere Quellen herangezogen. Aus den Anregungen, die Ruskin bei Dickens und den Märchen der Gebrüder Grimm fand, konnte er das Gerüst für seine Handlung und seine Figuren gestalten, das er dann mit seinen Moralvorstellungen ausfüllte. Darüber hinaus baute er mit den Beschreibungen der Alpenlandschaft die persönlichen Eindrücke einer kurz zuvor unternommenen Reise in das Werk mit ein. Ruskin selbst bezeichnete sein Kunstmärchen rückblickend als eine Art Spielerei für ein Kind, aber es ist sehr unwahrscheinlich, dass ein Schriftsteller, der seine Werke in sprachlicher und inhaltlicher Hinsicht immer sehr sorgfältig aufbaute, hier eine Ausnahme gemacht haben sollte.

Die Erklärung für diese Einschätzung Ruskins liegt zweifellos darin, dass er sich selbst als Kunst- und Gesellschaftskritiker sah. *The King of the Golden River* ist auch die einzige Erzählung dieser Art, die Ruskin geschrieben hat. Die große Ähnlichkeit von Ruskins Kunstmärchen in formaler Hinsicht mit den Märchen der Gebrüder Grimm kommt einerseits dadurch zustande, dass es zu diesem Zeitpunkt noch keine eigenständige englischsprachige Märchentradition in der Literatur gab. 1841, als Ruskin sein Kunstmärchen schrieb, konnte er nur französische und deutsche Märchensammlungen kennen. Die Folkloreforschung, die auch die englischen und keltischen Volksmärchen sammelte und veröffentliche, entstand erst nach der Jahrhundertmitte. Andererseits kamen gerade die formalen Kriterien, die sich in den Grimmschen Märchen sowie in Volksmärchen finden, Ruskins sorgfältiger Arbeitsweise entgegen. Mit wenigen, präzisen Worten werden die Figuren vor allen durch ihre Handlungen charakterisiert. Handlungsaufbau, Satzbau und Sprache sind einfach und richten sich an den Bedürfnissen von Kindern aus. Da Ruskin das Kunstmärchen zunächst für ein Kind konzipierte, konnte er so den Ansprüchen eines Kindes, aber auch seiner eigenen Arbeits- und Denkweise gerecht werden.

Wildes Kunstmärchen sind in formaler Hinsicht Ruskins Kunstmärchen ähnlich, allerdings ist vor allem in der zweiten Märchensammlung der Satzbau komplizierter und entspricht nicht immer den rezeptiven Fähigkeiten von Kindern. Auch bei Wilde agieren wenige, prägnant charakterisierte Figuren. Die

Handlung wird nicht durch Einschübe unterbrochen und in den drei Träumen des jungen Königs übernimmt Wilde die in Volksmärchen häufig auftretende Dreiteilung der Handlungsstruktur. Auch in Ruskins *The King of the Golden River* hat erst der dritte und letzte Versuch Glucks Erfolg. Wildes literarisches Konzept unterscheidet sich jedoch von Ruskin vor allem dahingehend, dass für ihn die Form wichtiger als der Inhalt sein soll. In seinen Kunstmärchen finden sich einige Passagen, die an Hans Christian Andersens Kunstmärchen erinnern und Wildes Kunstmärchen *The Fisherman and his Soul* verarbeitet Andersens Märchen der kleinen Meerjungfrau. Wilde selbst sagte über seine erste Märchensammlung, dass er versucht habe, gesellschaftliche Probleme in einer ästhetisch angemessen Form darzustellen. Das Kunstmärchen bietet Wilde die Möglichkeit, über seiner Ansicht nach kritikwürdige Verhaltensweisen seiner Zeitgenossen zu schreiben, indem er eine eigene Märchenwelt kreiert, die nicht zuviel Realitätsnähe benötigt. Gerade hier liegt der Vorteil der Gattung Kunstmärchen für Wilde. Über seine zweite Märchensammlung sagte Wilde, dass er weder die britische Öffentlichkeit, noch die britischen Kinder ansprechen wollte. Bei Wildes Kunstmärchen liegt der Schwerpunkt darauf, dass er mit dieser literarischen Gattung seine Gesellschaftskritik ästhetisch formulieren kann.

Kingsley und MacDonald dagegen durchsetzten ihre jeweilige Haupthandlung mit vielen Nebenhandlungen, eingeschobenen Träumen und kurzen Episoden und können so in einem Werk auf viele verschiedene Probleme der Gesellschaft verweisen. Kingsley und MacDonald waren beide Prediger und wollten den Menschen viele Aspekte des Lebens näher bringen. Sie schöpften die Gattung Kunstmärchen, die der Gestaltung der Erzählungen nur wenige Grenzen setzt, voll aus. Aufgrund dieses Anliegens des Predigens sind diese beiden Kunstmärchen auch stärker moralisierend als die Wildes oder Ruskins. Außerdem wurden die Kunstmärchen von Kingsley und MacDonald zunächst als Serienerzählungen in Zeitschriften veröffentlicht, was ebenfalls ein Grund für die Länge und die eingeschobenen Episoden der beiden Erzählungen ist.

Allerdings unterscheidet sich die Art der Einschübe in den beiden Kunstmärchen. In *At the Back of the North Wind* besteht die Haupthandlung aus den Erfahrungen Diamonds mit Nordwind, die ihn auf seinen Tod vorbereiten, und dem Verlauf des Schicksals seiner Familie. Es wurde bereits angesprochen, dass MacDonald in der Imaginationsfähigkeit des Menschen eine besondere Gabe Gottes sah. Er schrieb mehrere Kunstmärchen und fantastische Geschichten. Dieser Interessenschwerpunkt MacDonalds ließ ihn in sein Kunstmärchen einzelne kurze Episoden einschieben, bei denen es sich um Träume oder kürzere Kunstmärchen handelt. Kapitel 25 trägt die Überschrift *Dia-*

mond's Dream (MacDonald (1871) 1979 S.181-192) und schildert einen Traum Diamonds, der von Engeln handelt, die Sterne ausgraben und diese säubern, damit sie hell leuchten. Ein anderer Einschub ist ein Kunstmärchen mit Titel *Little Daylight*, das Mr. Raymond, der Schriftsteller, den Kindern im Krankenhaus erzählt (MacDonald (1871) 1979 S.250-221). Schließlich noch der Traum Nannys, in dem sie im Mond für Frau Luna saubermacht und trotz des Verbotes von Frau Luna eine Schublade öffnet, aus der alle Bienen der Frau Luna entweichen (MacDonald (1871) 1979 S.228-240).

Diese Einschübe stehen durchaus im Zusammenhang mit dem Inhalt des gesamten Kunstmärchens, sind aber für dessen Handlung nicht von entscheidender Bedeutung. Der Traum Diamonds unterstreicht dessen überirdischen, sphärischen Charakter und seine Hinwendung zum Jenseits, die während der ganzen Erzählung durch die Verbindung Diamonds mit dem Himmel und seinen Vergleich mit einem Vogel aufgebaut wird. Mr. Raymond ist Schriftsteller und somit ist es nichts Ungewöhnliches, dass er eines seiner Kunstmärchen Kindern erzählt. Es unterstreicht seinen selbstlosen Charakter, da er kranken Kindern einmal in der Woche Unterhaltung bringt. Nannys Traum spiegelt ihre Angst zu versagen und als nutzlos zu gelten wider. Insgesamt hat sich MacDonald vermutlich für diese Einschübe entschieden, da sie noch zusätzliche märchenhafte und traumhafte Elemente in das Kunstmärchen bringen.

Bei der Analyse von Kingsleys *The Water - Babies* wurden bereits einige der eingeschobenen Erzählungen analysiert. Kingsley wollte mit seinem Kunstmärchen seinen Glauben und seine Begeisterung für die Naturwissenschaften vermitteln. Er wollte viele Themen ansprechen, die er in der viktorianischen Gesellschaft als kritikwürdig ansah. Anhand von Toms Schicksal und den Abenteuern, die dieser im Laufe seiner Entwicklung bestehen muss, konnte Kingsley verschiedene Aspekte zur Sprache bringen. Durch diesen Aufbau versucht er die Menge an Themen, die er ansprechen wollte, in eine kurzweilige Form zu bringen. Junge Leser oder Zuhörer sollten durch die Abenteuer Toms die ganze Geschichte mit Interesse verfolgen.

Kingsley und MacDonald haben im Gegensatz zu Ruskin mehrere Erzählungen für Kinder geschrieben. Wobei MacDonald immer mehr den fantastischen, irrealen Aspekt von Kunstmärchen in den Vordergrund stellte. Kingsley hingegen sah in der Literatur mehr ein Medium, um seine Ansichten seinen Mitmenschen näher zu bringen. Je nach Thema und Zielgruppe wählte er dann unterschiedliche literarische Gattungen. Im Falle von *The Water - Babies*, das er seinem Sohn widmete, intendierte er auf Kinder als Lesepublikum, schloß aber Erwachsene nicht aus. Die Absicht Kingsleys, möglichst viele Aspekte der Gesellschaft anzusprechen und auch die naturwissenschaftlichen Erkenntnisse möglichst genau zu präsentieren, führten häufig dazu, dass viele Fachwörter zusammen mit einem komplizierten Satzbau für Kinder sicherlich schwer verständlich wurden. Auch Anspielungen Kingsleys auf aktuelle wissenschaftliche und politische Kontroversen konnten, bzw. können, von Kindern nicht verstanden werden. Susan Chitty formuliert dies sehr treffend in ihrer Biographie über Kingsley:

> Anyone who has read it [*The Water - Babies*] aloud to small children knows that the passages that must be skipped become longer and more numerous as the book progresses. Few can inflict upon a five-year-old of the 1970s the references to obscure scientific and political controversies of the 1860s or can chant the list of remedies tried on Prof. Ptthmllnsprts to cure him of his disbelief in water-babies (...). (Chitty, 1974, S.219-220)

MacDonald dagegen, der in *At the Back of the North Wind* oft die Figuren und deren Handlungen aus Diamonds naiver Sichtweise heraus beschreibt, kommt den Bedürfnissen von Kindern mehr entgegen. Auch hier zeigt sich, wie viel gestalterischen Spielraum die Gattung Kunstmärchen einem Autor bietet.

Da eigentlich keine formalen Kriterien erfüllt werden müssen, kann jeder Autor seinen Neigungen und Zielsetzungen entsprechend die Erzählung gestalten. In allen Kunstmärchen werden Elemente aus den Volksmärchen und anderen Kunstmärchen verarbeitet und bei Ruskin und Wilde beeinflussen die jeweiligen literarischen Vorbilder in formaler Hinsicht die Kunstmärchen. Die Literaturkonzepte Ruskins und Wildes sind aber unterschiedlich. Ruskin wollte mit seinem Gesamtwerk, in dem er kunstkritische und gesellschaftskritische Themenkomplexe bearbeitete, Einfluss auf die geistigen Strömungen seiner Zeit nehmen. Wilde versuchte dagegen in seinen Werken seinen Zeitgenossen die Bedeutung von Kunst für den Menschen näher zu bringen. In Anlehnung an die Kunstmärchen Andersens konnte Wilde seine Gesellschaftskritik in einer für ihn ästhetischen Form darlegen.

Kingsley, der sowohl seine christlichen Überzeugungen als auch naturwissenschaftliche Erkenntnisse und seine Gesellschaftskritik seinen Lesern vermitteln wollte, schrieb eine längere Erzählung, die von ihrem Aufbau her mehr an einen Abenteuerroman erinnert. Da aber auch er märchenhafte Elemente verarbeitet, zählt *The Water - Babies* zur Gattung der Kunstmärchen. MacDonalds Gesamtwerk besteht aus Romanen über seine schottische Heimat, fantastische Erzählungen und Kunstmärchen. Er stand ganz in der Tradition der romantischen Dichter und legte den Schwerpunkt seiner Arbeit auf die metaphysische Seite des Menschen. Auch in *At the Back of the North Wind* wurde die Klasse von Elementen verarbeitet, die ein Kunstmärchen auszeichnen und

MacDonald fügte darüber hinaus noch seine Gesellschaftskritik ein. Im folgenden Kapitel soll nun der Frage nach der Wirkung der in den Kunstmärchen enthaltenen Gesellschaftskritik nachgegangen werden.

8.3. Lesepublikum und Wirkung der Kunstmärchen

Bereits im zweiten Kapitel wurde gezeigt, dass im 19. Jahrhundert, obwohl immer mehr Bücher speziell für ein jugendliches Lesepublikum produziert wurden, Erwachsenen- und Kinderliteratur fließende Grenzen hatten. Es gab Romane, Erzählungen und eben auch Kunstmärchen, die von Erwachsenen und Kindern gelesen wurden. Das Volksmärchen wurde ursprünglich nicht von Erwachsenen für Kinder erzählt, sondern war ein Medium, um Verhaltensweisen und Begebenheiten weiterzugeben und diente natürlich auch der Unterhaltung. Erst die Entwicklungen im 18. und 19. Jahrhundert, die das Bild von Kindern und ihrer Erziehung veränderten, rückten auch die Gattung Märchen in das Blickfeld einer didaktisch orientierten Literatur. In der Gattung des Kunstmärchens sahen daher viele Autoren die Möglichkeit, sich einerseits mit Gesellschaftskritik an erwachsene Leser zu richten und andererseits moralisch erziehend auf Kinder einzuwirken.

Verschiedene Faktoren ließen im 19. Jahrhundert das Buch, die Zeitung und die Zeitschrift zu wirklichen Massenmedien werden. Vor allem Richard D. Alticks Untersuchung über den "common reader" gibt Aufschluss über die wachsende Zahl der Leserschaft in den verschiedenen Bevölkerungsschichten.[159] Gerade die Mittelschichten, die Ärzte, Lehrer, Beamte und ähnliche Berufe umfassen, wuchsen ständig und bildeten die neue Masse der Leser (Altick, 1957, S.83). Es gab mehr Freizeit, also auch mehr Zeit zum Lesen, wobei sich auch nach und nach verschiedene Sportarten als Freizeitbeschäftigungen etablierten (Altick, 1957, S.85). Die Ausdehnung der Eisenbahn, vor allem ab Mitte des 19. Jahrhunderts, machte einerseits die Verbreitung der gedruckten Ware einfacher und schneller, bot andererseits aber auch dem Reisenden Zeit zu lesen (Altick, 1957, S.88-89). Auch technische Entwicklungen in der Papierherstellung und im Buchdruck ließen Bücher und Zeitungen immer billiger werden und ermöglichten so immer mehr Menschen, sich Bücher und Zeitschriften finanziell leisten zu können.[160] Der erste Autor, der seine

---

159 Richard D. Altick, The English Common Reader: A Social History of the Mass Reading Public 1800 - 1900 (Chicago: The University of Chicago Press, 1957).

160 John Feather, A History of British Publishing (London, New York, Sydney: Cromm Helm, 1988) S.130-134.

Werke in bis zu diesem Zeitpunkt ungeahnt hohen Auflagenzahlen veröffentlichte und so die ersten Bestseller verkaufte, war Sir Walter Scott. John Feather schreibt in seinem Buch über die Geschichte des britischen Verlagswesens folgendes:

> Previously novels had been published in editions as small as 500, largely for the circulation libraries, but with *Waverly* (1814) Scott and his publisher, Archibald Constable, made the breakthrough to the mass market. The book was a best seller, perhaps the first work of English fiction which can be meaningfully described by that term. Constable sold the first edition of 1,000 copies within a few weeks, and reprinted 2,000 within three months of publication. Cheap editions followed, and by 1829 some 40,000 copies had been sold on this form. (Feather, 1988, S.150-151)

Diese Zahlen zeigen, dass es einen wachsenden Markt für Bücher gab. Verleger und Autoren arbeiteten zusammen und so entwickelten sich zwei Berufe, Autor und Verleger, die im 19. Jahrhundert in einem ständig wachsenden Wirtschaftszweig eine immer größere Beachtung fanden. Auch die Veröffentlichung von Romanen und Erzählungen in Serienform, wie sie beispielsweise durch Charles Dickens sehr erfolgreich praktiziert wurde, machten die literarischen Werke einem immer größeren Publikum zugänglich. Die Veröffentlichung in Zeitschriften, als dreibändiges Werk (die "three-decker novel") oder in noch kleineren Einheiten verteilten die Kosten eines Romans auf mehrere Monate.[161] Es wurde bereits angesprochen, dass Kingsleys *The Water - Babies* und MacDonalds *At the Back of the North Wind* als Serienerzählung in Zeitschriften erschienen sind, bevor sie als Buch veröffentlicht wurden. Auch waren alle der in dieser Arbeit analysierten Kunstmärchen von Anfang an erfolgreich, erlebten mehrere Auflagen und man kann daher davon ausgehen, dass sie eine große Verbreitung fanden.

Alle vier Autoren stammten aus den Mittelschichten und die Zielgruppe ihrer gesamten Werke, nicht nur der Kunstmärchen, waren diese Mittelschichten. Oben genannte Entwicklungen bedingten, dass hier die größte Zunahme des an Unterhaltung, aber auch an Information interessierten Lesepublikums im 19. Jahrhundert statt fand. Die Kritikpunkte, die Ruskin, Kingsley, MacDonald und Wilde in ihren Kunstmärchen formulierten, zielten vor allem auf diese Bevölkerungsgruppe ab. Die Werke unserer Autoren haben zwar teilweise die Probleme der unteren Schichten zum Thema, aber nicht diese Schichten

---

161 Richard D. Altick, "Publishing" in: Herbert F. Tucker (Hrsg.), A Companion to Victorian Literature & Culture (Oxford: Blackwell Publishers, 1999) S.295.

als Zielpublikum. Versucht man nun der Frage nach der Wirkung der in den Kunstmärchen geäußerten Kritik nachzugehen, wird es schwierig eine befriedigende Antwort zu finden. Eine große Masse von Menschen wurde durch Literatur erreicht und wir können davon ausgehen, dass gerade die Mittelschichten, deren oberes Ende während des 19. Jahrhunderts immer wichtiger für Politik und Gesellschaft wurde, die hier behandelten Kunstmärchen, die Autoren und andere Texte der Autoren kannten.

Für die Wirkung von Charles Kingsleys *The Water - Babies* lassen sich in der Sekundärliteratur unterschiedliche Meinungen finden. Susan Chitty sieht einen Zusammenhang zwischen der Geschichte des Schornsteinfegerjungen Tom und dem *Chimney Sweepers Regulation Act*, der ein Jahr nach der Veröffentlichung von Kingsleys Märchen verabschiedet wurde und verbot, Kinder für die Reinigung von Schornsteinen einzusetzen.[162] Humphrey Carpenter dagegen ist der Auffassung, dass Kingsleys Darstellung der Problematik von Kinderarbeit in diesem Bereich zu schwach ist, um diesen Effekt erzielt zu haben. Er schreibt:

> It is said the *The Water - Babies* helped to make the use of boys for this purpose illegal; certainly the Act of Parliament forbidding it was passed within a year of its publication. But Kingsley's treatment of this social abuse in *The Water - Babies* is as flimsy as his handling of similar issues in *Yeast* and *Alton Locke*.[163]

Es scheint, dass je nach Betrachtungsweise von Kingsleys Werk, d.h. nach der Zielvorgabe der Untersuchung, die Interpretationen variieren. Susan Chitty betont in ihrer Biographie die kämpferische Seite Kingsleys und Joachim Frenk, der ebenfalls einen Zusammenhang zwischen *The Water - Babies* und dem Gesetz sieht, definiert in seiner Untersuchung das englische Sozialmärchen und verweist auf die Verbindung des Fantastischen mit sozialen Problemen (Frenk, 1998, S.167). Carpenter dagegen, der seiner Studie bereits den Titel *Secret Gardens: A Study of the Golden Age of Children's Literature* gab, setzt seinen Schwerpunkt auf die Entstehung des Kunstmärchens und seinen Platz innerhalb der Kinderliteratur. Keiner der soeben genannten Literaturwissenschaftler gibt Belege, wie etwa Kommentare von Zeitgenossen oder Briefe, für seine These an. Der Schluss, dass Kingsleys Kunstmärchen auf die Verabschiedung dieses Gesetzes Einfluss hatte, da er die problematischen Lebens-

---

162   Chitty (1974) S.222. Auch Joachim Frenk schließt sich dieser Meinung an (Frenk, 1998, S.163).

163   Humphrey Carpenter, Secret Gardens: A Study of the Golden Age of Children's Literature (Boston: Houghton Mifflin Company, 1985) S.37.

verhältnisse gerade von Kindern in Städten thematisierte, liegt nahe, kann aber nicht eindeutig belegt werden. Generell wurde das gesamte 19. Jahrhundert durch viele kleine Reformschritte geprägt, die auch die Situation der Kinder hinsichtlich der Arbeitszeiten und der Schulpflicht allmählich verbesserten. Inwieweit zu diesen allmählichen Verbesserungen literarische Werke wie Kingsleys *The Water - Babies* oder auch Charles Dickens Romane, die die Kinderarmut in den Städten beschrieben, beitrugen, lässt sich nicht exakt bestimmen.

Man kann sich nun generell die Frage stellen, inwieweit Literatur überhaupt Einfluss auf gesellschaftliche und politische Entwicklungen nehmen kann. Man muss berücksichtigen, dass ein Autor entweder dem Zeitgeist oder literarischen Strömungen seiner Epoche entspricht oder sich aber bewusst für eine gegensätzliche Richtung entscheidet. Es wurde bereits darauf hingewiesen, dass das 19. Jahrhundert in Großbritannien ein Jahrhundert der Veränderungen darstellte. Politisch setzte eine Liberalisierung und Reformpolitik ein. Großbritannien veränderte sich von einer Nation, die sich als Agrargesellschaft begriff und in der der Adel sowie die anglikanische Kirche als Leitfiguren für die Gesellschaft und auch das Bildungssystem dienten, zu einer modernen Industriegesellschaft, die eine Neuorientierung ihrer Werte benötigte. Hierbei spielte auch Literatur eine Rolle. Es wurde gezeigt, wie sowohl die Kinder- und Jugendliteratur, als auch der Roman neben Zeitschriften, Essays und kulturkritischen und gesellschaftskritischen Werken eine immer größere Verbreitung fanden. Diese Entwicklung spiegelt den Zeitgeist einer Epoche wider, die einerseits Unterhaltung in der Lektüre suchte, andererseits aber auch einen ständig wachsenden Wissensdurst stillen wollte. Carlyles Werke über historische Persönlichkeiten zählten ebenso zu Bestsellern, wie Darwins *Origin of Species*. Schriftsteller wie Charles Dickens zeigten, wie man erfolgreich Informationen über gesellschaftliche Themen von breitem Interesse mit Unterhaltung verbinden kann. Ruskin, Kingsley, MacDonald und Wilde schafften in ihren Kunstmärchen denselben Effekt: Sie formulierten ihre Gesellschaftskritik in einer literarischen Form.

Die Wirkung von Literatur in der Gesellschaft kann nur indirekter Natur sein. Ein Artikel, ein Essay oder ein Zeitungsbericht können direkte Auswirkungen auf politische oder gesellschaftliche Vorgänge haben, wenn beispielsweise ein bisher unbekannter Sachverhalt zum ersten Mal öffentlich gemacht wird. Die in den hier behandelten Kunstmärchen vorhandene Gesellschaftskritik bettet die Darstellung der sozialen Wirklichkeit in märchenhafte Erzählungen ein. Die Kritik verliert so auch an Schärfe. Aber das Kunstmärchen bietet seinem Autor die Möglichkeit, ein relativ breitgefächertes Publikum zu erreichen und so seine Moral- und Wertstellungen einer großen Zahl von Menschen nahe zu bringen. Ruskin, Kingsley, MacDonald und Wilde griffen Probleme auf, die in der Gesellschaft des 19. Jahrhunderts diskutiert wurden und ihre Kunstmärchen trugen zu dieser Diskussion bei.

Ruskin, Kingsley, MacDonald und Wilde thematisierten alle in ihren Kunstmärchen die sozialen Ungerechtigkeiten ihrer Zeit, unter denen auch besonders Kinder zu leiden hatten. So versuchten sie mit ihren Kunstmärchen diesen Missstand der viktorianischen Gesellschaft dem erwachsenen Leser ins Bewusstsein zu rufen. Es wurde bereits darauf hingewiesen, dass sich die Situation von Kindern durch den Abbau der Arbeitszeiten und den Ausbau der Schulen im Laufe des 19. Jahrhunderts schrittweise verbesserte. Literatur allgemein, und die hier ausgewählten Kunstmärchen dienen hier als Beispiele, konnte so Themen, die in der Gesellschaft diskutiert wurden, einem immer größeren Publikum nahe bringen.

Die Kunstmärchen erfüllten also zwei Funktionen. Einerseits ermöglichten sie Ruskin, Kingsley, MacDonald und Wilde ihre Gesellschaftskritik in einer literarischen Gattung zu präsentieren, die in der zweiten Hälfte des 19. Jahrhunderts immer beliebter wurde und durch ihre Attraktivität für Erwachsende und Kinder ein sehr breit gestreutes Publikum fand. Andererseits wirkten sie dadurch, dass ihre Kunstmärchen erfolgreich waren, in ihrem Sinne auf die Meinungsbildung ihrer Zeitgenossen ein. Bei erwachsenen Lesern konnten sie bereits vorhandene kritische Überlegungen weiter verstärken und auf gesellschaftliche Probleme aufmerksam machen und entsprechende Lösungsansätze vorschlagen. Bei Kindern und Jugendlichen trugen sie dazu bei, durch eine geeignete Lektüre deren Charakterbildung zu beeinflussen. In diesem subtilen Sinne wirkten die Kunstmärchen in zweifacher Hinsicht vor allem in den Mittelschichten.

9. Konklusion

Wie soll die Gesellschaft aussehen, damit Großbritannien weiterhin eine große Nation bleibt? Dies war eine der zentralen Fragen, mit denen sich Intellektuelle im 19.Jahrhundert auseinandersetzten. In der vorliegenden Arbeit wurde gezeigt, was man unter einer Nation und Nationalgefühl verstehen kann und wie wichtig es für die Gesellschaft einer Nation ist, eine nationale Identität zu besitzen. Die Oberschicht Großbritanniens besaß, jedenfalls noch zu Beginn des 19. Jahrhunderts, ein großes Selbstbewusstsein. Bei den Entwicklungen in Industrie und Naturwissenschaft waren die Briten führend, ihr Kolonialreich dehnte sich immer weiter aus und nach Ansicht der Mehrheit der Oberschicht blieb Großbritannien von Revolutionen verschont, da eine liberale Politik betrieben wurde. Dennoch verloren die alten Insignien der britischen Größe im Laufe des 19. Jahrhunderts immer mehr an Bedeutung. Darüber hinaus entwickelten sich zwei neue Gesellschaftsschichten, Arbeiter und Bürger, die jeweils ihre Interessen verfolgten und diese auch in der Politik repräsentiert sehen wollten. Politische Reformen wurden nötig und im Laufe des 19. Jahrhunderts fanden viele Reformen statt. Aber wo sollte die Gesellschaft ihre ideellen Werte und Orientierungspunkte finden?

Ruskin, Kingsley, MacDonald und Wilde erkannten diese Problematik. Sie sahen, dass Arm und Reich immer mehr auseinander drifteten. Eine gerechtere Verteilung des Wohlstandes und die Verbesserung der Bildung und Lebensverhältnisse der unteren Schichten waren notwendig. Alle vier Autoren gingen im Prinzip davon aus, dass eine gebildete Elite, die sich nicht mehr am Adel orientieren sollte, auf der Basis christlicher Werte durch soziales Engagement die Lage der unteren Schichten verbessern könnte. Diese Bildungselite könnte dann als Vorbild für die ganze Gesellschaft dienen und würde auch in der Politik bestimmende Funktionen einnehmen. Dies kommt in den einzelnen Kunstmärchen zum Ausdruck. Ruskin, Kingsley, MacDonald und Wilde versuchten in ihren Kunstmärchen Wertvorstellungen zu vermitteln, die der gesamten britischen Gesellschaft als Richtlinie dienen können.

Ruskins Kunstmärchen wurde 1841 geschrieben. Die Diskussion über die Gesellschaft in Großbritannien, über die Nation und den Zeitgeist war bereits im Gange. Thomas Carlyle mit seinem Essay *Signs of the Times* (1829) oder John Stuart Mill in seiner Artikelserie *The Spirit of the Age* (1831) äußerten sich kritisch über die bestehenden Strukturen und erkannten, dass die Industrialisierung auch politische und gesellschaftliche Veränderungen nach sich zog. Ereignisse wie die erste Reform Bill von 1832, das Entstehen der Anti-Corn-Law Bewegung 1838 und die ersten Auftritte der Chartisten verursachten Unruhe gerade unter den Mittelschichten und der Oberschicht. Viele befürchteten, dass in Großbritannien eine Revolution ausbrechen könnte.

Darüber hinaus kam auch die anglikanische Kirche mit ihrer Lehre, die bisher als Symbol für ein auch in religiöser Hinsicht unabhängiges, sich von Irland sowie dem Kontinent abgrenzendes Großbritannien stand, immer mehr in Bedrängnis. Das ständige Anwachsen der Nonkonformisten und der Beginn des Oxford Movements 1833 entfachten Diskussionen über Glaube, Religion und Kirche. Zurück blieb eine große Verunsicherung vor allem im Bürgertum. Ruskins Kunstmärchen stellte vor diesem Hintergrund vor allem dar, wie man sich in der Gesellschaft verhalten sollte. Der Mensch sollte lernen zu teilen, zu helfen und in der Gemeinschaft nach christlichen Grundsätzen zu leben. Auch die spätere Gesellschaftskritik Ruskins appellierte vor allem an das Verantwortungsbewusstsein der wohlhabenderen Mitglieder der Gesellschaft.

Die Kunstmärchen von Kingsley und MacDonald wurden 1861, bzw. 1871 geschrieben. Was war nun bei Kingsley und MacDonald im Vergleich zu Ruskins anders? Beide wurden zu Theologen ausgebildet und beide hielten, wie Ruskin, an einer christlichen Ethik als Basis für die Gesellschaft fest. Beide betonten mehr als Ruskin die Bedeutung Gottes für die Menschen. Das lag sicherlich auch daran, dass beide ihre Aufgabe als Pfarrer und Prediger darin sahen, den Glauben zu verbreiten. In dem Zeitraum von 1850 bis 1870 wurden weitere politische Reformen beschlossen, aber der große Gegensatz zwischen armen und wohlhabenden Bevölkerungsschichten bestand immer noch. 1859 verlieh die Veröffentlichung von Darwins *Origin of Species* der Diskussion über das christliche Weltbild einen entscheidenden Impuls. Der christliche Glaube und die Bibel als offenbarte Wahrheit über die Herkunft und Geschichte des Menschen wurden von immer mehr Naturwissenschaftlern und Intellektuellen einer kritischen Überprüfung unterzogen. Die Vermittlung des Glaubens an Gott wurde so für Kingsley und MacDonald zum Mittelpunkt ihrer Bemühungen. Sie wollten zeigen, dass in der sich verändernden Gesellschaft Kirche und Religion nach wie vor von Bedeutung waren.

In *The Water - Babies* wurden nicht nur praktische Tipps hinsichtlich Kindererziehung und Hygiene gegeben, sondern es wurde auch versucht, den Widerspruch zwischen Religion und Naturwissenschaften zu lösen, indem Gott als Schöpfer hinter allem steht und die Naturwissenschaften dazu dienen, diese wunderbare Schöpfung besser zu begreifen. MacDonald schilderte in seinem Märchen *At the Back of the North Wind* deutlich die Armut und Hoffnungslosigkeit der armen Stadtbevölkerung und verdeutlichte am Beispiel Diamonds, wie wichtig der Glaube an Gott ist. Dieser Glaube hilft den Menschen, das schwere Leben zu meistern, um am Ende mit dem Paradies dafür belohnt zu werden. Kingsley und MacDonald versuchten, den Glauben an Gott als elementaren Bestandteil der Gesellschaft zu retten. Sie richteten ihren Appell an die Einsicht des Individuums, für andere einzutreten und denen zu helfen, die weniger besitzen.

Wildes Märchensammlungen erschienen 1888 und 1891. Auch Wilde war sich der Problematik in der Gesellschaft bewusst. Er entwarf eine ästhetische Theorie, die die Kunst in den Mittelpunkt des menschlichen Lebens rückte. Er sah die soziale Ungerechtigkeit in seiner Zeit und zeigte in seinen beiden Märchen *The Happy Prince* und *The Young King* die Lage der unteren Bevölkerungsschichten und die Ignoranz der Oberschicht. Interessant bei Wilde ist, dass auch er sich nicht ganz von der christlichen Moral lösen konnte. Seine Hauptfiguren handeln aus Nächstenliebe und werden am Ende von Gott belohnt.

Allerdings erkennt die Gesellschaft in Wildes Märchen dieses uneigennützige Handlen nicht mehr. Der junge König wird von der Gesellschaft, für die er sich einsetzt, abgelehnt. Keine der unteschiedlichen Gesellschaftgruppen erachtet Veränderungen als zwingend notwendig. Bestehende soziale Ungerechtigkeiten werden hingenommen. Eine Verbesserung der sozialen Verhältnisse kann auch bei Wilde nur von Einzelpersonen geleistet werden, die das Elend und die Armut der unteren Schichten erkannt haben. Er glaubt daran, dass eine einsichtige Oberschicht die Lage der gesamten Bevölkerung verbessern kann. Gott spielt zwar noch eine Rolle, indem er die guten Taten anerkennt und im Prinzip handeln die Figuren nach einer christlichen Moral, aber Gott hat nicht mehr die zentrale Stellung wie bei Kingsley oder MacDonald. Gott verliert seine Bedeutung als Schöpfer. Wildes Idealgesellschaft, die er auch in seinem 1891 erschienen Essay *The Soul of Man Under Socialism* skizzierte, besteht aus Menschen, die ihre Grundbedürfnisse befriedigt haben und so Zeit haben, sich den Künsten zu widmen. Wilde interpretiert den Sozialismus auf seine eigene Weise, die letztendlich die christliche Paradiesvorstellung auf die Erde projiziert und Gott als Symbol für das Gute allgemein bestehen lässt.

Alle vier Autoren erkannten, dass die Veränderungen in Wissenschaft und Technik das geistige und soziale Leben der Gesellschaft beeinflussten. Aus Großbritannien wurde im Laufe des 19. Jahrhunderts eine Industrienation. Die vergangene rurale Welt mit ihrer klaren Gesellschaftsstruktur löste sich auf. Es entstanden neue Gesellschaftsschichten, neue Lebensbedingungen in den Städten und die einzelnen Gesellschaftsschichten wurden durchlässiger. Entscheidend für die gesellschaftliche Partizipation wurde das Verhaltenen des Einzelnen und seine Moral und nicht mehr, welchen Titel er von Geburt an trägt. Gerade das aufstrebende Bürgertum wurde für die politischen und gesellschaftlichen Entwicklungen immer wichtiger. Hier entstand die Gesellschaftsgruppe, die tonangebend wurde und die damit auch versuchen musste, eine nationale Identität in ihrem Sinne zu schaffen.

Großbritannien umfasste recht unterschiedliche Kulturen. Dessen waren sich alle unsere Schriftsteller bewusst. Ruskin und MacDonald hatten einen schottischen Hintergrund. Beide bezogen ihre Anregungen aus der schottischen Tradition: Ruskin von Carlyle, MacDonald von Literaten wie James Hogg oder Sir Walter Scott. Ruskin versuchte in seinen Werken immer, die Gesamtheit der Gesellschaft zu erfassen. Er wollte der britischen Gesellschaft durch seine Kunst- und Gesellschaftskritik Anstöße für eine Weiterentwicklung der gesamten Nation geben. MacDonalds schottisches Erbe fand sich in vielfacher Weise in seinem Werk wieder. Seine historischen Romane inspirierten sich alle an Geschichten und Erlebnissen seiner Kindheit in Schottland. Seine Märchen und fantastischen Erzählungen nahmen natürlich auch die Tradition der keltischen Märchen und Sagen auf, die ihm aus seiner Kindheit bekannt waren. Aber auch MacDonald wollte der gesamten britischen Gesellschaft die Bedeutung von Gott für das menschliche Leben vermitteln.

Wilde war Ire und wir haben bereits gesehen, dass er durch seine Eltern mit der irischen Märchen- und Folkloretradition bestens vertraut war. In seinen Kunstmärchen nahm er aber die Kunstmärchen Hans Christian Andersens zum Vorbild und arbeitete einzelne Figuren und Handlungen daraus in seine Kunstmärchen mit ein. In Wildes Briefen fanden sich immer Anmerkungen darüber, dass er sich als Ire fühlte. Er hatte mit anderen irischen Schriftstellern, wie beispielsweise George Bernhard Shaw (1856 - 1950) oder William Butler Yeats (1865 - 1939) Kontakt. Meiner Ansicht nach trug dieses "irische" Gefühl Wildes dazu bei, dass er sich in der britischen Gesellschaft und speziell in London immer als ein Außenseiter fühlte. Daher konnte er auch einen oft ironischen bis sarkastischen Blick auf die viktorianische Gesellschaft in seinen Kunstmärchen und seinen Gesellschaftskomödien werfen. Der Prozess um seine Homosexualität und die Gefängnisstrafe haben Wilde dann endgültig ins Exil getrieben.

Kingsley war der einzige der hier ausgewählten Autoren, der einen rein englischen Hintergrund hatte. Er vertrat mit seinen politischen Ansichten und der Ablehnung des Katholizismus eine konservative Haltung. Es finden sich in *The Water - Babies* mehrere Stellen, an denen die Iren sehr negativ charakterisiert werden. So richtete sich der Blick Kingsleys vor allem auf die britische, nicht katholische Bevölkerung, der er seine Werte übermitteln wollte. Jedoch hatte er in anderen Bereichen erstaunlich moderne Ansichten. Seine Haltung zu Fragen der Kindererziehung und der Ausbildung von Frauen sowie die

Verbindung naturwissenschaftlicher Erkenntnisse mit seinen religiösen Überzeugungen waren für seine Zeit fortschrittlich.

Ruskin, Kingsley und MacDonald könnte man als wertkonservativ bezeichnen. Alle drei folgten einer christlichen Ethik, auf deren Grundlage sie ihre Wertvorstellungen entwickelten. Doch erstarrten sie nicht in einer konservativen Haltung, sondern entwickelten in unterschiedlichen Bereichen weiterführende Ideen. Ruskin leistete dies vor allem für die Kunst und Architektur, die er in ihrer Funktion für den Menschen betrachtete. Anknüpfend an diesen Gedanken formulierte er später seine Gesellschaftskritik. Kingsley erkannte den Nutzen, den die Erkenntnisse der Naturwissenschaften für den Menschen bringen konnten. Gerade in gesundheitspolitischen Fragen engagierte er sich immer wieder. Darüber hinaus sah er, dass Bildung und Erziehung von Kindern bestimmte Wertvorstellungen vermitteln sollten, damit die Gesellschaft insgesamt sich verbessern kann. MacDonalds Werte waren ebenfalls traditionell, aber er fand in der Fantasie und Imaginationsfähigkeit des Menschen eine Grundlage für sein literarisches Schaffen. Er entwickelte mit seinen Erzählungen und Kunstmärchen eine fantastische Literatur, die bis ins 20. Jahrhundert Schriftsteller beeinflusst hat.

Wilde dagegen brach bereits mit dieser wertkonservativen Haltung des viktorianischen Bürgertums. Scheinbar bestand in seinen Kunstmärchen noch die Moral einer christlichen Ethik des Mittelstandes, aber die Ignoranz und Arroganz der gesamten Gesellschaft wurde in ironischer Weise angegriffen. Der glückliche Prinz und der junge König bleiben mit ihrem Altruismus isoliert. Wilde beschrieb zwar die sozialen Missstände in seinen Kunstmärchen, aber es mischte sich auch eine gewisse Resignation in die Texte. Die bürgerlichen Ideale, die während der Diskussion über gesellschaftliche Fragen im 19. Jahrhundert aufgebaut worden waren, wurden von Wilde bereits wieder einer kritischen Betrachtung unterzogen. Wildes Schilderung seiner Zeitgenossen verweist bereits auf die Vormoderne, in der die bürgerlichen Ideale der Mittelschichten an Bedeutung verloren.

Die hier ausgewählten Kunstmärchen zeigen einerseits die literaturgeschichtliche Entwicklung einer Gattung in Großbritannien, die ihre Blütezeit in der zweiten Hälfte des 19. Jahrhundert hatte. Zusammen mit der Entwicklung der Kinder- und Jugendliteratur, der Verbreitung der Printmedien während des 19. Jahrhunderts und des Bedeutungszuwachses der Mittelschichten spiegeln die ausgewählten Kunstmärchen den Verlauf der gesellschaftlichen Debatte im 19. Jahrhundert wider. Ruskin, Kingsley, MacDonald und Wilde waren zu ihrer Zeit viel beachtete Schriftsteller und jeder von ihnen hatte den Anspruch, seine Ideen und Werte einem möglichst breiten Publikum zu vermitteln. Der Inhalt der Kunstmärchen, der in dieser Arbeit im Vordergrund stand, zeigt zusammen mit dem literaturhistorischen und literatursoziologischen Hintergrund, wie in der viktorianischen Epoche zunächst eine nationale Identität, die durch die Mittelschichten repräsentiert wurde, in der Literatur aufgebaut wurde und bereits gegen Ende des 19. Jahrhunderts ihre Wirkung zu verlieren begann.

Im Eingangszitat nannte John Buchan als einen Grund für seine Begeisterung für den viktorianischen Roman, dass es sich bei diesen Werken um Interpretationen des Lebens handelt, die von einer hoffnungsvollen, optimistischen Stimmung gekennzeichnet sind. Seiner Meinung nach findet sich dies auch in Märchen wieder. Ruskin, Kingsley, MacDonald und Wilde interpretierten ihre viktorianische Realität in ihren Kunstmärchen. Die hoffnungsvolle, optimistische Stimmung bekam allerdings bereits bei MacDonald negative Untertöne. Er vertröstete die Menschen auf das Jenseits. Und bei Wilde dringen bereits immer mehr ironische Untertöne in die Darstellung der zeitgenössischen Gesellschaft.

In jeder Epoche finden sich literarische Werke, die Gesellschaftskritik enthalten. Das Besondere an dem hier untersuchten Zeitraum war, dass sich dies in den ausgewählten Kunstmärchen nachweisen ließ. Die zweite Hälfte des 19. Jahrhunderts war die Zeit, in der die meisten englischsprachigen Kunstmärchen entstanden. Danach findet sich die Kritik an der Gesellschaft und der fortschreitenden Technisierung im Bereich der fantastischen Literatur in Sciencefictionromanen. Als eines der bekanntesten Beispiele sei hier Herbert George Wells (1866 - 1946) *The Time Machine* (1895) erwähnt. Diese Literatur thematisiert zwar auch für die Gesellschaft bedrohliche Entwicklungen, richtet sich aber nicht speziell an eine bestimmte Gruppe oder Schicht. Die hier behandelten Kunstmärchen hatten als Hauptzielgruppe die gebildeten Schichten Großbritanniens, denen sie eine Wertvorstellung vermitteln wollten, die dazu beitragen sollte, in der Literatur eine nationale Identität zumindest für die Mittelschichten der viktorianischen Zeit zu schaffen.

Die hier ausgewählten Kunstmärchen zeigen, wie Ruskin, Kingsley, MacDonald und Wilde in ihren märchenhften Erzählungen eine politische und sozialkritische Komponente einarbeiteten. Die Verhaltensweisen und Zustände, die die Kunstmärchen kritisieren, verweisen auf die zentralen Bereiche der Gesellschaft, die sich im Laufe des 19. Jahrhunderts in Großbritannien veränderten. In der Einleitung wurde auf Raymond Williams hingewiesen, der eine Bedeutungsveränderung für die Begriffe *industry*, *democracy*, *class*, *art* und *culture* in der viktorianischen Gesellschaft feststellt. Diesen Bereichen widmen sich ebenfalls die hier besprochenen Kunstmärchen. Trotz ihrer unterschiedlichen Herkunft, der unteschiedlichen professionellen Tätigkeiten und den unteschiedlichen Ansprüchen an Literatur und an die Gesellschaft, haben alle vier Autoren versucht, in ihren Kunstmärchen eine Haltung zu vermitteln, mit der sich ein möglichst großes Publikum identifizieren kann. Sie versuchten durch die Darstellung der Missstände und durch den Entwurf von vorbildhaften Figuren ihre Werte zu vermitteln, die als Ideal eine Identifikationsmöglichekit und einen Orientierungspunkt für die gesamte britische Nation bilden können.

10. Bibliographie

Primärliteratur:

Kingsley, Charles. *The Water – Babies. A Fairy Tale for a Landbaby.* (1863) Ed. London: Macmillan, 1904.

MacDonald, George. *At the Back of the North Wind.* (1871) Ed. London: Octupus Books, 1979.

Ruskin, John. *The King of the Golden River.* (1850) in: Cook, E.T. und Alexander Wedderburn (Hrsg.). *The Works of John Ruskin.* Library Edition Bd.1. London: George Allen, 1903–1909, S.313-349.

Wilde, Oscar. *The Happy Prince.* (1888) in: *Complete Works.* Collins Classics. Glasgow: Harper Collins Publishers, 1994. S.271 – 277.

Wilde Oscar. *The Young King.* (1891) in: *Complete Works.* Collins Classics. Glasgow: Harper Collins Publishers, 1994. S.213 – 222.

Sekundärliteratur:

Alexander, Edward. *Matthew Arnold, John Ruskin, and the Modern Temper.* Columbus: Ohio State University Press, 1973.

Altick, Richard Daniel. *The English Common Reader: A Social History of the Mass Reading Public 1800 - 1900.* Chicago: The University of Chicago Press, 1957.

Altick, Richard Daniel. *Victorian People and Ideas.* New York: W. W. Norton & Company, 1973.

Anderson, Benedict. *Die Erfindung der Nation.* Frankfurt: Campus Verlag, 1988. (Ü: Anderson, Benedict. *Imagined Communities: Reflections on the Origin and Spread of Nationalism.* London: Verso Editions and NLB, 1983.)

Antonsen, Elmer H. (Hrsg..). *The Grimm Brothers and the Germanic Past.* Amsterdam / Philadelphia: J. Benjamins Pub.Co., 1990.

Apel, Friedmar. *Die Zaubergärten der Phantasie: Zur Theorie und Geschichte des Kunstmärchens.* Heidelberg: Carl Winter Verlag, 1978.

Arnold, Matthew. "On the Study of Celtic Literature". (1867) in: Matthew Arnold, *On the Study of Celtic Literature and Other Essays.* Everyman's Library. Ed. London: J.M.Dent & Sons, 1976, S.13 - 136.

Barry, Florence Valentine. *A Century of Children's Books*. (1923) Ed. Michigan: U·M·I Out-of Print Books on Demand, 1990.

Bauer, Helen Pike. "Ruskin's Changing Evaluation of Poetic Vision". in: *The Victorian Newsletter*, N° 57, Spring 1980, S.27 - 31.

Beckson, Karl (Hrsg.). *Oscar Wilde: The Critical Heritage*. London: Routledge & Kegan Paul, 1970.

Bellamy, Richard (Hrsg.). *Victorian Liberalism: Nineteenth - Century Political Thought and Practice*. London: Routledge, 1990.

Best, Geoffrey. *Mid-Victorian Britain: 1851 - 1870*. 2.Ausg. Bungay, Suffolk: Fontana, 1979.

Bhabha, Homi K. (Hrsg.). *Nation and Narration*. London: Routledge, 1990.

Birch, Anthony H. *Nationalism and National Integration*. London: Unwin Hyman, 1989.

Birch, Anthony H. *Political Integration and Disintegration in the British Isles*. London: George Allen & Unwin, 1977.

Black, Eugene C. (Hrsg.). *Victorian Culture and Society*. London and New York: Macmillan, 1973.

Böker, Uwe und Christoph Houswitschka (Hrsg.). *Einführung in das Studium der Anglistik und Amerikanistik*. München: C.H. Beck, 2000.

Brantlinger, Patrick. *The Spirit of Reform: British Literature and Politics, 1832 - 1867*. Cambridge, Mass. und London: Harvard University Press, 1977.

Bratton, J.S. *The Impact of Victorian Children's Fiction* London: Croom Helm, 1981.

Briggs, Asa. *A Social History of England*. (1983) Ed. Harmondsworth: Penguin Books, 1985.

Briggs, Asa. *The Age of Improvement, 1783 - 1867*. (1959) 2.Aufl. London and New York: Longman, 1979.

Briggs, Katharina M. und Ruth L. Tongue (Hrsg.). *Folktales of England*. London: Routledge & Kegan Paul, 1965.

Briggs, Katherine M. "The Influence of the Brothers Grimm in England". in: Denecke, Ludwig und Ina - Maria Grevius (Hrsg.). *Brüder Grimm Gedenken*. Bd. 1. Marburg: N. G. Elwert Verlag, 1963. S. 511 - 524.

Brill, Edvard V. K. "The correspondence between Jacob Grimm and Walter Scott". in: Denecke, Ludwig und Ina - Maria Grevius (Hrsg.). *Brüder Grimm Gedenken.* Bd. 1. Marburg: N. G. Elwert Verlag, 1963. S. 489 - 509.

Brose, Oliver. "F. D. Maurice and the Victorian Crisis of Belief". in *Victorian Studies.* Bd.3, 1959 - 60, S.227 - 248.

Buchan, John. *The Novel and the Fairy Tale.* The English Association Pamphlet N° 79. Oxford: Univerity Press, 1931.

Buckley, Jerome Hamiliton. *The Triumpf of Time: A Study of the Victorian Concepts of Time, History, Progress, and Decadence.* Harvard: University Press, 1966.

Buckley, Jerome Hamiliton. *The Victorian Temper: A Study in Literary Culture* (1951). Ed. Cambridge: Cambridge University Press, 1981.

Carlyle, Thomas. "Chartism" (1839). in: Thomas Carlyle, *Critical and Miscellaneous Essays.* Bd. 4. Ed. London: Chapman and Hail, 1899, S.118 - 204.

Carlyle, Thomas. "On Heroes, Hero-Worship, and the Heroic in History" (1841) in: Thomas, Carlyle, *Sartor Resartus - On Heroes, Hero-Worship, and the Heroic in History.* Ed. London: J. M. Dent & Sons, 1956, S.239 - 467.

Carlyle, Thomas. "Signs of the Times" (1829). in: Thomas Carlyle. *Critical and Miscellaneous Essays.* Ed. New York: AMS Press, 1980. Bd. 2, S. 56 - 82.

Carpenter, Humphrey. *Secret Gardens: A Study of the Golden Age of Children's Literature.* Boston: Houghton Mifflin Company, 1985.

Cate, George Allan (Hrsg.). *The Correspondence of Thomas Carlyle and John Ruskin.* Stanford: University Press, 1982.

Cazamian, Louis. *The Social Novel in England 1830 – 1850. Dickens, Disraeli, Mrs.Gaskell, Kingsley.* London und Boston: Routledge & Kegan Paul, 1973. (Übersetzt von Martin Fido; Originaltitel: Louis Cazamian, *Le roman social en Angleterre*, 1903).

Chapple, J.A.V. *Science and Literature in the Nineteenth Century.* Context and Commentary. London: Macmillan: 1986.

Chitty, Susan. *The Beast and the Monk: A Life of Charles Kingsley.* London: Hodder and Stroughton, 1974.

Clark, Kenneth. *The Gothic Revival.* (1928) Ed. London: Constable, 1950.

Clarke, G. W. (Hrsg.). *Rediscovering Hellenism: the Hellenic Inheritance and the English Imagination.* Cambridge: University Press, 1989.

Coleman, Dorothy. "Rabelais and 'The Water - Babies'" in: *Modern Language Review*, Bd.66, 1971, S.511-521.

Colley, Linda. *Britons: Forging the Nation 1707 - 1837*. New Haven und London: Yale University Press, 1992.

Collins, Philip (Hrsg.). *Dickens: The Critical Heritage*. London: Routledge and Kegan Paul, 1971.

Colloms, Brenda. *Charles Kingsley. The Lion of Eversley*. London: Constable, 1975.

Coyle, William. "Ruskin's *King of the Golden River:* a Victorian Fairy Tale". in: Robert A.

Collins und Howard D. Pearce (Hrsg.). *The Scope of the Fantastic - Culture, Biography, Themes, Children's Literature*. Westport, Connecticut: Greenwood Press, 1985. S. 85 - 90.

Cutt, Margaret Nancy. *Ministering Angels. A Study of Nineteenth-century Evangelical Writing for Children*. Wormely, Herts.: Five Owls Press, 1979.

Dahl, Erhard. *Die Entstehung der Phantastischen Kinder- und Jugenderzählung in England*. Schriften der Universität-Gesamthochschule Paderbron. Reihe Sprach- und Literatur-wissenschaft, Bd.4. Paderborn: Schöningh, 1986.

Darton, Harvey F. J. *Children's Books in England*. (1932) 3.Aufl. Cambridge: University Press, 1982.

Dickens, Charles. "Frauds on the Fairies" in: *Household Works*, Bd. VIII, 1853, S.97-100.

Dickens, Charles. "The School of the Fairies" in: *Household Works*, Bd. IX, 1855, S.509-513.

Dickens, Charles. *A Christmas Carol and The Chimes*. Ed. Everyman's Library. London: Dent & Sons, 1991.

Digby, Anne und Peter Searby. *Children, School and Society in Nineteenth-Century England*. London und Basingstoke: Macmillan, 1981.

Dorson, Richard M. (Hrsg.). *Folklore and Traditional History*. The Hague: Mouton, 1973.

Dorson, Richard M. *The British Folklorists: A History*. London: Routledge and Kegan Paul, 1968.

Edwards, Malcolm und Robert Holdstock (Hrsg.). *Realms of Fantasy*. New York: Doubleday & Company Inc., 1983.

Egoff, Sheila A. *Children's Periodicals of the Nineteenth Century. A Survey and Bibliography*. Library Associations Pamphlets No. 8. London: The Library Association, 1951.

Ellmann, Richard. *Oscar Wilde*. London: Hamish Hamilton, 1987.

Ewers, Hans-Heino (Hrsg.). *Zauberei im Herbste: Deutsche Kunstmärchen von Wieland bis Hofmannsthal*. Stuttgart: Reclam, 1987.

Feather, John. *A History of British Publishing*. London, New York, Sydney: Croom Helm Ltd., 1988.

Folmsbee, Beaulah, Louise Payson Latimer und Bertha E.Mahony (Hrsg.). *Illustrations of Children's Books 1744 - 1945*. (1947) Reprint: Boston: The Horn Book, 1961.

Frenk, Joachim. *Myriads of Fantastic Forms: Formen und Funktion des Phantastischen in englischen Sozialmärchen des 19. Jahrhunderts*. Münsteraner Monographien zur englischen Literatur, Bd.20. Frankfurt a. M.: Peter Lang Verlag, 1998.

Frye, Northrop. *The Secular Scripture: A Study of the Structure of Romance*. Cambridge, Mass. und London: Harvard University Press, 1976.

Gallagher, Catherine. *The Industrial Reformation of English Fiction: Social Discourse and Narrative Forms; 1832 - 1867*. (1985) 2.Aufl. Chicago and London: University of Chicago Press, 1988.

Garrigan, Kristine Ottesen. *Ruskin on Architecture*. Madison: The University of Wisconsin Press, 1973.

Gautier, Théophile. *Mademoiselle de Maupin*. (2 Bde. 1835) Ed. Paris: Imprimerie nationale, 1979.

Geiger, Rudolf. *Märchenkunde: Mensch und Schicksal im Spiegel der Grimmschen Märchen*. Stuttgart: Verlag Urachhaus, 1982.

Gellner, Ernest. *Nations and Nationalism*. (1983) 2.Aufl. Ihaca, New York: Cornell University Press, 1987.

Giesen, Bernhard (Hrsg.). *Nationale und kulturelle Identität: Studien zur Entwicklung des kollektiven Bewußtseins in der Neuzeit*. 2. Aufl. Frankfurt a.M.: Suhrkamp Taschenbuch, 1991.

Gilmour, Robin. *The Victorian Period: The Intellectual und Cultural Context of English Literature, 1830 - 1890.* London und New York: Longman, 1993.

Grätz, Manfred. *Das Märchen in der deutschen Aufklärung: vom Feenmärchen bis zum Volksmärchen.* Germanistische Abhandlungen Bd. 63. Stuttgart: Metzler Verlag, 1988.

Haley, Bruce. "Wilde's "Decadence" and the Positivist Tradition". in: *Victorian Studies.* Bd.28, 1984 - 85, S.215 - 229.

Hart - Davis, Rupert (Hrsg.). *The Letters of Oscar Wilde.* London: Rupert Hart-Davis Ltd., 1962.

Harvie, Christopher. *The Centre of Things: Political Fiction in Britain from Disraeli to the Present.* London: Unwin Hyman, 1991.

Hearn, Michael Patrick (Hrsg.). *The Victorian Fairy Tale Book.* Edinburgh: Canongate, 1990.

Helfand, Michael S. und Philip E. Smith II (Hrsg.). *Oscar Wilde's Oxford Notebooks.* Oxford: Oxford University Press, 1989.

Hellwig, Karlheinz. *Englische Volksmärchen: Literarisch, kulturhistorisch, soziologisch.* Bonn: Bouvier Verlag Herbert Grundmann, 1971.

Herbert, Robert L (Hrsg.). *The Art Criticism of John Ruskin.* Ed. New York: Da Capo Paperback, 1987.

Herzog, Alice. *Die Märchen Oscar Wildes.* Diss. Universität Zürich, 1929. Mühlhausen: Edition Alsatia, 1930.

Heyck, T.W. *The Transformation of Intellectual Life in Victorian England.* London: Crome Helm, 1982.

Hilton, Tim. *John Ruskin: The Early Years, 1819 - 1959.* New Haven und London: Yale University Press, 1985.

Hobsbawm, Eric und Terence Ranger (Hrsg.). *The Invention of Tradition.* Cambridge: University Press, 1984.

Hobsbawn, Philip. *A Reader's Guide to Charles Dickens.* (1972) Ed.: Syracuse University Press, 1998.

Hogg, James. „Kilmeny"(1813) in: Mack, Douglas S. (Hrsg.). *James Hogg: Selected Poems.* Oxford: Clarendon Press, 1970. S.32 – 42.

Hough, Graham. *The Last Romantics.* London: Gerald Duckwortch & Co., 1978.

Houghton, Walter W. *The Victorian Frame of Mind: 1830 - 1870*. Hew Haven: Yale University Press, 1957.

Hunt, Peter (Hrsg.). *International Companion Encyclopedia of Children's Literature*. London and New York: Routledge, 1996.

Jacobs, Joseph (Hrsg.). *English Fairy Tales*. (1891) Ed. New York: Dover Publications Inc., 1967.

James, William Sir (Hrsg.). *John Ruskin and Effie Gray: The Story of John Ruskin, Effie Gray and John Evertt Millais Told for the First Time in Their Unpublished Letters*. New York: Charles Scribner's Sons, 1947.

Johnson, R.V. *Aestheticism*. London: Methuen, 1969.

Johnson, Wendell Stacy. "Style in Ruskin and Ruskin on Style" in: *The Victorian Newsletter*, N° 59, Spring 1981, S.1 - 6.

Karlinger, Felix (Hrsg.). *Wege der Märchenforschung*. Darmstadt: Wissenschaftliche Buchgesellschaft, 1973.

Katanka, Michael (Hrsg.). *Writers and Rebels*. London: Charles Knight & Company, 1976.

Kaufmann, M. *Charles Kingsley: Christian Socialist and Social Reformer*. London: Methuen & Co., 1892.

Kedourie, Elie. *Nationalism*. (1960) 2.Aufl. London: Hutchinson, 1961.

Kendall, Guy. *Charles Kingsley and His Ideas*. London: Hutchinson & Co., 1946.

Kingsley, Charles. *Alton Locke. Tailor and Poet. An Autobiography*. (1850) Ed. London: Macmillan, 1896.

Kingsley, Charles. *Glaucus, or the Wonders of the Sea*. Cambridge: Macmillan, 1855.

Kingsley, Charles. *Sanitary and Social Lectures and Essays*. Ed. London: Macmillan, 1902.

Kingsley, Charles. *The Limits of Exact Science as Applied to History*. London: Macmillan, 1860.

Kingsley, Fanny (Hrsg.). *Charles Kingsley: His Letters and Memoirs of His Life*. Ed. Leipzig: Bernhard Tauchnitz, 1881.

Klotz, Volker. *Das europäische Kunstmärchen*. Stuttgart: Metzler Verlag, 1985.

Knowles, Murray und Kirsten Malmkær. *Language and Control in Children's Literature.* London: Routledge, 1996.

Kohl, Norbert. *Oscar Wilde: Das literarische Werk zwischen Provokation und Anpassung.* Heidelberg: Carl Winter Verlag, 1980.

Kohn, Hans. *Nationalism, its Meaning and History.* (1965) Reprint. Malabar, Florida: Robert E. Krieger, 1982.

Kotzin, Michael C. *Dickens and the Fairy Tale.* Bowling Green, Ohio: Bowling Green University Popular Press, 1972.

Landow, George P. *The Aesthetic and Critical Theories of John Ruskin.* Princeton, N. J.: University Press, 1971.

Lange, Bernd - Peter (Hrsg.). *Classics in Cultural Criticism.* 2 Bde. Frankfurt a. M.: Peter Lang, 1990.

Latimer, Louise P., Bertha E. Mahony und Beulah Polmsbee (Hrsg.). *Illustrations of Children's Books 1744 - 1945.* Boston: The Horn Book, 1961.

Leavis, F.R. (Hrsg.). *Mill on Bentham and Coleridge.* Cambridge: University Press, 1980.

Lewis, C.S. *George MacDonald: An Anthology.* London: Geoffrey Bles: The Centenary Press, 1946.

Lochhead, Marion. *Renaissance of Wonder: The Fantasy Worlds of C.S. Lewis, J.R.R. Tolkien, George MacDonald, E. Nesbit and Others.* New York: Harper & Row, 1977.

Locke, John. *Some Thoughts Concerning Education.* (1693). Ed. John W. und Jean S. Yolton. Oxford: Clarendon Press, 1989.

Lüthi, Max. *Das Europäische Volksmärchen.* (1945) 8.Aufl. Tübingen: Francke Verlag, 1985.

Lüthi, Max. *Das Volksmärchen als Dichtung: Aesthetik und Anthropologie.* (1975) 2.Aufl. Göttingen: Vandenhoeck und Ruprecht, 1990.

Lüthi, Max. *Märchen.* (1962) 5.Aufl. Sammlung Metzler Bd. 16. Stuttgart: Metzler Verlag, 1974.

McCulloch, Lou W. *Children 's Books of the 19th Century.* Des Moines, Iowa: Wallace-Homestead Book Co., 1979.

MacDonald, George. *A Dish of Orts. Chiefly Papers on the Imagination and on Shakespeare.* London: Sampson Low Marston & Company, 1895.

MacDonald, Greville. *George MacDonald and His Wife.* (1924) Ed. New York and London: Johnson Reprint Corporation, 1971.

McPherson, Bruce. *Between Two Worlds: Victorian Ambivalence About Progress.* Washington: University Press of America, 1983.

Maidment, B.E. "John Ruskin, George Allen and American Pirated Books" in: *Publishing History*, Bd.IX, 1981, S.5-20.

Manlove, Colin. *Scottish Fantasy Literature: A Critical Survey.* Edinburgh: Canongate Academic, 1994.

Martin, Robert Bernard. *The Dust of Combat: A Life of Charles Kingsley.* London: Faber and Faber, 1959.

Mayer, Mathias und Jens Tismar. *Das Kunstmärchen.* 3.Aufl. Sammlung Metzler, Bd.155. Stuttgart: Metzler Verlag, 1997.

Metken, Günter. "Kunst und Lebenskunst: Das Gewissen des neunzehnten Jahrhunderts: John Ruskin, Ästhet und Moralprediger" in: *Frankfurter Allgemeine Zeitung,* 15. Januar 2000, Nummer 12.

Michaelis - Jena, Ruth. "Edgar und John Taylor, die ersten englischen Übersetzer der Kinder - und Hausmärchen" in: Denecke, Ludwig (Hrsg.). *Brüder Grimm Gedenken.* Bd. 2. Marburg: N. G. Elwert Verlag, 1975. S. 183 - 202.

Michalson, Karren. *Victorian Fantasy Literature: Literary Battles with Church and Empire.* Lampeter, Dyfed, Wales: Edwin Mellen Press, 1990.

Mill, John Stuart. "On Representative Government" (1861) in: John Stuart Mill, *On Liberty and Other Essays.* The World's Classics Paperback. Ed. Oxford: Oxford University Press, 1991, S.427 - 434.

Mill, John Stuart. "The Spirit of the Age" (1831) in: Robson, Ann P. und John M. Robson (Hrsg.). *The Collected Works of John Stuart Mill.* Bd.XXII. London: Routledge & Kegan Paul,1986.

Murray, Isobel (Hrsg.). *The Complete Shorter Fiction of Oscar Wilde.* Oxford: University Press, 1979.

Nisbet, Robert. *History of the Idea of Progress.* London: Heinemann, 1980.

Nissen, Walter. *Die Brüder Grimm und ihre Märchen.* Göttingen: Vandenhoeck & Ruprecht, 1994.

Page, Norman. *A Dickens Chronology*. London: Macmillan, 1988.

Page, Norman. *An Oscar Wilde Chronology*. Boston: G. K. Hall & Co., 1991.

Palmer, Stanely H. *Police and Politics in England and Ireland 1780 - 1850*. Cambridge: University Press, 1988.

Pater, Walter. *The Renaissance*. (1873) Ed.: World's Classic. Oxford: University Press, 1986.

Pearson, Raymond. *The Longman Companion to European Nationalsim, 1789 - 1920*. London: Longman, 1994.

Petzold, Dieter. *Das englische Kunstmärchen im 19. Jahrhundert*. Tübingen: Max Niemeyer Verlag, 1981.

Prickett, Stephen. "George MacDonald and the Poetics of Realism". in: Kath Filmer (Hrsg.). *The Victorian Fantasists: Essays on Culture, Society and Belief in the Mythopoeic Ficition of the Victorian Age*. London: Macmillan, 1991.

Prickett, Stephen. *Victorian Fantasy*. Bloomington and London: Indiana University Press, 1979.

Propp, Vladimir. *Morphologie des Märchens*. (1928). Ed. München: Carl Hanser Verlag, 1972.

Quennell, Peter. *John Ruskin: The Portrait of a Prophet*. London: Collins, 1949.

Raby, Peter. *Oscar Wilde*. Cambridge: University Press, 1988.

Raeper, William (Hrsg.). *The Gold Thread: Essays on George MacDonald*. Edinburgh: University Press, 1990.

Raeper, William. *George MacDonald*. Tring, Herts: Lion Publishing, 1987.

Rahn, Suzanne. "The Sources of Ruskin's *Golden River*" in: *The Victorian Newsletter*, N° 68, Fall 1985, S.1 - 9.

Reed, John R. *Victorian Conventions*. Ohio: University Press, 1975.

Reis, Richard H. *George MacDonald*. New York: Twayne Publishers, 1972.

Robb, David S.. "Realism and Fantasy in the Fiction of George MacDonald". in: Douglas Gifford (Hrsg.). *The History of Scottish Literature*. Bd.3: Nineteenth Century. Aberdeen: University Press, 1988. S.275 - 290.

Robbins, Keith. *Nineteenth - Century Britain: Integration and Diversity*. Oxford: Clarendon Press, 1988.

Robson, Robert (Hrsg.). *Ideas and Institutions of Victorian Britain: Essays in Honour of George Kitson Clark*. London : G. Bell & Sons, 1967.

Rölleke, Heinz. *Die Märchen der Gebrüder Grimm*. Artemis Einführungen, Bd. 118. München und Zürich: Artemis Verlag, 1985.

Rölleke, Heinz. *Die Märchen der Gebrüder Grimm. Gesammelte Aufsätze*. Schriftreihe Literaturwissenschaft, Bd. 50. Trier: Wissenschaftlicher Verlag Trier, 2000.

Rosenberg, John D. (Hrsg.). *The Genius of John Ruskin: Selections from his Writings*. (1963) London: Routledge & Kegan Paul, 1979.

Rosenberg, John D. *The Darkening Glass: A Portrait of Ruskin's Genius*. London: Routledge & Kegan Paul, 1963.

Ruskin, John. "Fairy Stories". (1868) in: Cook, E.T. und Alexander Wedderburn (Hrsg.). *The Works of John Ruskin*. Library Edition Bd. 19, S.233 - 239.

Ruskin, John. "Modern Education".(wahrscheinlich 1852 geschrieben) in: Cook, E.T. und Alexander Wedderburn (Hrsg.). *The Works of John Ruskin*. Appendix N°7 zu *The Stones of Venice* Bd.3. Library Edition Bd. 11, S.258 - 263.

Ruskin, John. *Praeterita*. (1886) in: Cook, E.T. und Alexander Wedderburn (Hrsg.). *The Works of John Ruskin*. Library Edition Bd.35, S.5-562.

Ruskin, John. *Time and Tide*. (1867) in: Cook, E.T. und Alexander Wedderburn (Hrsg.). *The Works of John Ruskin*. Library Edition Bd.17, S.299-482.

Ruskin, John. *Unto This Last: Four Essays on the Principles of Political Economy*. (1860) in: Cook, E.T. und Alexander Wedderburn (Hrsg.). *The Works of John Ruskin*. Library Edition Bd.17, S.5-114.

Saintsbury, Elizabeth. *George MacDonald: A Short Life*. Edinburgh: Canongate, 1987.

Salway, Lance. *A Peculiar Gift: Nineteenth Century Writings on Books for Children*. Harmondworth: Kestrel Books, 1976.

Schmidt, Johann N. *Charles Dickens in Selbstzeugnissen und Bilddokumenten*. Rowohlts Monographien. Hamburg: Rowohlt Taschenbuchverlag, 1978.

Schumacher, Hans (Hrsg.). *Phantasie und Phantastik: Neuere Studien zum Kunstmärchen und zur phantastischen Erzählung*. Berliner Beiträge zur neueren deutschen Literaturgeschichte, Bd.17. Frankfurt: Peter Lang Verlag, 1993.

Schwörling, Peter. *Chapbooks: Zur Literaturgeschichte des einfachen Lesers. Englische Konsumliteratur 1680-1840*. Sprache und Literatur: Regensburger

Arbeiten zur Anglistik und Amerikanistik. Bd. 18. Frankfurt a. M.: Verlag Peter D. Lang, 1980.

Sharma, Ravi P. und S.R.Vashist (Hrsg.). *History of Education in the Nineteenth Century*. History of Education Series, Bd. 4. New Delhi: Radha Publications, 1997.

Sharrock, Roger. *Bunyan: The Pilgrim's Progress. A Casebook*. London und Basingstoke: Macmillan, 1976.

Sherburne, James Clark. *John Ruskin or the Ambiguities of Abundance*. Cambridge, Massachusetts: Harvard University Press, 1972.

Smith, Janet Adam. *Children's Illustrated Books*. London: Collins, 1948.

Snyder, Louis (Hrsg.). *The Dynamics of Nationalism*. (1964) Ed. Ann Arbor, Michigan: U·M·I Out-of-Print Books on Demand, 1989.

Spear, Jeffrey L. *Dreams of an English Eden: Ruskin and his Tradition in Social Criticism*. New York: Colombia University Press, 1984.

Stansky, Peter. "Lyttelton and Thring: A Study in Nineteenth - Century Education". in: *Victorian Studies*. Bd.5, 1961 - 62, S.205 - 223.

Stone, Harry. *Dickens and the Invisible World: Fairy Tales, Fantasy and Novel-Making*. U.S.A.: Macmillan, 1979. U.K.: Macmillan, 1980.

Sturma, Dieter. *Jean - Jacques Rousseau*. Beck'sche Reihe Denker. München: Beck Verlag, 2001.

Thompson, Roger (Hrsg.). *Samuel Pepys' Penny Merriments*. London: Constable, 1976.

Thompson, Stith. *The Folktale*. (1946) Reprint. Los Angeles: University of California Press, 1977.

Thwaite, Mary F. *From Primer to Pleasure in Reading*. (1963) Ed. Boston: The Horn Book, 1972.

Tilly, Charles (Hrsg.). *Citizenship, Identity and Social History*. Series: International Review of Social History Supplement 3. Cambridge: University Press, 1996.

Tucker Herbert F. (Hrsg.). *A Companion to Victorian Literature & Culture*. Oxford: Blackwell Publishers, 1999.

Tucker, Nicholas. *The Child and the Book*. (1981) Ed. Worcester: Canto Edition, 1990.

Turner, Paul. *English Literature 1832 - 1890. Excluding the Novel.* Oxford: Clarendon Press, 1989.

Upchurch, David A. *Wilde's Use of Irish Celtic Elements in The Picture of Dorian Gray.* American University Studies: English Language and Literature Vol.140. New York, Berlin, Bern, Frankfurt a.M., Paris: Peter Lang Verlag, 1992.

Vickery, John B. *The Literary Impact of the Golden Bough.* Princeton, New Jersey: Princeton University Press, 1973.

Viljoen, Helen Gil. *Ruskin's Scottish Heritage: A Prelude.* Urbana: University of Illinois Press, 1956.

Walker, Marshall. *Scottish Literaure Since 1707.* Lomgman Literaure in English Series. London und New York: Longman, 1996.

Weisbrod, Bernd (Hrsg.). *"Victorian Values": Arm und Reich im viktorianischen England.* Arbeitskreis Deutsche England-Forschung, Bd.7. Bochum: Studienverlag Dr. N. Brockmeyer, 1988.

Whalley, Joyce Irene und Tessa Rose Chester. *A History of Children's Book Illustration.* London: John Murray, 1988.

Wilde, Oscar. „The Critic as Artist" (1890) in: *Complete Works.* Collins Classics. Glasgow: Harper Collins Publishers, 1994. S.1108 – 1155.

Wilde, Oscar. „The Deacy of Lying" (1889) in: *Complete Works.* Collins Classics. Glasgow: Harper Collins Publishers, 1994. S.1071 – 1092.

Wilde, Oscar. „The Soul of Man under Socialism" (1891) in: *Complete Works.* Collins Classics. Glasgow: Harper Collins Publishers, 1994. S.1174 – 1197.

Wilde, Oscar. *De Profundis.* (1897) in: *Complete Works.* Collins Classics. Glasgow: Harper Collins Publishers, 1994. S.980 – 1059.

Williams, Raymond. *Culture and Society 1780 - 1950.* New York: Columbia University Press, 1958.

Wolff, Robert Lee. *The Golden Key: A Study of the Fiction of George MacDonald.* New Haven: Yale University Press, 1961.

Wordsworth, William. *The Prelude: 1799, 1805, 1850.* A Norton Critical Edition. Wordworth, Jonathan, M.H. Abrams und Stephan Gill (Hrsg.). London and New York: Norton & Company, 1979.

Wührl, Paul Wolfgang. *Das deutsche Kunstmärchen: Geschichte, Botschaft und Erzählstruktur.* UTB für Wissenschaft 1341. Heidelberg: Quelle & Meyer, 1984.

Young, G. M. *Portrait of an Age.* (1936) 2.Aufl. Oxford: University Press Paperbacks, 1986.

Ziolkowski, Theodore. *German Romanticism and Its Institutions.* Princeton, New Jersey: Princeton University Press, 1990.

Zipes, Jack (Hrsg.). *Victorian Fairy Tales: The Revolt of the Fairies and Elves.* New York and London: Methuen, 1987.

Zipes, Jack. *Fairy Tale as Myth, Myth as Fairy Tale.* Kentucky: University Press, 1994.

Nachschlagewerke:

Dictionary of Natinol Biography. Hrsg.: Sidney Lee. London: Smith, Elder & Co., 1919.

Encyclopedia of Nationalism. Hrsg.: Louis L. Snyder. London: St.James Press, 1990.

Enzyklopädie des Märchens. Hrsg.: Kurt Ranke. Berlin und New York; Walter de Gruyter, 1996.

Funk & Wagnalls Standard Dictionary of Folklore, Mythology and Legend. 2 Bde. Hrsg.: Maria Leach. New York: Funk & Wagnalls Company, 1949.

Lexikon der Kinder - und Jugendliteratur. 2.Aufl.3 Bde. Hrsg.: Klaus Doderer. Weinheim und Basel: Beltz Verlag, 1977.

Sachwörterbuch der Literatur. 6. Aufl. Hrsg.: Gero v. Wilpert. Stuttgart: Alfred Körner Verlag, 1979.

The Cambridge Guide to Literature in English. Hrsg.: Ian Ousby. Cambridge: University Press, 1988.

The Oxford History of Britain. Hrsg.: Kenneth O. Morgan. 2.Ausg. Oxford: University, Press, 1989.

The Oxford Illustrated History of English Literature. Hrsg.: Roger Pat. Oxford: University Press, 1987.

www.ingramcontent.com/pod-product-compliance
Lightning Source LLC
Chambersburg PA
CBHW020744020526
44115CB00030B/915